AF347151

BIBLIOTHÈQUE "HISTORIA"

# LA VIE INTIME
## ET AMOUREUSE
### DE
# MIRABEAU

PAR

DAUPHIN MEUNIER

ÉDITIONS JULES TALLANDIER
75, RUE DAREAU, PARIS (XIV°)

# MIRABEAU
## INTIME

MIRABEAU, buste de HOUDON

# LA VIE INTIME

### ET

# AMOUREUSE

# DE MIRABEAU



## DAUPHIN MEUNIER

## A PARIS

### ÉDITIONS JULES TALLANDIER

75, RUE DAREAU, 75

# LA VIE INTIME

ET

## AMOUREUSE

# DE MIRABEAU

## PREMIÈRE PARTIE

### I

#### LES ASCENDANTS

Ce Mirabeau intime — Honoré-Gabriel Riqueti, comte de Mirabeau — où et à quel âge l'aller prendre pour qu'il vaille tout de suite la peine d'être connu, sinon dans ce « panier de verdure », le château du Bignon en Gâtinais, où il vit le jour le 9 mars 1749, et dès sa venue laborieuse, qu'on apprit à son père en lui criant de loin : « Ne vous effrayez pas ! » Une grossesse orageuse avait formé le monstre. Il naissait d'une vigueur exceptionnelle, boursouflé, la tête énorme, deux dents apparentes (comme Louis XIV), mais une cheville tordue et la

langue nouée. Le physique préfigurait-il ainsi le
moral ? le marquis de Mirabeau en eut bientôt peur ;
presque tout le confirma ensuite dans la profonde
contrariété de cette impression première. Il croyait
aux forces de l'hérédité ; il en craignit les maléfices.
Bon chien chasse de race. Or, une bonne race, à son
idée, c'était la sienne ; et une mauvaise, celle de sa
femme. L'enfant lui paraissait ne rien tenir que de
celle-ci.

De père en fils jusqu'alors, les Riqueti avaient été
beaux et bien faits. Cette démesure, cette laideur,
cette agitation anormales du nouveau-né ne rappelaient
donc réellement que sa mère. Corpulente, disgra-
cieuse, commune, la marquise de Mirabeau semblait
jusqu'en son sommeil ne connaître décence ni repos.
Et plus que d'elle encore, c'était de son « odieux »
père, « le gros Vassan », que Gabriel allait devenir
en croissant « la pourtraicture achevée ». On sait
peu de choses de cet ascendant. Le marquis de
Vassan, originaire du Soissonnais, était de bonne
vieille maison ; il s'était marié en Limousin à la fille
unique, riche et bien apparentée, d'un marquis de
Saulvebœuf. Il avait quitté l'armée comme brigadier
d'infanterie. C'avait été en son temps un homme de
forte vie, un peu crapuleuse sans doute. Les expressions désobligeantes à son égard que je viens de rapporter n'appartiennent toutefois qu'à son gendre, qui
l'exécrait. Mais justifiées ou non, le sens en est le
même pour nous. Elles nous avertissent que, peu
après la naissance de son fils, l'aversion du marquis
de Mirabeau pour sa femme était déjà telle qu'il ne
pouvait s'empêcher de haïr les êtres de qui elle tenait

et de redouter ceux qui lui semblaient tenir d'elle.

Il ne la souffrait plus guère qu'afin d' « en tirer de la race », au moins deux enfants mâles, l'un pour assurer l'autre. Il savait d'expérience la fragilité des plans faits sur la tête d'un hoir unique. Le premier qu'il avait eu s'était empoisonné en bas âge, en buvant de l'encre. Ainsi, la naissance de Gabriel n'allait pas entraîner la séparation de corps que le marquis n'aurait plus guère différée, s'il n'avait suivi que son penchant. Mais en attendant ce second héritier, plus la marquise de Mirabeau témoignait de tendresse à son époux, plus elle le faisait enrager. Il lui reprochait d'afficher ses caresses, d'être d'une « conjugalité » immodérée, de trop aimer la progéniture, de « faire ventre avant le temps ». Elle lui donnait aussi trop de filles. Il ne lui en restait que deux, alors, Marie et Caroline ; mais plusieurs étaient mortes ; et il en devait naître une autre après Gabriel, — la dernière, Louise, — en dépit de certaine recette pour avoir des enfants mâles à volonté, à l'observation de laquelle le marquis pensait devoir son nouveau fils. Le duc de Nivernois la lui avait enseignée, et, n'ayant pas cessé d'y avoir foi, il la transmit à son premier gendre, le marquis du Saillant. Celui-ci vérifia décisivement qu'elle ne valait rien : il lui vint dix-huit filles et un seul garçon.

Le marquis de Mirabeau avait d'autres ressentiments encore contre sa femme, dans lesquels il était entretenu aussi bien que dans les premiers par tout son entourage de parents, de familiers et d'amis. Par sa mère d'abord, l'impérieuse, austère et violente douairière de Mirabeau ; par sa belle-sœur elle-même,

l'effacée et douce petite comtesse allemande, veuve
de son puîné, le comte Louis-Alexandre ; enfin, par
son frère cadet, pourtant bien circonspect, le chevalier Jean-Antoine, plus tard bailli : « Je ne la soup-
çonne pas de méchanceté, écrivait ce dernier au marquis ; mais son babil éternel, son imprudence et ses
envies de me louer, dont je l'ai priée mille fois de se
priver, me font plus de peur que la méchanceté
odieuse. » Comment prévoir que cette volubilité incoercible, ce besoin de flatter indifférent à l'opportunité
et aux convenances d'autrui, cette disposition à
mentir, non pour tromper, mais pour plaire, cette
bonté exubérante et prévenante, mais répandue à tort et
à travers, cette humeur libre, indiscrète et volontiers
contredisante de la marquise, en ne transmettant que
leurs ressorts et leur élan au génie de son fils, pourraient développer et nourrir ses dons les meilleurs,
d'éloquence, de séduction et de familiarité ? Rien ne
semblait constant que ceci : par sa vulgarité provinciale
d'éducation, d'air et de maintien, par ses gaucheries
et ses maladresses, par tout son caractère imperfec-
tible, la marquise avait barré à son mari les avenues
d'une haute fortune à la Cour. Le marquis avait pos-
tulé une ambassade au temps de la grande faveur de
son parent, l'abbé de Bernis, auprès de M<sup>me</sup> de Pompadour ; on s'était récrié alors : « Mais on dit que sa
femme est une des plus ridicules personnes du
monde ! » et l'affaire en était restée là. Le marquis
s'était trouvé réduit à n'être plus à la ville et aux
champs qu'un grand homme de bibliothèque. Même
depuis qu'il s'était rendu fameux par ses ouvrages
« œconomistes », depuis que sa patrie et l'Europe lui

avaient décerné le titre d'*Ami des Hommes,* et qu'on
se levait au théâtre, et qu'on se rangeait dans la rue
pour le voir, le saluer, le célébrer, sa femme ne le
comprenait ni ne le secondait mieux : « C'est un bon
homme, disait-elle, et rien de plus ! » Son dernier né
n'allait-il pas reproduire ses insuffisances et ses travers, aussi fidèlement que sa grosse personne ?

Cependant, les Riqueti, eux non plus, n'avaient pas
tous été des modèles exemplaires, et le marquis de
Mirabeau, en se faisant leur historien, en avait dû convenir ; mais dès qu'il s'agissait des siens, il se faisait
gloire de tout, du pire comme du meilleur ; il mêlait
aussi plus d'une fable avantageuse à des traditions
de famille toujours assez prétentieuses d'elles-mêmes.
Mais les traits saillants de son récit, plutôt accentués
d'ailleurs qu'adoucis, ont gardé un air saisissant de
vérité, d'après lequel les Riqueti, gens pour la plupart
valeureux, entreprenants, remarquables, avaient tous
des caractères fougueux, bizarres, incommodes : des
bourrasques. La bile les dévorait en les exaltant. Ils
allaient trop vite en besogne. Ils avaient ainsi discré-
dité plus d'une fois tantôt leurs services et leurs
titres, tantôt leurs ambitions les plus légitimes.
Quelques-uns n'avaient été ni bons ni vertueux. Certain Bruno de Riqueti, capitaine aux gardes-françaises
sous Louis XIV, avec « autant d'esprit que de bravoure », n'avait été qu'un « fou, insolent et méchant
à l'excès ». Un arrière grand-oncle de Mirabeau était
mort « d'un excès de femme » à quatre-vingt-treize ans.
Nous verrons mourir plus qu'octogénaire, dans une
étrange folie amoureuse, celle qui avait été l'honneur
de son sexe et de sa maison, la vénérable mère de

l'Ami des Hommes... Enfin, celui-ci, dès sa jeunesse, avait manifesté une humeur âcre et sauvage, ainsi qu'un tempérament voluptueux, qu'à peine sa vieillesse tempéra. Comme les Riqueti s'alliaient en général à des demoiselles de leur humeur « venteuse, tempestive », ils avaient fini par fixer dans leur descendance leurs traits les plus originaux, « un certain genre fier, particulier, exubérant, mais toujours également noble et probe et éloigné de grapillage », un esprit de famille, en un mot. Ainsi s'exprimait le marquis de Mirabeau pour se résumer.

Il était le premier Mirabeau qui eût rendu son nom illustre ; son marquisat datait à peine d'un siècle ; ses pères tenaient par acquisition, des Barras, leur fief noble, les château et terre de Mirabeau... Et puis après ? ces commencements ne défendaient pas d'en supposer d'antérieurs, qui étaient plus relevés. Le marquis affirmait descendre des Arrighetti, une famille noble de Florence, bannie comme guelfe ou comme gibeline (car il variait sur ce dernier point) ; et mi-sérieux mi-badin, autant pour en faire accroire que pour s'en réserver le démenti, il ajoutait parfois ne connaître dans sa maison qu'une mésalliance, avec les Médicis !

Ne retenons rien, si l'on veut, de cette filiation aventurée ; mais l'inspiration en reste admissible. Dans l'existence aussi bien que dans le caractère de l'Ami des Hommes, de son frère, le comte Louis-Alexandre, et de ses deux fils, toutes gens qui nous sont très connus, combien de traits les apparenteraient aisément aux Italiens du temps des seigneuries et des républiques communales ! Tels ils étaient, ces

Mirabeau : risque-tout et cauteleux, ostentateurs et dis-
simulés, ouverts et méfiants, serviables et intéressés,
fertiles en combinaisons et en intrigues, voluptueux,
protecteurs, despotiques, passionnés pour la vie
publique, tels avaient été aussi les miliciens et partisans
dont je les croirais volontiers issus, tantôt condottieri
engagés à terme, tantôt magistrats et marchands atten-
tifs au débit de leurs comptoirs, mais toujours aux
écoutes et aux aguets, se mêlant de tout, tenant à tous,
et souvent honorés par leur podestat de ces trois
aunes de drap rouge avec lesquelles, suivant Machia-
vel, on créait un citoyen de marque ; hommes de tête
et de ressources, prompts à l'action, mais trop per-
sonnels, trop indépendants, pour n'être pas inquié-
tants dans un État stable, hiérarchisé, centralisateur ;
enfin, avides d'avancement, d'honneurs, de primauté,
mais peu capables d'y atteindre ou de s'y maintenir,
faute de savoir se contenir, se subordonner, s'enca-
drer. Mais que la cité entre en combustion : autour
de ces individus instruits, résolus, volontaires, la
multitude incertaine se rassemble naturellement, prête
à se conjurer.

C'était à peu près dans ces conditions de malaise
et d'incertitude que le marquis de Mirabeau avait
attiré les regards de son siècle. Ses théories étaient
d'une expression trop ardue et trop confuse pour être
comprises communément ; mais il avait suffi que
communément on les crût neuves et subversives. Le
marquis entretenait cette opinion par quelques éclats
de son génie original, primesautier, sarcastique. Cela
lui composait un personnage et une légende. Toute-

fois, quoique enivré d'idées et d'aspirations républicaines, il restait féodal à n'en pas démordre. Gêné et
comme intimidé par cette contradiction intérieure, il
reculait devant ses inconséquences inévitables, il
n'osait passer à l'action. Il fallut que ses fils se par-
tageassent ouvertement cet héritage de principes
inconciliables pour qu'on y vît clair. Le fatum de sa
race à la fois populaire et aristocratique ne put se
réaliser qu'en se dédoublant.

Deux Vassan, le marquis de Permangle et la
grand'mère maternelle d'Honoré-Gabriel, étaient
ses parrain et marraine ; triste présage. Les cérémonies et réjouissances de son baptême furent simpli-
fiées, afin de ne pas attirer sur lui, en fêtant sa venue
avec trop d'éclat, le mauvais sort qui avait anéanti
son frère. Puis, on le mit en nourrice au village du
Bignon, chez la femme du maréchal, une robuste personne qui battait l'enclume à l'occasion. Un petit
monstre qui la mordait et la frappait ne lui faisait
pas peur. « Ils se gourment à qui mieux mieux, ce
sont deux bonnes têtes ensemble », constatait le
marquis. A l'âge de trois ans, Gabriel eut la petite
vérole ; sa vigueur en accrut sans doute la virulence.
On n'avait pas osé le vacciner. Les dangers de cette
opération semblaient aux moins prévenus être aussi
probables que ses bienfaits. D'ailleurs, même un père
qui se croyait, comme le marquis de Mirabeau. le
lieutenant de Dieu à son foyer, ne se reconnaissait
pas le droit d'y faire procéder sans une permission
de l'Église : il y avait du diable en cette affaire. La
marquise de Mirabeau voulut soigner seule son
enfant, avec ce « courage de tempérament » qu'elle

avait, de l'aveu de son mari, pour panser « les plus hideux ulcères » des pauvres gens. Elle avait aussi, par malheur, des recettes à elle. Les emplâtres qu'elle appliquait à Gabriel, le laissèrent défiguré. Le pire en cet accident fut que le pauvre visage, sous ses coutures et ses trous, fit paraître plus qu'auparavant sa ressemblance aux Vassan détestés.

Vers le même temps (septembre 1752), la marquise accouchait d'une dernière fille, Louise ; et seulement deux ans plus tard (novembre 1754) naissait son second fils, Boniface, destiné à Malte et que pour cette raison on appela tout de suite « le petit chevalier ». C'était un enfant d'apparence chétive, mais avec de si jolis traits qu'il fut déclaré « tout Mirabeau » d'une seule voix, ainsi qu'on trouvait son frère « tout Vassan ». Premier germe d'inimitié entre eux : Gabriel, quoique à peine âgé de six ans, n'était pas orgueilleux seulement de ses avantages de primogéniture : il en était jaloux ; déjà son caractère ombrageux le tourmentait. On n'y prenait pas garde ; la mobilité de son humeur, la vivacité de ses impressions, faisaient illusion sur ce fond d'inquiétude : « C'est peu de chose jusqu'à présent que ce caractère-là, notait le marquis ; peu de vices, hors une inégalité machinale, si l'on la laissait percer, mais peu de sensibilité : c'est un sable où rien ne reste ». Une pire erreur du marquis était de ne chercher ni à vaincre, ni à dissimuler l'espèce de répulsion que la figure ravagée de Gabriel lui inspirait ; il la faisait bien plutôt partager : « Ton neveu est laid comme celui de Satan », écrivait-il à son frère. La prédilection générale pour Boniface rendait encore

plus pénible à Gabriel sa disgrâce : il en ressentait
l'iniquité, et, le cœur ulcéré, il se retirait de plus en
en plus vers sa mère ; il la voyait moquée, écartée,
rebutée comme lui ; elle l'étouffait de caresses et de
consolations ; comment ne l'eût-il pas préférée ?

Cependant le marquis de Mirabeau ne négligeait
rien pour préparer ce fils aîné à lui succéder dignement. Combien de ducs et de princes, qui voyaient
leur éducation livrée à des laquais et à des cham-
brières ! Gabriel avait un gouverneur, digne homme,
de grand cœur, de bon maintien et véritablement
instruit, quoiqu'il ne fît pas ainsi son métier. Il avait
la main ferme, froide, impersonnelle ; il eût dirigé
les choses plus naturellement que les personnes ;
mais des revers et la charge d'une nombreuse famille
l'avaient conduit à se faire pédagogue. Il s'appelait
M. Poisson. Le marquis lui donna sa confiance
entière ; il ne la pouvait guère mieux placer. Après
six mois, Gabriel avait fait de tels progrès qu'on
parlait de son savoir, au dire de son père, dans « tout
Paris », c'est-à-dire sans doute, car il en faut toujours
rabattre ; dans ce tout Paris *œconomiste* que le
marquis de Mirabeau réunissait chez lui une fois par
semaine, le mardi, et où les provinciaux et les étrangers étaient le plus nombreux. Autre prodige, six
mois plus tard. Prié par M. Poisson d'écrire « ce qui
lui passerait par la tête », Gabriel écrivait ceci, « que
je lui ferai mettre dans un cadre », disait son père,
« pour qu'il se souvienne qu'à cinq ans et demi, il
ne savait que de bonnes choses » : *M. de Mirabeau,
je vous prie de prendre attention à votre écriture et
ne point faire de pâtés sur votre exemple, d'être*

*attentif à ce que l'on fait, obéir à son maître, à son père et à sa mère, ne point contrarier, point de détours, de l'honneur surtout, n'attaquez personne, lorsqu'on ne vous attaque, défendez votre patrie, ne soyez point méchant avec les domestiques, ne familiarisez pas avec eux; cacher les défauts de son prochain parce que cela peut arriver à soi-même.*

Cette petite page ne nous est pas indifférente, car elle nous révèle un Mirabeau enfant, trahi par lui-même. On y voit bien moins l'effusion de ses bonnes dispositions naturelles et acquises qu'une confession involontaire des peccadilles et défauts sur lesquels M. Poisson avait à le reprendre le plus souvent. Il était peu soigneux, fuyant ou rebelle sous la règle, querelleur et dissimulé, médisant et flagorneur, inégal et raboteux, trop hautain ou trop familier, et toujours préférant la mauvaise compagnie à la bonne parce qu'il y était plus à l'aise pour se débrider et pour dominer. D'ailleurs, ouvert aux bons conseils, sensible à la persuasion douce, à la bienveillance, à l'éloge, avide de savoir, épris de perfection. Ah, que ne pouvait-il seulement aimer son père autant qu'il l'admirait et le vénérait ! Il ne se faisait pas un autre modèle de l'homme de génie, de l'homme supérieur, honoré, imposant, célèbre, en un mot, du chef et du maître, qu'il se sentait capable de devenir un jour, lui aussi. Dieu lui-même... mais Gabriel y croyait-il? Sa vive imagination avait beau ne lui représenter rien d'irréalisable; elle se contenait fermement dans les régions accessibles aux yeux et à la raison ; elle rejetait le merveilleux; elle exigeait de connaître la fin et les moyens de tout.

Au repas solennel de sa confirmation, qui lui fut
administrée, à la tête de quelques six cents « petites
bonnes gens », à sept ans, au Brignon, de la main
d'un cardinal venu tout exprès, assisté de cinq
prêtres et d'un militaire, Gabriel coupa une explication sur le pouvoir que Dieu a de faire des miracles,
mais non des contradictions, telle qu'un bâton qui
n'aurait qu'un bout, pour demander « si un miracle
n'était pas justement un bâton qui n'aurait qu'un
bout » ? La douairière de Mirabeau, dévote intraitable, et qui, au dire de son cadet, « faisait trembler
les demi-hommes de son temps », ne lui pardonna
point le blasphème de cette question ; et si ce ne fut
pas à ce propos qu'elle avantagea son petit-fils pré-
féré, le chevalier Boniface, d'un legs de 30.000 livres,
nul doute qu'elle ne lui eût confirmé alors, de tout
son cœur, cette clause de son testament.

Ce legs ne resta pas ignoré de Gabriel. Il lui parut
un détournement. Il en fallait bien moins pour le
révolter. Une sévérité trop rude, une pénitence trop
humiliante, une plaisanterie trop mordante, et moins
que cela, une injustice d'inattention, un soupçon mal
fondé, parfois le couchaient à terre, évanoui, étouffé
de larmes et de sanglots, parfois l'abîmaient dans
une rage muette, dans une tristesse noire et sauvage,
qui imprimaient à son visage, d'une « laideur
amère », et à ses yeux fulgurants, l'air de l'atrocité.
À cette vue, Boniface, gentil enfant, cœur facile et
banal, sans plus de tendresse que de méchanceté,
venait-il à lui offrir jeux, consolations, embrassades?
Gabriel le repoussait du geste ou d'un mot tranchant : « Je ne vous aimerai jamais! » Au contraire,

il embrassait l'univers sur son cœur, il adorait l'humanité, il baisait la terre, pour un cordial encouragement des êtres qu'il vénérait et craignait le plus ; un regard caressant, une critique bienveillante, une parole insinuante et douce de son père, le prosternaient à genoux, éploré, purifié, épanoui. Ces joies hélas ! duraient peu ; elles étaient trop vives ; et la bonne humeur, l'indulgence des siens à son égard, étaient versatiles et momentanées. Bientôt la folle du logis, un moment disparue, s'insinuait à nouveau en lui et l'égarait. D'espiègle et de questionneur, il redevenait indiscret. Ses idées, ses propos, ses actes, marqués d'extravagance, indisposaient contre lui. Il mentait d'abondance, non pour tromper, mais pour flatter, faire illusion, se vanter ou se soustraire à une réprimande ; et il défendait ses mensonges avec l'opiniâtreté d'un homme vrai, l'habitude d'un roué ; il ne pouvait plus se détacher d'eux, tant, à les combiner et à leur donner corps, il avait dépensé d'observation, de calcul, de faconde ; tant il les avait nourris de bonnes et belles intentions ; tant il y avais mis de lui-même ! « Je sais, grondait alors son père, que je dois renoncer à ce que cet individu-là ait le type de notre race, mais parbleu, pour le mensonge de prédilection, il l'abjurera, où je saurai l'annuler avec disgrâce ».

La perversion précoce de ses sens changeait dans le même temps l'antipathie des siens en dégoût. Les premiers signes qu'on en surprit durent être bien attristants, et les rechutes bien fréquentes, pour que le marquis de Mirabeau, d'ordinaire si peu mesuré en ses réflexions comme en son langage, s'en retînt d'en parler autrement qu'à demi-mots à ses confidents les plus intimes, tandis qu'il ne s'effrayait pas, et que même il riait de semblables dispositions observées au même âge chez son fils cadet Boniface. Cet écart de jugement n'était pas une conséquence des préventions du marquis, la vie de l'un et de l'autre frère l'a démontré; il provenait d'une observation pénétrante de leurs natures. Ce qui chez l'un pouvait ne paraître que malséant devait être tenu pour malsain chez l'autre. Les vices de Boniface ne se découvrirent d'ailleurs que passé l'adolescence; c'étaient l'intempérance et la passion du jeu; son caractère aimable, pétulant et jovial les lui faisait pardonner ou lui en allégeait les suites. Mais la luxure était la tare congénitale de Gabriel; à mesure qu'il grandissait, sa complexion à l'excès bilieuse et sanguine, sa fougue, son orgueil, en développaient fatalement la malignité. Il n'avait guère plus de huit ans, en octobre 1757, lorsque son père confiait à une amie, la comtesse de Rochefort, les sombres appréhensions qu'une maladie grave et peut-être mortelle de M. Poisson lui inspirait pour l'avenir de ce malheureux Gabriel : « Le moindre des inconvénients de cette perte pour moi était de ne savoir plus que faire de mon fils dont le caractère nul dans le fond, et marqué toutefois d'un type profondément inouï dans la forme, demande au moins l'entière attention d'un homme unique. S'il meurt..., je m'acheminerai ensuite traînant mon fils à ma ceinture, sans savoir dans quelle rivière je le jetterai ».

La vie privée du marquis de Mirabeau avait des faiblesses habituelles qui n'eussent peut-être rien ôté

à l'excellence de ses conseils non plus qu'à leur
autorité, si, non content de prescrire à chacun une
surveillance étroite de son fils aîné, il s'était surveillé le premier devant lui. Or il était voluptueux,
facile de mœurs pour lui-même, et il négligeait de
s'en cacher. Il imposait à sa femme la société ou les
services de ses maîtresses, femmes de corvées et
femmes de chambres, paysannes; il en avait des
bâtards; et ces liaisons lui paraissaient ne mériter
l'attention de personne. C'était le train ordinaire de
son temps et de son milieu. Les épouses ainsi délais-
sées avaient d'ordinaire l'esprit de s'en accommoder.
Mais la marquise de Mirabeau n'avait rien de cet
esprit-là. Elle adorait la personne de son mari; elle
lui était attachée par une « conjugalité » exigeante,
que ni l'habitude ni ses fréquentes maternités n'apai-
saient. Il s'ensuivait des scènes tapageuses, suivies
parfois des satisfactions indispensables; mais la réconciliation des époux n'était jamais qu'apparente.
Alors Gabriel n'étudiait pas son père que pour l'ad-
mirer; il épiait ses privautés avec les soubrettes et
les visiteuses; et ses indiscrétions, qui hâtaient son
apprentissage du vice, tendaient également à servir
la cause de sa mère, à nourrir sa jalousie, à fomenter
ses querelles. Mais son père devinait-il ou surpre-
nait-il son jeu? son ressentiment le rendait inexorable pour la moindre faute. « Quant aux garçons,
s'écriait-il dans un de ses accès de réprobation, l'aîné
vendra son nom! »

Telles étaient ses meilleures raisons d'instituer
contre ce fils jugé impie et scélérat, une méthode de
défense et de correction qu'il ne trouvait jamais assez

humiliante ni assez rigide. « Je suis un instrument de plus pour Poisson, expliquait-il un jour, parce que, quand il promet indulgence, je lui sers à y manquer, sans manquer à sa parole et je tiens rigueur. » En même temps, il décriait Gabriel à tout venant, par des sentences et des prophéties aussi avilissantes que ses représailles. Il l'encerclait comme un malfaiteur-né dans un réseau de délateurs où il n'y eut bientôt plus personne qui ne tînt un rôle, parents, gouverneurs, confesseurs, maîtresses, camarades, serviteurs; seules, la marquise de Mirabeau et sa petite cadette, Louise, s'en trouvèrent exceptées, comme rebelles ou peu sûres. Une fureur insensée ou une mélancolie noire se disputèrent alors l'âme et le cœur de Gabriel. Misérable rebut des siens, né si fier, si sensible, capable du meilleur aussi bien que du pire, il ne lui était guère laissé que son isolement pour se retrancher, se raidir, hurler ses plaintes et ses blasphèmes, combiner ses plaidoyers, ruminer ses vengeances, crier justice enfin.

Bien entendu, ce tourment avait des relâches. Le marquis de Mirabeau avait de la bonhomie et le cœur tendre; il ne se refusait la douceur d'être compatissant que par une crainte inavouée de sa timidité et de sa facilité foncières; il cédait tout à la surprise, à la flatterie, aux tentations d'une volonté insinuante ou ferme. Il aimait tous ses enfants; et Gabriel luimême, dès qu'il cessait de lui déplaire, l'apitoyait secrètement et lui devenait le plus cher peut-être. Mais il était homme de cabinet et causeur avant tout. Les importunités et les cris de « la marmaille » l'in-

Cliché Arch Phot. Paris

**LE MARQUIS DE MIRABEAU, tableau d'AVED**

commodaient; il la tenait aussi éloignée de lui que
possible. Ses filles étaient mises au couvent sitôt
qu'elles marchaient sans lisières ; il les visitait rarement. Il n'avait gardé dans sa maison sa petite cadette
Louise, et ses deux fils, que pour les confier sans
réserve au ménage Poisson qui les élevait et les ins-
truisait avec ses propres fils et filles. Cela formait une
troupe si nombreuse et si trépidante qu'on lui donnait le Bignon pour séjour pendant huit grands mois
de l'année. Ici, elle jouissait bientôt d'une liberté
extrême. On ne la pouvait tenir enfermée au château,
assez caduc, et qu'elle eût démantelé. Lâchée dans
le beau parc, elle y trouvait d'innombrables retraits
et détours pour ses jeux tant permis que défendus ;
ce n'étaient que bosquets, futaies, pelouses à perte
de vue, cabinets et rideaux de verdure, bains, étangs,
bassins, ruisseaux et cascades, sentiers, serpentins, et
par delà, d'immenses champs de céréales, des fermes
et des moulins exploités suivant les principes de l'œconomisme, et non loin, dix petites paroisses dont le
Bignon, qui avait pour église la chapelle du château.
Force invités, un nombreux domestique, le peuple
paysan et des équipes sans cesse renouvelées d'ouvriers animaient sans cesse ce plantureux domaine.
De petites fêtes d'un goût familial et rural, réglées
par M. Poisson, réunissaient fréquemment tout ce
monde si divers. La troupe d'enfants y collaborait et
y paraissait. Mais elle préférait s'égailler dans la
pleine campagne et s'y mêler volontairement aux
petits rustres de sa taille et lutter, patauger, braconner-
ner avec eux. Boniface se vautrait et se déchirait à
plaisir. Gabriel, comme le plus fort, le plus hardi et

le plus impérieux, dirigeait la bande. Il lui fallait
l'exercice le plus violent et le commandement le plus
absolu. Mais lequel lui eût disputé l'empire? Sa laideur, sa vulgarité d'allures, sa malpropreté native,
sa vigueur inlassable et insurmontable, le faisaient
entrer de niveau dans la compagnie des polissons,
les plus dépenaillés; il s'y imposait sans effort,
en lui inspirant de la crainte, de l'admiration, de
l'amitié, jamais d'envie. Il était si vif et si volontaire, mais si bon diable et si généreux! Comme sa
mère, il aimait à secourir les pauvres et les malheureux, à les rechercher, à prévenir leurs besoins. Il
aimait le peuple, il avait le goût de sa franchise
d'allures, d'instincts et de langage. Il apprenait à le
séduire et à l'entraîner. Un jour qu'à Saint-Maur,
chez le duc de Nivernois, il prenait part avec les
garçonnets du pays à une course à pied dont le prix
était un chapeau, il le gagna, s'en coiffa, puis se
tournant vers un des malchanceux, il lui donna son
bonnet qui était encore fort bon : « Tiens, dit-il, je
n'ai pas deux têtes! » — « Ce jeune homme, rapportait le duc témoin de cette scène, me parut alors l'em-
pereur du monde; je ne sais quoi de divin transpira
rapidement dans son attitude; j'y rêvai... »

Au reste, les prédictions et les observations du
marquis de Mirabeau n'était pas toutes défavorables.
Il en notait et en faisait valoir aussi volontiers le bon
que le mauvais. Ainsi dans l'été de sa dixième année,
Gabriel tomba malade au Bignon d'une jaunisse dont
son père, très inquiet d'abord, fut ensuite fort aise,
en observant qu'elle avait amendé beaucoup son
malade : « Le symptôme le plus fâcheux, rendait-il

compte à son frère le 23 août 1759, c'est qu'il est raisonnable comme s'il avait trente ans et que M. Poisson en est très content. » Son diagnostic redevenait bon un mois après (14 septembre) : « Le jaune et la bouffissure ont passé d'eux-mêmes et il est remis. Au reste, il y a eu en même temps une grande révolution dans son caractère, et il promet un fort joli sujet, n'ayant plus trace d'humeur, de bassesse ni de mensonge. » — A quoi son frère lui répondit, car il n'approuvait pas que le marquis augurât si mal et si promptement de l'avenir de son aîné : « *Méchant enfant, bouen homme*, dit le proverbe de notre pays. » Une semaine s'écoulait, et M<sup>me</sup> de Rochefort entendait à son tour un nouveau son de cloche plutôt gai que fâcheux, mais où l'incertitude du marquis reparaissait (21 septembre) : « J'ai un fils laid avec recherche et prédilection, et en outre péroreur. Sa mère lui faisait quelque antédéclaration de la part de sa femme future. Il répondit qu'il espérait qu'elle ne considérerait pas son visage. Un auditeur bénévole et beau parleur lui demanda : *Où monsieur veut-il qu'elle le regarde ?* mais d'un ton qui me fit partir, quoique sans doute vous n'en trouviez pas le pourquoi. » Mais la comtesse le devinait aussi bien que nous : c'était la virilité précoce et anormale de son fils, dont il faisait volontiers à ses amis des contes tantôt graveleux, tantôt effrayants.

Dans les deux années qui suivirent, Mirabeau ne démentit pas formellement ces retours heureux d'espérance en lui; mais il lui devint sans doute impossible de les rendre plus fréquents et plus stables. De vilains nuages s'étaient assemblés sur la maison de son père. Le plus noir, celui dont on attendait un orage depuis le plus longtemps, ne creva toutefois pas le premier ; il continua de grossir et de se charger ; la marquise de Mirabeau tenait bon, et les événements l'appuyaient. D'abord la douairière de Mirabeau qui n'avait jamais pu souffrir sa belle-fille, eut une crise d'urémie qui la laissa furieuse ou sombre, tout à fait insociable : il fallut la tenir bientôt enfermée. Puis, le marquis de Mirabeau fut frappé d'une lettre de cachet, interné d'abord au château de Vincennes, exilé ensuite au Bignon, en plein hiver, à la suite de sa publication d'une *Théorie de l'impôt*. Cet ouvrage tendait à ruiner, avec le système de fiscalité en usage, ses innombrables et tout-puissants profiteurs. Tout Paris admira la marquise de Mirabeau dans cette circonstance. Elle prodigua ses ressources d'audace et d'activité, remua ciel et terre en intéressant à la cause de son grand homme sa puissante parenté, les Noailles, qui ne souffraient pas qu'un des leurs fût atteint ; puis, elle vint s'enfermer au Bignon avec le marquis. Il ne lui en sut pas gré. Sans doute perdait-elle ses paroles intarissables à le vouloir convaincre de laisser là « sa science » pour se consacrer à ses enfants et à ses domaines ; car on entend à ce moment l'exilé glorieux de sa peine, mais ennuyé et importuné par de telles prières : « Il y a longtemps que j'ai mandé pour la première fois qu'on m'aimait beaucoup dans ma maison, mais qu'on ne m'y estimait guère. » Enfin il eut permission de rentrer à Paris, et la marquise ne contribua pas peu à la lui faire obtenir. Elle n'avait encore jamais mieux travaillé contre elle-même ; et jamais le marquis n'avait encore eu sujet, comme en cette épreuve, de répéter ce qu'il avait fait entendre naguère à la comtesse de Rochefort : « J'ai, comme Caton, quelque chose dans mon soulier qui me blesse rudement et à toute heure et qui ne peut être su que de ceux qui me suivent de fort près. A Paris, on change de souliers, Madame la comtesse, ici non. »

La paire de souliers de Paris dont il avait tant de regret, et qu'il brûlait d'aller rechausser, l'était pourtant venue trouver au Bignon pendant ce mortel exil, mais avait dû s'en retirer promptement, pour s'éviter un plus mauvais parti. Depuis une année et plus, peut-être, le marquis de Mirabeau, s'était pris du plus tendre attachement pour une jeune femme bernoise, Marie de Malvieux, dame de Pailly : elle était sa voisine, logée comme lui au Luxembourg et comme lui reçue dans le cercle intime de la comtesse de Rochefort et du duc de Nivernois. On n'honorait nulle part mieux qu'en ce salon la galanterie, jointe à la dignité d'extérieur, les grâces et les dons de l'esprit, les belles-lettres. A quels titres M<sup>me</sup> de Pailly s'y trouvait-elle admise, peu importe; il avait pu suffire de ceux qui l'y maintenaient et qui l'y faisaient même rechercher : sa beauté, sa bonne humeur, sa finesse et son éducation achevée. Aussi lui avait-on donné un surnom familier, comme à chacun des membres de cette société. Le marquis de Mirabeau avait le sien. Pour ses gros yeux, sa griffe prompte, sa dent dure, son humeur aisément sauvage, son naturel amoureux et son doux commerce ordinaire, on l'appelait *le gros Merlou*. M<sup>me</sup> de Pailly, fort brune, grasse, l'air bonne femme, les façons câlines et patte de velours, était appelée *la poule noire* ou *la chatte noire*. Bien que de religion protestante, elle avait charmé jusqu'à la dévote douairière de Mirabeau, réputée intraitable sur cet article. La marquise de Mirabeau s'était-elle aussi laissé prendre étourdiment à tant d'adroites et prévenantes séductions. Maintenant, elle s'en défendait, prise de soupçon et tourmentée par une jalousie d'autant plus excitable que, depuis la naissance de son second fils Boniface, le marquis l'avait tenue à l'écart de son lit. Or M^me de Pailly avait toute facilité de nouer une liaison et de la tenir couverte. Elle était libre, quoique mariée et même en bons termes avec son mari; celui-ci était bien plus âgé qu'elle. Colonel retraité d'un régiment suisse au service de France, il vivait à demeure à Lausanne.

Contre cette rivale artificieuse, douée de tous les agréments qui lui étaient refusés ou qu'on lui déniait, la marquise de Mirabeau ne trouvait nul appui dans sa maison. Son beau-frère, le bailli de Mirabeau, était seul à pressentir que l'influence de M^me de Pailly serait funeste; mais il n'osait ou il ne voulait marquer sa désapprobation à cet égard autrement que par sa froideur, son silence, son éloignement; jamais on ne vit cadet marquer plus de déférence à son aîné. Au surplus, si le bailli n'admirait pas la belle intruse. il n'aimait pas la marquise et n'avait même de respect que pour ses titres d'épouse et de mère; il ne lui pouvait être d'aucun secours. Ainsi livrée à son humeur et peut-être incapable de suivre aucun bon conseil, elle se rendit plus insupportable que jamais à son entourage, sans prendre garde qu'on n'y cher-

chait que des motif de l'écarter. Les louanges prodi-
guées à M^me de Pailly visaient à lui faire la leçon, à
lui être à reproche. Dans son désarroi physique et
moral à qui demanda-t-elle des consolations, et de
quelle espèce? Gardienne solitaire de la foi conjugale, elle se lassait de son métier... Elle se dissipait.
Il courait sur sa conduite des « rumeurs déshono-
rantes ». Elle prêtait sujet au marquis de Mirabeau
d'incriminer jusqu'à ses familiarités avec des gens
de sa domesticité. Les fougueuses exigences de son
tempérament, le débraillé habituel de sa tenue et de
son langage, autorisaient de pareils soupçons ; ce qui
parut les justifier fut son attitude contrite et soumise
en cette circonstance. Tout en niant et en atténuant
ses torts, elle accepta de sortir de sa société habituelle
de femmes joueuses et dissolues, et de se retirer en
Limousin, au château d'Aigueperse où vivait sa mère
veuve, sous prétexte de l'aller soigner. Le marquis de
Mirabeau n'étant pas très sûr de sa disgrâce, lui promettait visites et rejonctions si elle s'amendait, mais,
sitôt qu'elle fut partie, il ne songea plus qu'à l'empêcher de revenir. Afin de donner pâture à l'activité
inouïe de cette malheureuse femme, — « le démon de
la chose impossible », disait-il, — il entreprit sur ses
terres des travaux considérables dont il lui confia la
direction. Il la fit surveiller elle-même étroitement,
attentif aux moindres bruits de désordre, et visiblement désireux d'en recueillir des témoignages. De
son point de vue, bien lui en prit. Ses amis et ceux
de M^me de Pailly s'employaient de leur côté à le servir.
Il n'avait que des griefs, il lui fallait des preuves.
Enfin, un de ses zélateurs lui en apporta un « paquet

infâme ». La pièce maîtresse, tout entière écrite de
la main de la marquise en avait été délivrée à un
officier du régiment-Dauphin en certification « de sa
force de taureau vis-à-vis des femmes »; elle y avait
joint un blanc-seing qui permettait à ce capitan de la
requérir pour toute nouvelle démonstration de ses
capacités. Le marquis regarda tout cela comme « un
fumier qu'un honnête homme ne devait pas couvrir
de son manteau », et il découvrit largement sa plaie
au ministre qui avait les lettres de cachet dans son
département. C'était le duc de Saint-Florentin, un
admirateur de M<sup>me</sup> de Pailly et un familier du salon
de M<sup>me</sup> de Rochefort, où il portait le surnom de Dom
Grognard. Il s'en vint passer quelques jours de l'été
au Bignon, où, documenté et chapitré à souhait, il
promit ce qu'on voulut (1763).

Cette révolution domestique, dont les raisons
échappaient heureusement sans doute, à la curiosité
des enfants du marquis, n'en était pas moins pour
eux de grande conséquence. Gabriel, Louise et Boniface qui vivaient ensemble, avec les enfants de
M. Poisson, devenaient peu maniables en grandis-
sant, et l'on ne songea que trop tard à les séparer,
après que Gabriel, dans sa treizième année, eut
« déniaisé » la fille aînée de son gouverneur, du
même âge que lui. Ce petit forfait demeura-t-il ignoré
des parents ? et fut-ce le seul ? Au moment de se
rendre en Limousin auprès de sa femme, en juillet 1762, on voit le marquis de Mirabeau décider
brusquement d'envoyer sa fille cadette, Louise,
rejoindre ses sœurs au couvent des Bénédictines de
Montargis, d'où elle ne sortit plus que pour se marier.

Il n'en dit pas le motif. Mais nous savons que Gabriel et Louise vivaient pareillement dans une admiration sans tendresse pour leur père, une continuelle terreur de la douairière de Mirabeau, une haine instinctive de M<sup>me</sup> de Pailly et un amour de prédilection pour leur mère, exalté encore par ses malheurs et par son exil qu'ils jugeaient immérités. Ils étaient réputés l'un et l'autre « tout Vassan » ; et cette réprobation rendait leur union plus étroite. Ils se ressemblaient, de fait, étrangement, par un caractère susceptible, fier, indomptable, par les dons de l'esprit et par le visage même. N'avaient-ils pas aussi les mêmes perversités de nature ? et ne sera-ce point un souvenir, une impression ineffaçable de leurs curiosités défendues qui inspirera plus tard à Mirabeau une imposture plus coupable encore : la prétention d'avoir été le premier amant de sa sœur ?

Une autre imposture de Gabriel, dont il faut chercher l'origine vers la même époque, bien qu'il ne l'eût produite, comme la précédente, qu'une douzaine d'années plus tard, compromettait M<sup>me</sup> de Pailly. Il aurait dû, à l'en croire, se dérober à ses provocations... Entre elle et lui, au vrai, que se passa-t-il jamais ? Il la convoitait, à n'en pas douter, et plus vivement peut-être que les autres femmes de son entourage, parce qu'elle était d'une beauté moins commune et moins accessible, opulente, achevée, vantée et que le bonheur d'une passion partagée rendait plus attrayante. Le marquis avait fait aménager au Bignon pour « sa dame douce amie » un bain en pleine eau courante, dans un taillis bruyant de rossignols, entre un bois et une prairie ; on y accédait par

un escalier de façon. Il y avait d'autres bains de chaque
côté pour la compagnie, et des petits réduits entourés
de feuillage pour faire la toilette en liberté. Quelles
mains impudentes tentaient d'écarter ces feuillages?
quels gros yeux s'y embrasaient? quel visage affreux
s'y laissait parfois surprendre? on le devine. M^{me} de
Pailly se délaçait volontiers aussi pour courir et
patauger bras et jambes nues, ou jouer à la fermière,
ou faner, ou pétrir elle-même afin de faire du pain
meilleur qu'au village. « Vous savez son attrait pour
être servante de basse-cour, il est certain que c'est
sa vocation », contait le marquis à M^{me} de Rochefort.
Il était dans l'enchantement à cette vue. Gabriel en
était affolé. Mais M^{me} de Pailly éprouvait une espèce
d'horreur double, physique et morale, aux approches
de ce garçon effréné, dont elle sentait rôder sans
cesse autour d'elle la concupiscence et l'espionnage.

Il eût été plus encombrant encore et plus inquié-
tant en hiver, à Paris, où les appartements et la
société se trouvaient plus resserrés, si le marquis de
Mirabeau ne s'était avisé que M. Poisson n'était plus
de taille, qu'il avait « manqué » son fils, et que celui-ci
« l'avait dépassé ». Dès la rentrée, en décembre 1762,
Gabriel avait été « chargé de maîtres d'escrime et
d'études » qui le retenaient auprès d'eux toute la
journée. Le marquis avait fait choix des maîtres les
plus renommés ; c'étaient aussi les plus coûteux.
Mais il en attendait trop ; sa nouvelle pédagogie était
mal avisée. Par exemple, au maître de géométrie, il
demandait le redressement de « l'esprit de travers »
de son fils ; au maître d'armes, l'atténuation de « sa

fougue » ; à un supérieur des Théatins, prédicateur
du roi, la guérison de sa « folie physique »... C'était
confondre les genres. Le marquis s'aperçut assez vite
de l'insuccès, sans toutefois convenir de son erreur :
« L'aîné des garçons, écrivait-il au bailli de Mirabeau (19 avril 1763), pour qui l'on a pris des soins
et fait des dépenses d'autant moins bornées que j'ai
voulu n'avoir rien à me reprocher, pourrait fort bien
s'appeler en bon français un enfant mal né et me
paraît, du moins jusqu'à ce temps, ne devoir être
qu'un fol, presque invinciblement maniaque, en sus
de toutes les qualités viles de son antique ressemblance. L'éducation, et surtout la crainte qu'il a de
moi, couvre à l'extérieur beaucoup de ces qualités ;
mais comme il va maintenant chez nombre de maîtres
choisis et que, depuis le confesseur jusques au camarade, tout est autant de correspondants qui m'in-
forment, je vois le naturel de la bête, et je ne crois
pas qu'on en tire jamais rien ». Peu de temps après,
l'été venu, il le retira des mains de ces maîtres pour
le ramener au Bignon avec lui, M<sup>me</sup> de Pailly et toute
sa maison, et l'y mettre en observation. Mais le
naturel exubérant et mobile de Gabriel déconcerta
son jugement, comme par le passé. Toutefois, dans
ses variations d'une semaine à l'autre, une note
d'espérance était dominante, quoiqu'il s'efforçât de
l'assourdir. M<sup>me</sup> de Pailly eût fait entendre plus volontiers un autre son, mais, par ménagement ou par
discrétion, elle s'accordait à celui-là, non sans un
effort perceptible. « Vous demandez à notre ami
des nouvelles de ses enfants, écrivait-elle (21 juillet 1763) à M<sup>me</sup> de Rochefort. Il vous rendra compte

lui-même de son fils sur le fond duquel on ne doit
pourtant pas s'alarmer. Je crois que le pis qu'on
puisse en attendre, ce sera de le voir un homme fort
désagréable. Il pourra même plaire à un ordre de
gens fort abondant dans le monde, et l'éducation
qu'il a reçue ne sera pas toute perdue ». Combien
la voix paternelle, trois jours après, se faisait moins
acerbe ! Qu'elle insinuait moins de prédictions
fâcheuses ! « Quant à mon fils, c'est une chenille;
mais je ne lui crois le fonds, ni des vices complets
qu'on lui attribue, ni des vertus d'insertion qu'on
voudrait mettre à la place. »

# II

M. DE PIERRE-BUFFIÈRE

M<sup>me</sup> de Pailly fit mine de s'en tenir à cette opinion balancée ; mais l'idée que le comte passerait le prochain hiver à Paris auprès d'elle, ne lui était plus supportable. Aussi patiente et artificieuse que le marquis était versatile et faible, elle obtint de lui l'internat de Gabriel en province. Le jour même où Caroline, sa fille aînée, était mariée, à Aigueperse, au jeune marquis du Saillant (23 novembre 1763), le marquis faisait part au bailli, en même temps que de cet heureux événement, de la décision prise à l'instigation de sa belle amie : « L'aîné de tes neveux va partir pour l'académie d'Angers, qui est renommée, pour l'éloigner de la fange parisienne ». Ce départ n'eut pourtant pas lieu. Le marquis s'imposait comme un devoir de probité de ne présenter son fils à personne qu'en le faisant précéder d'un tableau poussé au noir de ses travers et de ses vices ; et sur ce portrait, toutes les pensions honnêtes se fermaient devant lui. L'académie d'Angers le refusa. La déception de M<sup>me</sup> de Pailly fut extrême ; et sa mauvaise humeur ne tarda pas à se communiquer au marquis : « L'aîné jusqu'à présent tient tout ce qu'il promettait, c'est te tout dire, confiait-il au bailli (de Paris, 15 janvier 1764)... On ne le peut ni lâcher ni tenir davantage. Il me craint et ne craint que moi. J'emploierai pour lui jusqu'au bout la faveur que la Providence m'a donnée dans le monde. Au milieu de ma perplexité, j'ai pris un parti mitoyen, et j'ai déterminé l'honnête Sigrais que tu connais à s'en charger tout le temps nécessaire pour en décider et pour faire passage entre la maison paternelle et la liberté des exercices. Je ne le lui livrerai qu'au temps où il va à la campagne pour qu'il ne l'étouffe pas dans son petit appartement de Versailles. Maintenant il travaille de la géométrie et la plupart du temps sous clef ».

Ce M. Sigrais, membre de l'Académie des inscriptions et belles-lettres, littérateur austère (à une lourde plaisanterie près), savant latiniste et militaire érudit, était homme d'extérieur agreste, ferme et froid, mais tout feu et toute bonté par en dessous ; et il avait une femme bien née, vertueuse et distinguée, qui remplissait une charge de première femme de chambre auprès de M<sup>me</sup> la Dauphine, mère du futur Louis XVI, ce qui lui valait d'occuper un des petits appartements du château à Versailles. Le temps des vacances à la campagne de ce digne ménage dépendait des mouvements de la Cour ; il ne pouvait être ni prévu ni prochain, au mois de janvier où le marquis de Mirabeau leur offrait son fils. M<sup>me</sup> de Pailly s'impatienta, et si bien qu'à la fin du mois suivant, le marquis de Mirabeau passait outre à ses scrupules et conventions premières. Le 21 février, Gabriel était chez Sigrais à Versailles, mais démarqué sous le nom de Pierre-Buffière. C'était celui d'une baronnie, la pre-

mière du Limousin, appartenant à sa mère et destinée à lui revenir. Ce démarcage n'avait donc rien
en soi d'avilissant, quoi qu'on en ait dit. Mais, inten-
tionnellement, il est vrai qu'il était imposé à Gabriel,
malgré lui, comme une pénitence humiliante et
comme l'affiche, le rappel de ce « tout Vassan »
par lequel on le réprouvait depuis le berceau ; son
père l'avait averti que l'honneur de porter à nouveau
son nom ne lui serait rendu qu'après qu'il l'aurait
retrouvé bien et pour jamais corrigé. Il pleura, il
implora en vain.

On connaît la simplicité allemande, l'éducation
grossière, l'humeur incommode et la parfaite honnêteté de vie et de mœurs de la Dauphine. Elle avait
composé ses entours à son image. Néanmoins, exis-
tait-il aucun séjour moins édifiant et moins sûr, pour
un satyre de quinze ans, dévoré de l'envie de tout
voir et de tout savoir, pour la première fois délivré
du joug et du poids de la « morosité paternelle »,
débridé, en un mot, que ce labyrinthe de Versailles
dont la vastitude et les innombrables retraits et détours ne laissaient pas traîner un seul fil d'Ariane
qui ne conduisît à s'y perdre ? En moins de trois mois,
les directions exemplaires de M. et M<sup>me</sup> de Sigrais
eurent démontré leur impuissance. Gabriel fut rendu
à son père.

Rien ne décourageait le marquis de Mirabeau.
Aussi prompt à tout lâcher qu'à tout entreprendre,
son optimisme foncier et natif restait indéfectible,
quelque déboire qu'on lui infligeât. Il faut l'entendre
rire et se railler lui-même de celui-là. Au surplus,
dans le même instant, n'avait-il pas grand sujet de

se réjouir ? Ne pouvait-il pas écrire avec assurance
au bailli (du Bignon, 2 juin 1764) : « Il n'y a plus de
trouble-fête dans notre maison ni n'y en aura » ?
C'était lui annoncer à demi-mots que l'éloignement
momentané de sa femme était converti dans sa pensée
en un exil définitif et, dans le fait, était confirmé *sine
die* par un ordre exprès signé du roi : elle avait
défense d'approcher de Paris à moins de cent lieues.
Enfin, le triomphe de M^{me} de Pailly était aussi complet qu'elle l'avait pu souhaiter : car, en même temps
qu'il reprenait son fils aux Sigrais, le marquis s'en
défaisait aux mains d'un autre éducateur, sans lui
laisser même le temps de revoir le Bignon et le
visage paternel : « L'excellent couple des Sigrais,
narrait-il gaiement ensuite au bailli, les plus gens de
bien et les plus délicats que je connaisse sans exception, m'ayant signifié par la bouche du mari, la larme
à l'œil, qu'il serait tant que je voudrais le geôlier de
M. de Pierre-Buffière, mais qu'il désespérait de lui
être jamais bon à rien, ce qui signifie que son
inexplicable détraquement de tête est incurable, j'ai
voulu lui donner la dernière façon pour ma satisfaction par l'éducation publique, et l'ai mis chez l'abbé
Choquard, célèbre pension aujourd'hui, d'autant qu'on
ne l'aurait pas tenu dans les collèges malgré tous
compliments. Cet homme est raide et force les punitions dans le besoin. Ce dernier essai fait et rempli,
s'il n'y a pas d'amendement, comme je n'en espère
point, je le dépayserai à forfait... » Autrement dit, le
marquis reviendrait à son plan de faire deux bran-
ches, la cadette aux dépens de l'aînée. A Boniface,
toujours plaisant, maniable et ressemblant à ses pères

**MIRABEAU DANS SON CABINET DE TRAVAIL**
tableau anonyme du temps

Mirabeau, reviendraient les titres biens et domaines
de Provence ; à *l'autre*, échouerait l'héritage limousin
des Vassan.

L'académie de l'abbé Choquard était située à Paris,
rue Saint-Dominique. C'était une école militaire, qui
préparait à leur futur métier d'officiers des jeunes
gens, français et étrangers, dont la naissance, l'éducation, la fortune, l'âge promettaient à Pierre-Buffière
une société parfaitement assortie. Il se plaignait pourtant d'y entrer. N'avait-il plus rien à y apprendre ?
Une dizaine d'années plus tard, il exhalait encore
ses plaintes à ce sujet dans un un petit libelle contre
son père, écrit et imprimé en Hollande sous un nom
et un personnage d'emprunt : « Jeté dans une pension à l'âge auquel on en fait sortir les jeunes gens »,
y disait-il, et point n'est besoin d'en lire davantage :
tel était son grief principal. Il se sentait les ambitions,
les talents, le savoir, les forces d'un adolescent
achevé ; et il rougissait de redevenir, un écolier, à un
âge où d'autres gentilshommes, moins instruits et
moins doués, avaient déjà pris des grades à l'armée
et fait campagne, reçu la propriété d'une compagnie
ou d'un régiment, servi à la cour. N'était-ce point le
cas, par exemple, de Lauzun versé à douze ans dans
le régiment des gardes, dont la survivance lui était
promise ? Or, Mirabeau serait toujours envieux des
succès de Lauzun dans tous les genres, les pires
comme les meilleurs ; il mettrait d'abord ses pas
dans ses pas ; il se modèlerait sur lui ; et son long
dépit secret de ne parvenir jamais à l'éclipser ne
s'affaiblirait que plus tard dans une amitié et une
collaboration toutes politiques avec lui, où il ne le

surpasse enfin qu'à la veille de mourir, en 1791...

Deux Écossais de grande maison, les frères Hugh et Gilbert Elliot, que Mirabeau rencontra souvent par la suite, notamment à Aix en 1782, à Londres en 1784, nantis alors de hautes fonctions dans leur patrie, ont laissé des souvenirs de leur condisciple à l'académie Choquard. Ils le trouvaient « tranchant dans la conversation, gauche dans ses manières, disgracieux de tournure, sale dans ses vêtements et d'une suffisance insupportable. » Ils n'en reconnaissaient pas moins volontiers l'évidente supériorité et diversité de ses connaissances, l'éclat de son style et la beauté de son élocution, qui le plaçaient dans l'élite de ses camarades au premier rang. Son professeur de mathémathiques, M. Le Carpentier, n'en a pas tracé, au moral, un dessin moins vivant ni moins avantageux : « Je ne tardai pas à le distinguer par la nature de ses questions et par la promptitude avec laquelle il trouvait la solution d'un problème... Tout ce qu'on étudiait et qui ne peignait rien à son imagination lui paraissait insipide... Le voyant absolument désœuvré, je lui proposai un jour de venir travailler avec moi, et je lui fis lire l'*Essai sur l'entendement humain* de Locke. A la lecture du premier chapitre du second livre, par lequel je le fis commencer, il tomba dans une rêverie profonde, et tout à coup se réveillant comme d'un songe, il s'écria : « Voilà le livre qu'il me faut! » paroles que je n'ai jamais oubliées. — Nous lûmes ensemble les trois derniers livres de l'ouvrage de Locke. L'étonnante pénétration du jeune Mirabeau, ses rapprochements d'idées, ses réflexions singulières, me firent conce-

voir de lui les plus grandes espérances. Il faisait
avant de me connaître des vers très énergiques avec
une grande facilité ; mais la lecture de Locke, qu'il
acheva en trois mois, lui fit négliger dès lors un talent
qui lui avait été déjà bien funeste. (Une satire san-
glante qu'il avait composée contre une amie de son
père l'avait fait exiler de la maison paternelle et reléguer dans la pension de l'abbé Choquard.) Je quittai
la pension militaire l'année suivante... Quelque temps
après, m'ayant aperçu aux Tuileries, il courut à moi
et m'embrassant avec une véhémence extrême, il me
dit : « Ah ! je n'oublierai jamais que vous m'avez
fait lire Locke ! »

Il fallait bien qu'avec sa laideur repoussante, sa
présomption, son arrogance, son esprit de domina-
tion et maintes vilenies de procédés et de nature,
toutes choses en exécration au collège, Pierre-Buffière
fût doué de beaucoup d'attraits plaisants, touchants,
irrésistibles, — élévation des idées, générosité des sentiments, séduction de la parole, autorité de l'attitude,
entrain, — pour que maîtres et camarades prissent
ensemble sa défense quand, par quelque incartade
plus outrée, il s'était attiré de nouveau l'exécration
de son père, ses menaces et ses châtiments sans
mesure. Ils s'en vinrent une fois ainsi en délégation
chez le marquis pour le supplier de pardonner. Quel
était le crime de Pierre-Buffière ? des dettes impayées,
impayables ? pis que cela : une correspondance
défendue avec sa mère, pour tirer d'elle de menus
subsides, à l'aide et en échange de protestations
d'amour et de dévouement exclusifs envers elle, de
diatribes contre le despotisme inique et la ladrerie

honteuse de son père, d'épigrammes haineuses à l'adresse de M^me de Pailly. Ingratitude et lâcheté ! rugissait le marquis, les yeux hors de la tête. Mais ce qui blessait sa maîtresse, — « quelqu'un, disait-il à M^me de Rochefort, à qui ma vie entière est due et donnée » ; — le frappait au cœur le plus cruellement et le rendait implacable, tandis qu'il pardonnait aisément les plus graves injures à lui faites. Il est vrai : comment expliquer cela, ou seulement le laisser sous-entendre, à la délégation qui le haranguait, les mains jointes ? Son embarras fit sa faiblesse ; magnanimement il céda ; Pierre-Buffière fut maintenu chez l'abbé Choquard. Mais quand il fallut l'en sortir, le cycle de ses études parcouru, plus une seconde son père ne rêva de le ramener chez lui, de lui ouvrir une carrière à Paris et de l'y avancer en personne.

# III



MIRABEAU avait dix-huit ans accomplis, quand au mois d'avril 1767, cédant à son impatience d'entrer au service, son père lui permit de secouer cette « poussière des classes » qui le couvrait d'un peu de honte. Ses pareils, à son âge, et tous ceux de sa famille même, avaient depuis longtemps fait campagne et gagné au feu des grades d'officier. Au sortir de l'académie Choquard, le marquis de Mirabeau l'avait envoyé droit à Saintes pour y servir dans le régiment de Berry-Cavalerie comme soldat volontaire, c'est-à-dire sans nul engagement de durée. Le marquis restait maître de l'en tirer ou de l'y maintenir à sa convenance, à moins, bien entendu, que le colonel ne vînt à exiger son renvoi sans plus de formalités.

Cette mesure extrême était à prévoir. Mirabeau était un sujet difficile, connu et noté pour tel depuis son enfance. Son père, avec l'instruction d'un prince, lui avait donné l'éducation d'un scélérat, l'entourant de délateurs et mettant tout le monde en garde contre son esprit de travers, son instinct de fourberie et de mensonge, son impiété pour le bien d'autrui, sa fougue, sa faconde et sa séduction. Ainsi l'avait-il

dûment recommandé à son colonel, le marquis de
Lambert. Mais celui-ci en faisait de bon gré son affaire ;
on l'obligeait plutôt en lui confiant une mauvaise
tête. Il avait fondé dans son régiment, pour les élèves
officiers, une école de droiture et de discipline qui faisait des miracles. Il commença par demander au
marquis de Mirabeau de ne lui envoyer son fils
qu'accompagné, au moins pour un temps, d'un
domestique « affidé et autorisé à le dénoncer sur
tout, et qu'il reconnût pour tel, ne voulant pas
l'accoutumer à penser que l'espionnage, même pour
bon motif, fût un moyen usuel... ». Le marquis dési-
gna pour cet emploi un homme bien à lui, occupé
jusqu'alors sur ses terres du Limousin, le nommé
Grévin. De son côté, le colonel donna pour mentor à
Mirabeau un officier de choix que plus d'un père
remerciait de lui avoir « créé un fils ». Les résultats
de ce « régime dur et froid », joint à « l'air exclusif
de l'honneur » ne s'étaient pas fait attendre : Mirabeau
passait en prison la majeure partie du temps que les
exercices ne lui prenaient pas. Aucunes punitions ne
l'amendaient. Il les regardait toutes comme des bri-
mades, des provocations, des injures ou des injus-
tices. Il en venait finalement à élever contre son
colonel le reproche de se prêter, sinon même de
s'offrir, à poursuivre contre lui sous la protection de
son grade l'inique persécution paternelle.

Il faut dire là-dessus et le fond et l'aspect des choses.
Le colonel, marquis de Lambert était apparenté à la
mère de Mirabeau, mais c'était à son père, à l'Ami
des Hommes, qu'il tenait par les liens de l'esprit et
du cœur. Il avait voué au pontife de l'*œconomisme*

une admiration et un respect de catéchumène ; il avait
tout dévouement pour sa personne, toute compassion
pour ses déboires d'époux et de chef de famille, toute
déférence pour ses procédés de correction maritale
et paternelle. Et d'abord, à n'en pas douter, il partageait ses craintes pour l'avenir et son aversion pour
le caractère de son fils aîné. La tentative de redressement à laquelle il se prêtait lui semblait une ultime
épreuve qui ne laisserait d'autre parti, s'il y échouait,
que d'envoyer l'incorrigible périr aux coups de fusil.
Au demeurant, un vrai Caton que cet officier supérieur, instruit, studieux, grave, « redouté comme le
grand prévôt » ; mais un Caton de trente-cinq ans,
à qui son trop de jeunesse et sa complexion maladive
inspiraient peut-être d'allecter tant de vertu et de
prendre les airs d'une inflexible rigueur ; un Caton,
enfin, de bien mince étoffe, pour en imposer longtemps à un gentilhomme aussi rétif, impétueux, entreprenant, présomptueux, fort, fier et bien doué que
le jeune comte de Mirabeau. Celui-ci se croyait d'aussi
bonne naissance et de bien meilleure illustration que
ce petit-fils de la marquise de Lambert, dont la
renommée de femme-auteur fût restée peut-être con-
fidentielle, sans la louange assidue de Fontenelle,
tandis que la célébrité de l'Ami des Hommes, toute
retentissante des trompettes de l'actualité, paraissait
à l'épreuve des siècles.

Ainsi qu'il arrive aux gentilshommes mal assurés
de l'antiquité de leurs titres, et surtout aux jeunes
gens, Mirabeau portait l'orgueil de son nom jusqu'à
l'infatuation, à la jactance, à la hauteur. Ces travers
toujours déplaisants étaient accusés par sa tournure

massive et vulgaire, sa figure ravagée, son aspect
négligé et presque malpropre, son langage mêlé de
recherche et de grossièreté, ses familiarités excessives avec poiloux et petites gens dont il sollicitait
sans vergogne les services et la bourse, quitte à ne
s'acquitter qu'avec des pirouettes, des menaces et des
coups de bâton. Et néanmoins si bon cœur et si bon
enfant! Mais voyait-on autour de lui un fils de famille,
un bas officier même, plus démuni de ressources? Il
n'en était que plus déterminé emprunteur et bourreau
d'argent. Pour subvenir à tous ses besoins, pension,
entretien, instruments d'étude, parure et plaisirs, le
marquis de Mirabeau lui servait, non sans irrégula-
rité, cent livres par mois : quelle misère !

Une humiliation pire, c'était le décri public de sa
conduite antérieure et de sa moralité ordinaire que
lui infligeait ce père inhumain en lui interdisant de
porter son nom. Il y avait des années déjà que le
comte de Mirabeau ne devait plus s'appeler ni s'entendre appeler que M. de Pierre-Buffière. Sur ce point
chatouilleux, le marquis de Lambert observait la
consigne de son vénéré maître et ami avec une exactitude qui enhardissait la malignité des camarades.
Et Mirabeau de ressentir comme une insistance blessante ce procédé un peu strict, mais correct et point
malintentionné de son chef. Sa susceptibilité et sa
rancune étaient impatientes d'une occasion d'éclater;
il n'attendit pas la meilleure.

Les mauvais camarades ne lui manquaient pas. Il
n'était l'idole que des mauvais sujets et des humbles
ou des malheureux, quoi qu'il ne se fît pas faute de
les malmener de geste ou de parole ; mais ils lui

savaient gré de ne point faire le rodomont à l'instant
de se servir d'eux ; il les prenait pour auxiliaires et
confidents de ses peines et de ses espérances, de ses
larmes et de ses bravades ; enfin, dans leurs embarras
les plus difficiles, il s'instituait leur secrétaire, leur
avocat et leur protecteur. Il était né redresseur de
torts, en ayant souffert tant et tant ! et s'étant exercé
depuis l'enfance à plaider effrontément les plus mauvaises causes pour lui-même. Mais ses fanfaronnades,
plutôt que ses exploits incontestables, et son ton de
supériorité, plutôt que ses supériorités évidentes, lui
aliénaient la sympathie de ses camarades naturels,
pour la plupart mieux rentés que lui et de plus grande
maison. Il ne se prêtait à leurs divertissements, à
leurs débauches même, que pour les y surpasser.
Dans le mal comme dans le bien, il lui fallait paraître,
primer, faire envie. Il n'aimait pourtant ni les filles,
ni les cartes, ni les beuveries, ni les excès de table.
A tout il préférait la lecture, l'étude... Il était ambi-
tieux, il l'était de naissance ; il n'était au fond que
cela.

« Vous savez, rappelait-il plus tard dans un factum
à demi-anonyme et très peu connu, — sa *Lettre de
M. de S. M. aux auteurs de la Gazette littéraire*
(1776 , — vous savez quelle est la vie des garnisons.
Un jeune officier, assez tourmenté de son talent ou
de l'envie d'en acquérir pour échapper à la vie oisive
et futile que l'on y mène et se vouer au travail, est
l'objet des plaisanteries de ses camarades. Ce pré-
jugé... n'est pas dissipé... Cependant le comte de
Mirabeau lutta contre lui ; il brisa ses entraves et
travailla, mais toujours sans méthode ni objet déter-

miné... Un irrésistible séducteur (l'amour) vint lui
donner de puissantes distractions et bientôt absorber
son esprit et son cœur. Le marquis de Mirabeau, qui
s'embarrassait assez peu que son fils fût studieux, ne
trouva pas bon qu'il fût sensible et l'envoya prisonnier à l'île de Ré... »

Il n'y avait point d'autres contre-vérités dans cette
brève apologie, que le raccourci de sa dernière
phrase et ses omissions : ce que Mirabeau con-
fessait était plus flatteur, on le devine, que ce qu'il
taisait.

Son indiscipline continuelle et vainement réprimée
ne décidait pas le marquis de Lambert à se départir
d'une longanimité qui pouvait passer aussi bien pour
fermeté que pour faiblesse. Le plus vraisemblable
était que ce colonel si redouté, plutôt que d'avouer
son échec, temporisait et se laissait intimider. Il
craignait peut-être qu'un surcroît de rigueur ne chan-
geât tout à coup la résistance insolente du volontaire
en une rébellion criminelle. Il prenait le parti de ne
voir en ses incartades répétées que l'impatience de
se faire valoir et d'avancer, que le dégoût insurmontable d'un service par trop subalterne. M. de Pierre-
Buffière n'allait-il pas clamant partout que sa naissance, le crédit de son père et « l'immense fortune »
dont il jouirait un jour, ainsi que ses aptitudes, ses
connaissances, ses preuves de capacité, exigeaient
qu'on le mît au plus tôt à la tète d'une compagnie?
il disait même d'un régiment. Mais une compagnie,
ne fût-elle que d'infanterie, s'achetait fort cher ; et
le marquis de Mirabeau, toujours aventuré dans des

expériences et des acquisitions ruineuses, ne voulait
pas entendre parler de celle-là.

Le marquis de Lambert tenta de concilier les vœux
du fils et la répugnance du père. Sachant ce dernier
en réelle faveur auprès de M^{me} de Pompadour et de
la duchesse de Choiseul, femme du ministre de la
Guerre, il le pria de solliciter au moins une commission de sous-lieutenant réformé à la suite du régiment Berri-Cavalerie, pareille commission s'obtenant
sans bourse délier ; et il en appuya la proposition
d'un mémoire favorable à M. de Pierre-Buffière.
L'Ami des Hommes fut dupe de cette modération
généreuse, ou, vieux renard, il fit mine de l'être :
ses espions et le sieur Grévin ne l'avaient-ils pas tenu
au courant des moindres et des moins avantageux
faits et gestes de son « fol » ? « J'ai un fils, écrivait-
il donc à M. de Choiseul, dont la jeunesse était difficile... Le jeune homme a plié, il se fait estimer
maintenant et ne manque jamais ni d'esprit ni de
talent. J'ai attendu que son colonel lui-même me dît
qu'il était temps de demander pour lui un brevet
d'officier. »

Brevet expédié sur-le-champ (avril 1768).

Par malheur, un officier dit *réformé à la suite*
n'était qu'un officier amateur, sans attache ni obligations véritables à son régiment, et, qui pis est, sans
solde ni indemnités. Voilà M. de Pierre-Buffière sous-
lieutenant, mais obligé à plus de frais, et partant,
plus impécunieux que devant. Le marquis de Mirabeau pourvut sans plus à son rééquipement. O lési-
nerie ! dépouillé au jeu, le petit comte de Grammont,
tout fol qu'il était, n'était-il pas bien sensé de dire

que « les parents font toujours quelque vilenie à leurs
pauvres enfants ? » La détresse de M. de Pierre-Buffière
était cent fois plus honorable que celle-là. Le plus
beau jour d'un gentilhomme étant celui de son premier habit uniforme d'officier, il y avait obligation,
ce jour-là, de festoiement et de libéralités extraordi-
naires. Des emprunts nouveaux y pourvurent. Puis,
quatre mois s'écoulèrent dans un dérangement croissant, inévitable, en somme assez banal. Pierre-Buffière
avait une jeune et belle maîtresse qu'il adorait avec
toutes les énergies et toutes les prodigalités d'une
première passion. Ont-ils aimé, demandait Tibulle,
ceux qui ne savent pas que de combler ce qu'on aime,
c'est plaisir égal et plaisir semblable à l'amour ? Les
marchands de frivolités étaient là pour en faire souvenir les pères oublieux.

Cependant, du sein de ce bonheur gêné mais profond, auquel il jurait à sa maîtresse de consacrer sa
vie, M. de Pierre-Buffière s'arrachait tout à coup, une
nuit d'été, après une partie de jeu perdue. Il dispa-
raissait de son corps et de la ville même, sans permission, sans avertissement, ayant caché à tous sa
destination. On le retrouvait peu de jours après à
Paris.

Il s'était venu terrer ici sous un faux nom, —
M. le chevalier Dumesnil, — à l'hôtel de Bretagne,
rue Saint-André-des-Arcs. C'était un réduit de mauvais garçon. Il y fut tout de suite aux abois; mais la
nécessité ne faisait guère que précipiter l'exécution
du plan qu'il avait à loisir mûri en courant la poste.
Il décela de lui-même sa présence à un intercesseur,

le duc de Nivernois, qu'il jugeait le plus imposant et le mieux placé pour amadouer son père, s'il en daignait prendre la peine. Le duc académicien et grand d'Espagne, marié à la sœur du comte de Maurepas, avait pour amie intime la spirituelle comtesse de Rochefort, logée au Luxembourg. Or, ici, le marquis de Mirabeau et sa maîtresse, M^{me} de Pailly, avaient eux-mêmes des appartements ; et dans le salon mondain, littéraire et politique de la comtesse, le marquis et M^{me} de Pailly fréquentaient familièrement.

« Monseigneur, écrivait Mirabeau le 21 juillet 1768 à M. de Nivernois, j'ose implorer votre entremise auprès d'un père que je vais trouver cruellement irrité contre moi à l'occasion d'une démarche bien légère dans laquelle la fougue, le respect humain m'ont jeté. M. de Lambert, mon colonel, m'a fait, en dernier lieu, deux affronts si sanglants que j'ai vu toute une ville pour murmurer de ma patience qu'on regardait comme une bassesse. Je sentais que ma tête, prodigieusement agitée, m'échappait. La crainte de faire la plus grande des folies, l'humiliation de me voir indignement turlupiné, m'ont fait prendre le parti de quitter Saintes. Je suis parti en poste, et quelque hasard que je coure peut-être à vous déceler ma demeure, j'espère assez de votre justice et de vos bontés pour vous confier que je suis à Paris. Daigneriez-vous le cacher à mon père jusqu'à ce que vous ayez bien voulu m'entendre et vérifier les faits que j'aurai l'honneur de vous avancer? J'ose donc vous supplier de vouloir bien porter à l'hôtel de Bretagne, rue Saint-André-des-Arcs, une carte où vous voudrez bien

me donner vos ordres pour l'heure que je vous
supplie de m'accorder. Cette carte sans nom remise
chez le portier me sera rendue fidèlement et je pren-
drai la liberté d'aller chez vous vous assurer de ma
vive reconnaissance et des sentiments respectueux
avec lesquels j'ai l'honneur d'être..., etc... »

Ce ton d'ébouriffé ne jouait pas mal la franchise.
Mais le duc connaissait le jeune homme depuis son
enfance ; il était prévenu contre lui et, d'ailleurs,
nonchalant, prudent, ami de son repos. Il transmit
simplement ce billet à son « cher maître », l'Ami des
Hommes ; et celui-ci de mettre aussitôt sur la piste
son gendre et factotum, M. du Saillant. Mirabeau
détestait ce beau-frère ; il l'accusait de mettre à profit
sa propre disgrâce pour régner chez son père, le
gruger et, d'accord avec M^{me} de Pailly, rendre impossible tout arrangement favorable à la marquise de
Mirabeau. Il se déroba tant qu'il put à sa recherche.
Même « environné de mouches » par son tenace
poursuivant, talonné, effrayé, plutôt que de se rendre
à lui, il s'alla jeter comme en lieu d'aide dans l'hôtel
de M. de Nivernois, rue de Tournon. Sans doute
espérait-il, par cette démarche désespérée, forcer
l'intervention pacifiante du duc et, sous ses auspices,
faire son rapatriement aux moindres frais. Le marquis
de Mirabeau trompa ce calcul. Il se résolut d'ignorer
personnellement aussi bien la fugue de son fils que
sa présence à cent pas de chez lui, sur le chemin de
ses promenades journalières du matin.

Le marquis avait pris ce parti pour une raison
qu'il disait volontiers et pour une autre qu'il dégui-
sait à lui-même. Mis en présence de ce fils coupable,

mais prosterné à ses genoux, les embrassant et les baignant de larmes, il n'eût pas su se défendre ou des aveuglements de la colère, ou de la faiblesse foncière de son cœur. Il eût repoussé, maudit, perdu à jamais le mauvais sujet, aussi probablement qu'il l'eût semoncé, puis relevé et pardonné : l'alternative n'eût dépendu que de la surprise du premier abord. Mais ce n'était le cas d'aucune mesure extrême d'indulgence ou de rigueur. Il convenait au marquis de se réserver et, tout d'abord, de ne rendre personne confident ou témoin de son indécision, de son défaut de possession de soi. S'il laissait douter de son sang-froid, si son caractère et sa raison par sa faute cessaient d'être crus inflexibles, c'en était bientôt fait de son empire sur sa famille, qu'il voulait absolu. Pour l'autre raison, dont il fit part tout de suite au bailli son frère ainsi qu'à son entourage, la voici. M. de Lambert lui avait fourni une explication toute simple de la désertion insensée de Pierre-Buffière : une perte au jeu de 80 louis. Il n'y avait plus de quoi s'émouvoir : « Au contraire, expliquait-il au bailli, je me trouvais comme soulagé de ce qu'il avait fait une frasque qui ressemblait à celle des autres. »

M. du Saillant fut chargé de faire valoir tant de mansuétude à Pierre-Buffière et de lui inspirer la crainte d'une sévérité impitoyable s'il persistait dans l'insoumission. Sur l'assurance qu'on réglerait sa dette de jeu et qu'on s'efforcerait de lui adoucir la punition, Pierre-Buffière se rendit; il suivit sans délai son beau-frère qui devait le reconduire en poste à sa garnison. Mais ici, remis en présence de M. de Lambert, de son lieutenant-colonel, de l'officier son mentor et de Grévin, il fut pressé de questions, et contredit, et démenti tant et si bien, qu'il dut convenir que le mobile vrai de sa fuite, ce n'avait été ni ceci ni cela qu'il arguait, mais une promesse de mariage inconsidérée — « et tous les délires à la fois », ajoutait son père d'après le rapport de **M.** du Saillant. La jeune fille qu'il aimait avait des lettres où cette promesse était écrite réitérément ; et sans doute n'était-elle devenue sa maîtresse qu'après les avoir reçues. Maintenant s'en prévalait-elle, se croyant grosse ? Mirabeau ne lui eût jamais pardonné cette indiscrétion. Plus vraisemblablement, elle avait un père intraitable qui, la voyant compromise et s'étant emparé de la correspondance de Mirabeau, avait sommé celui-ci de tenir sa parole. Mais il ne le pouvait ; il était mineur jusqu'à vingt-cinq ans ; et sa majorité atteinte, quelle espérance que le marquis de Mirabeau consentît jamais à ce sot mariage? la demoiselle était de petite condition. C'était donc pour se soustraire à la poursuite d'une famille outragée, c'était surtout pour se mettre dans une incapacité absolue de remplir ses engagements avec sa maîtresse, sans avoir pourtant à les renier, qu'il était venu à Paris provoquer l'opposition irréductible de son père, en se replaçant sous sa main. Il avait espéré que ce dernier le retiendrait désormais chez lui, afin de le mieux contenir, ou que, du moins, il le ferait passer dans un autre régiment, loin de Saintes.

Il eût été bien déconfit de s'y voir ramené, si la prison où il devait entrer en arrivant ne lui avait été une sauvegarde, et si, d'autre part, il n'avait pris ses mesures pour y rendre impossible son maintien. Il

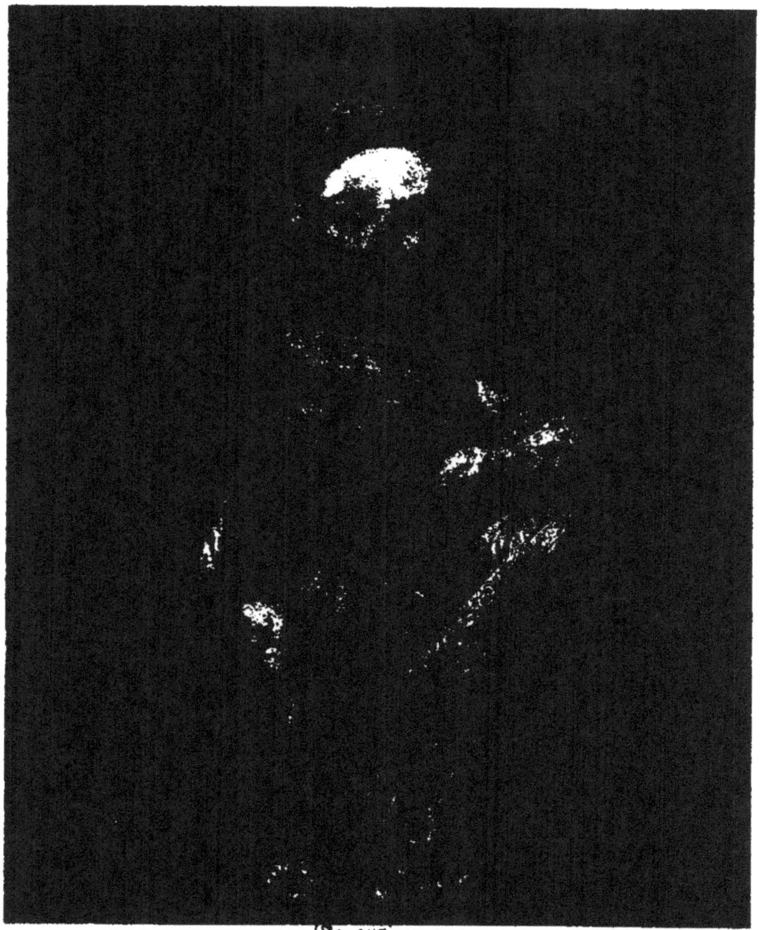

Cliché Tallandier

LA MARQUISE DE MIRABEAU, ENFANT
tableau de VAN LOO
(App. à M. DAUPHIN MEUNIER)

protestait sur l'honneur qu'il déserterait plutôt sa patrie que de servir à nouveau sous les ordres de M. de Lambert, et il impliquait celui-ci dans son lamentable roman amoureux. A l'en croire, son colonel avait épuisé contre lui, sous prétexte de discipline, la rancune et les lâches procédés d'un rival éconduit et vindicatif. Impuissant à rompre sa liaison, ou seulement à la traverser, M. de Lambert l'avait contrariée et dénoncée ; à plaisir il avait ridiculisé et même vexé publiquement son subordonné, réduit à l'impuissance par les liens du service... Sans s'arrêter à ces griefs, cependant, M. de Lambert et M. du Saillant s'étaient rendus chez les parents de la demoiselle : ils avaient découragé leur poursuite et en avaient obtenu la remise des « écrits » compromettants de M. de Pierre-Buffière. Puis, tous deux, cette mission accomplie, ils avaient rejoint le marquis de Mirabeau au château du Bignon, sa résidence d'été, afin de remettre leur butin à ce père « suffoqué ».

Mais le plus ému, c'était le marquis de Lambert. Défait à faire pitié, il suppliait l'Ami des Hommes de le décharger de son insupportable tutelle ; à force de prières et de raisons, il l'amenait à y consentir ; et sa tâche ainsi terminée, ce digne colonel tombait malade à la mort, du bouleversement de l'aventure. Le marquis de Mirabeau, pénétré de douleur et de ressentissement à cette vue, n'y tint pas. Nourri d'antiquité, il se souvint d'une atroce épigramme contre Tibère, qu'a recueillie Suétone ; et moyennant une légère variante, il en flétrit son fils dans une diatribe où il le menaçait par surcroît de l'envoyer pourrir des fièvres dans les colonies hollandaises... :

Asper et immitis, breviter vis omnia dicam ?
Dispeream, si te *pater* amare potest !

« Ingrat et mauvais, veux-tu que je dise tout en bref? Que je meure, si je puis t'aimer, moi ton père! »

Les exagérations de langage du marquis de Mirabeau, auxquelles le portaient son esprit caustique et son caractère violent, n'avaient pas que le tort de faire parfois plus de peur que de mal, comme un grand vent qui n'emporte que de la paille; parfois aussi, elles réagissaient sur lui-même au point d'égarer son jugement, de forcer sa conduite. De quoi s'agissait-il? d'une amourette un peu trop ardente de son fils, d'une absence irrégulière de peu de jours, d'une offense mal définie envers un colonel son parent qui n'en portait nulle plainte ailleurs qu'au tribunal domestique, enfin, d'une dette médiocre et banale ; et le coupable n'avait que vingt ans! Tout cela eût pu se régler en famille, sans esclandre et sans précipitation. Mais du premier mouvement dont il ne se méfiait jamais assez, le marquis avait pris à son compte, en les multipliant par son exaspération habituelle, les griefs de M. de Lambert et les plaintes moins respectables de Grévin. Il avait porté l'affaire à la connaissance du ministre de la Guerre, en lui donnant tout le relief dont son style et sa verve étaient capables, et en demandant que la punition de son fils, pour être exemplaire, fût subie non loin des personnes et des lieux que ses fautes avaient scandalisés. C'était remettre le tonneau de poudre à

portée de la mèche non éteinte. Le ministre n'avait à
se montrer ni plus sage ni plus indulgent qu'un père.
A sa requête, un ordre du roi prescrivit la détention
du comte de Mirabeau dans la forteresse de l'île de
Ré.

Point résigné à son sort, car il n'était pas dans sa
nature de se résigner à rien, ayant pris de sages résolutions, Pierre-Buffière se trouvait à l'entrée de la
bonne voie ; restait à les faire passer dans sa conduite,
à les y faire paraître tout au moins. Son espion et
valet Grévin l'avait suivi à l'île de Ré. Tromper sa
surveillance, déjouer ou détourner ses méchants ra-
gots, ce n'était ni le plus difficile ni le plus important.
Les comptes rendus qu'il s'agissait d'obtenir constamment favorables, parce que d'eux dépendait « le
tour d'écrou » le resserrement du captif ou son élargissement, c'étaient ceux du lieutenant de roi commandant la citadelle et du gouverneur de l'île, le bailli
d'Aulan. Le marquis de Mirabeau se flattait d'avoir
« bien recommandé » son fils à ce dernier, dont la
fermeté lui était connue.

Mais le bailli d'Aulan qui ne résidait pas à demeure
dans l'île ne pouvait guère apprendre ce qui se passait dans la citadelle que par les rapports du lieute
nant de roi. Il n'appartenait qu'à cet officier de recevoir les requêtes des prisonniers, d'assurer leur garde
et d'apprécier leur conduite. Or, il était dans sa nature
d'être touché de leurs plaintes et de leur accorder les
consolations et les tolérances que ses consignes permettaient, ou qu'elles n'interdisaient pas expressément. La sensibilité r'était de mode en ce temps-là

que parce qu'elle était partout dans les mœurs ; elle
amollissait jusqu'aux poitrines de vieux soldats, qu'on
eût crus durement cuirassés. Par surcroît de chance,
auprès du lieutenant de roi vivait, célibataire comme
lui, sa sœur plus jeune, M<sup>lle</sup> de Malmont. Elle adorait
son frère et disait attendre pour se marier de trouver
un homme qui lui ressemblât. A ce couple romanesque,
les infortunes de Pierre-Buffière, ses accents pathétiques, sa faconde brillante, et ses talents de musicien, de
chanteur, de poète, d'écrivain, de dessinateur et même
de militaire, inspirèrent tout de suite compassion,
admiration et dévouement. M<sup>lle</sup> de Malmont accepta
de recevoir et de faire passer les correspondances
défendues de son nouveau héros. Pour son frère, non
content de vanter la conduite irréprochable et les dispositions admirables du prisonnier, il lui accorda la
liberté de la place et, bientôt, celle d'en sortir, pour
aller s'égayer « avec du train » à Saint-Martin de Ré
et à La Rochelle. Un autre officier, le chevalier de
Bréhaut, fut aussi de connivence ; grâce à ses fréquents
déplacements, il assurait les relations de Pierre-Buffière les plus délicates, celles que le marquis de
Mirabeau avait exigé qu'on empêchât absolument,
avec sa bonne amie de Saintes et avec la marquise sa
mère.

Ces complaisances finirent par être dénoncées au
bailli d'Aulan, qui en avertit l'Ami des Hommes. A
cette révélation, le marquis saisit sa plume la plus
meurtrière, tança et menaça M. de Malmont et re-
parla de son projet d'embarquer son scélérat de fils
pour les colonies hollandaises. Mais ses amis l'en
dissuadèrent sans peine ; le bailli d'Aulan, interve-

nant à son tour un mois plus tard, lui représenta qu'il ne pouvait tenir en cage plus longtemps un jeune officier simplement coupable d'être ou d'avoir été amoureux, et qui réclamait à cor et à cri la liberté d'aller en Corse faire ses preuves de courage et de talent militaire ; et le marquis de Mirabeau de se laisser convaincre.

La Corse était de difficile conquête ; elle ne voulait pas cesser d'être gênoise pour devenir anglaise ou française. Déjà M. de Marbeuf, commandant général des opérations, y avait essuyé les plus graves échecs. Mais cette expédition était une des grandes pensées du duc de Choiseul ; il fallait en finir comme il l'entendait. Un nouveau corps de troupes se préparait à entrer dans l'île sous les ordres du comte de Vaux, désigné en remplacement de M. de Marbeuf. Toujours en crédit auprès du ministre de la Guerre et de M<sup>me</sup> de Choiseul, et lié d'amitié avec M. de Vaux, le marquis de Mirabeau obtint d'eux sans difficulté l'affectation de son fol au corps expéditionnaire et sa plus prochaine mise en route. Il devait servir au titre de sous-lieutenant volontaire, comme devant, mais dans l'infanterie, ce qui ne laissait pas d'être une diminution sensible. De plus, son père ne lui rendait pas encore son nom, sous lequel pourtant le ministre le désignait dans tous ses ordres, rendant vaine ainsi, au moins pour la durée de la campagne, cette mortifiante précaution : « Pour cette fois, mandait le marquis au bailli, j'espère qu'il crèvera ou deviendra honnête homme, car il va faire un rude métier. »

Il était enjoint à Mirabeau de rejoindre au plus tard

le 4 avril 1769 à Pont-Saint-Esprit la légion de Lorraine où il était versé. Le triste Grévin, à son corps défendant, acceptait de passer en Corse avec lui ; là, du moins, son maître aurait assez de besogne et, sous l'œil de chefs prompts à sévir, il aurait assez de circonspection, pour ne le plus trop molester ; mais il y avait loin de l'île de Ré à Toulon, où l'embarquement aurait lieu ; et dans le premier vertige de son retour à la liberté, comment se comporterait M. de Pierre-Buffière ? C'était une semblable appréhension qui, au su de Grévin, avait inspiré au marquis de Mirabeau de prescrire à son fils le plus strict incognito : « car, disait-il, il ne saurait être vingt-quatre heures sans faire une frasque et répondre à une politesse par une infidélité ».

Quel coup d'œil, quel pressentiment valent ceux d'un père ? Sitôt élargi de la citadelle où il laissait, non compté M. et M<sup>llo</sup> de Malmont, maints créanciers, camarades, cantinier, subalternes, tous fort en peine de le revoir jamais, lui ou son argent, M. de Pierre-Buffière, en deux heures qu'il passe à La Rochelle, trouve le temps de provoquer un ancien militaire de sa connaissance, d'en découdre avec lui et de le blesser grièvement... Il n'en aura, ou du moins, il n'en confessera le remords que longtemps après : J'avais tort, dira-t-il, *et je le savais !* Après quoi, il se dérobe précipitamment à tous poursuivants, son valet, écuyer, trésorier et gouverneur Grévin tantôt le retenant et tantôt le pressant, afin de lui éviter de pires équipées et rencontres. Le chevalier de Grammont n'était pas si étourdi, ni son fidèle Brinon si rébarbatif, mais le tour burlesque de l'his-

toire était le même. Ne croit-on pas entendre Grévin
s'écrier : *M. le marquis ne l'entendra pas comme cela !
je lui rendrai compte...* Il rendrait compte, en effet.
« Il dit, rapportait le marquis au bailli, qu'il va
sacrant, battant, blessant et vomissant une telle scé-
lératesse que jamais rien de semblable ne s'est vu. »
Par Saint-Jean d'Angély — sans faire hélas ! un
crochet sur Saintes, quoique si proche — et par le
Puy, Angoulême, etc., tous deux avaient beau courir
la poste, ils ne parvinrent à Pont-Saint-Esprit qu'a-
près le départ de la légion ; elle ne reçut qu'à Toulon
sa recrue. Mais là, Grévin refusa de monter à bord ;
il venait d'endosser trop de coups de poing, de coups
de pied et de coups de bâton de M. le Comte, pour
s'aller encore exposer à d'autres, ainsi qu'aux esco-
pétades de MM. Corses. Autorisé à rebrousser chemin
et à passer quelques jours au château de Mirabeau
pour s'y remettre, le bailli l'y reçut, le questionna fort
sur M. son neveu et, avec sa grande mine froide, il
glaça le méchant caquet du vilain entre ses dents.
Le bailli, qui avait eu la jambe fracassée par la
mitraille sur le pont de son vaisseau en courant sus
à l'Anglais, ne permettait pas qu'un bas serviteur
oubliât devant lui les égards et l'indulgence dus à
une jeunesse bien née, quand elle s'en allait, jetant
feu et flammes, se faire estropier au service du roi.
A son tour, il rendit compte à son frère que Grévin
ne lui « paraissait pas bien admirable », et qu'il l'avait
amené même à convenir qu'il n'y avait « rien de désespéré » dans le cas de son maître. Mais déjà, bien
avant cette lecture, le marquis accusait les faiblesses
de son homme de confiance : « Grévin, fulminait-il,

et puis tous les supérieurs de ce misérable, ont laissé
aller l'eau par le plus bas, de manière que, sans
payer ses frasques et sa multitude de billets, il m'a
mangé plus de 10.000 livres en dix-huit mois où il a
été presque toujours en prison. » Restait à subvenir
aux frais d'une campagne.

Le marquis fit compter par le bailli cent pistoles à
l'intendant de Toulon, qui les remit au baron de Vioménil, colonel de la légion de Lorraine, lequel se
chargeait d'en lâcher quelque chose à son volontaire,
au fur et à mesure de ses besoins.

L'embarquement eut lieu à la date prévue, le 18
ou le 20 avril. Il y avait une année que nos troupes
bivouaquaient en Corse, très éprouvées et très impatientes d'une action finale. Elle eut lieu près de
Ponte-Nuovo le 9 mai. C'était trop tôt pour que
Mirabeau pût y recevoir le baptême du feu. Paoli, ce
chef que l'Europe, et Voltaire, et Rousseau, avaient
proclamé le législateur et le vengeur de la patrie, y
fut vaincu ; il dut confier à la vitesse de son cheval,
avec le salut de sa personne, les suprêmes espoirs
de l'indépendance corse. Il n'y aurait plus de
batailles. Toutefois les coups de main et les guérillas
allaient maintenir partout, et pour longtemps encore,
nos troupes sur le qui-vive. D'abord attaché au service d'état-major de M. de Vaux, — où un intrépide
et brillant casse-cou, le duc de Lauzun, était premier
aide-major et donnait le ton à tous, anciens et nouveaux, vieux et jeunes, — Mirabeau n'y put tenir en
place. On le mit à la tête d'une compagnie de chasseurs,
et il y fit preuve de bravoure. Il l'abandonna cependant, sans aucun fait d'armes signalé, faute d'occasions.

LE BAILLI DE MIRABEAU
gravure d'après le tableau d'AVED

M. V

Paoli disparu, passé en Angleterre, ses partisans gardaient le maquis en attendant la conclusion d'une paix en forme. Leurs parents et alliés demeurés dans leurs domaines n'étaient guère plus sûrs. Malgré ces dangers, Mirabeau accepta de parcourir l'île pour en relever la topographie sous la protection d'une faible escorte. Il savait assez d'italien pour ne guère tarder à jargonner le corse. Cette connaissance facilitait sa mission; si la longue durée probable en multipliait les mauvais hasards, elle permettait de compter aussi sur les bons.

Tandis qu'il séjournait à poste fixe dans la florissante *Piéve* de la Casinca, région du nord de l'île que Bastia commande, Mirabeau avait fait la connaissance, et bientôt la conquête, d'une jeune fille de bonne maison, Maria-Angela, apparentée aux Ceccaldi. Sa liaison avec elle devait durer jusqu'à son retour en France, non, bien entendu, sans être traversée par maintes galanteries, formées au hasard de la bonne rencontre. La sincérité, l'élan et les charmes de Maria-Angela ne méritaient pas moins que cette fidélité intermittente, la seule dont Mirabeau fût capable.

« Elle était si jolie, dit-il, et par moment si tendre qu'elle m'intéressait. Je dis par moment, car, dans d'autres, elle était jalouse jusqu'à la rage et, ce me semblait plus par orgueil que par amour; alors c'était une furie et non pas une femme. Or les emportements qui durent et qui ne portent pas avec eux ce caractère attendrissant qu'on ne saurait définir, mais qui démontre si bien la passion, sont des fureurs

sans amour et des accès très rebutants. Elle avait tous
les genres de beauté physique, mais peu de tempérament; il était tout entier dans son imagination, et
je l'ai vue aussi enflammée en me serrant à son col,
que dans l'union la plus étroite, et aussi froide dans
celle-ci que dans la conversation. C'est selon que sa
tête se montait... Elle mourait d'envie de devenir
grosse..., et quand je lui demandais ce qu'elle
deviendrait : J'irais me cacher, me disait-elle, à
Arena (elle y avait une amie), et quand vous pas-
serez en France, vous m'emmènerez avec vous...
Elle n'eut point ce dangereux plaisir de devenir
mère ».

La sollicitude de ses chefs, ainsi que leur confiance en son habileté, en son audace, en ses dons
d'observation et de persuasion, ne permettait pas à
Mirabeau de s'assoupir longtemps dans ces vaines
délices. Le pays n'était ni pacifié ni même entière-
ment reconnu. Il fallait préparer les voies à l'administration militaire, et d'abord seconder, soutenir,
enhardir nos rares partisans indigènes. De ces
derniers le plus notable, le plus influent aussi et le
plus adroit, était le colonel Matteo Buttafoco, chevalier de Saint-Louis, qui avait fait toute sa carrière
d'officier au service de la France, dans le régiment
de Royal-Corse qu'à présent il commandait.

Buttafoco avait pris part à notre expédition dans
l'île dès son début, sous la condition qu'il ne porte-
rait pas les armes contre ses compatriotes et ne
jouerait qu'un rôle de médiateur entre le gouvernement de M. de Choiseul et le champion irréductible
de l'indépendance corse, Paoli. Celui-ci une fois

vaincu et passé à l'étranger, Buttafoco avait quitté
Bastia où il s'était tenu sans résultats, aux côtés du
marquis de Chauvelin, puis du comte de Vaux; il
venait de réintégrer sa maison et ses domaines de
Vescovato.

Il était né là. Tout y avait été brûlé, dévasté, par
la fureur de ses compatriotes auxquels Paoli l'avait
déclaré traître. Il rassemblait ce qui n'avait été que
dispersé; il relevait ses ruines et regroupait autour
de lui sa nombreuse parenté, quand Mirabeau lui
fut envoyé. En ce jeune collaborateur il reconnut
un homme de rare mérite. Il l'associa non seulement
à sa mission de ralliement, mais à ses projets, à ses
travaux de politique et d'histoire, en vue d'une
meilleure destinée de sa patrie. Toutefois, Mirabeau
ne négligeait pas, sitôt qu'il fut établi à Vescovato, de
s'y faire des connaissances plus voisines que Maria-
Angela.

« Il y avait, reprend-il, beaucoup de familles de
distinction dans ce lieu, et j'y étais dans toute ma
gloire, parce que le colonel Buttafoco qui m'avait
pris dans la plus grande amitié, y demeurait : il y
avait tous ses parents... Buttafoco était un favori de
M. Choiseul; il avait été chargé de toutes les négocia-
tions dans ce pays. C'était un mélange des caractères
les plus contradictoires. Zélé Corse avec les Français
au point de se mettre tout le monde à dos, il n'en
avait pas moins trouvé le moyen de se faire regarder
comme un traître par ses compatriotes, qui ont fini
par l'assassiner bien cruellement[1]. Pour moi, je lui

1. Je retiens ce détail de l'assassinat de Buttafoco, quoique inexact,
parce qu'il donne à supposer que ce personnage dut être la vic-

ai vu tous les sentiments d'un homme d'honneur, et même d'un républicain, quoique dévoré d'ambition.

« Il me faisait travailler à l'histoire de la Corse; et réellement j'en fis un ouvrage bien au-dessus de mon âge, que jamais mon monstre de père n'a voulu, malgré la demande de la Corse entière et les supplications de Buttafoco, laisser imprimer, non plus que l'excellente topographie de toute l'île que j'avais décrite pas à pas, en voyant tout par mes yeux, et avec tous les détails politiques, économiques et historiques possibles. Tout cela est en Provence et Dieu sait si je le reverrai jamais. »

Buttafoco avait présenté Mirabeau dans toutes les maisons notables de Vescovato, en particulier dans celle de son cousin, le fameux général Ceccaldi, naguère si redoutable aux Gênois. Ici, Mirabeau distingua, sans oser toutefois prétendre à ses attentions, une jeune femme à laquelle il « ne manquait rien pour être belle et jolie ». Elle était très surveillée, et sa qualité rendait toute intrigue avec elle aussi périlleuse que difficile. « Si elle ne m'avait fait toutes les avances, conte Mirabeau, comment espérer de plaire à une femme à qui on ne peut parler? Lorsque nous étions chez elle, c'était toujours en famille, et l'on ne faisait autre chose que politiquer.

« Jamais je ne fus si étonné qu'un soir, en passant sous ses fenêtres, de voir tomber à mes pieds un

---

time de dangereux attentats, avant d'être élu représentant de la noblesse corse aux États-Généraux et député de l'île à l'Assemblée nationale, où il revit Mirabeau qui le croyait mort depuis quinze ans. Par la suite, d'ailleurs, Buttafoco ne laissa pas d'être brûlé et pendu en effigie à maintes reprises dans son pays.

paquet où était un ruban et un billet écrit en corse où l'on m'apprenait en peu de mots que j'étais aimé, et que, si je voulais parler à la personne qui m'adorait, je n'avais qu'à me trouver le lendemain, à la brume, aux Carmélites, donner le ruban à qui me montrerait le ruban pareil et m'abandonner à sa conduite. Je balançai quelques instants, mais la curiosité, peut-être aussi la vanité, l'emporta, et je me résolus à me trouver bien armé au rendez-vous. J'y trouvai une espèce de tourière fort enveloppée qui me croisa sans dire mot. Je laissai tomber mon ruban au second tour, et, marchant après elle, je le lui présentai comme si elle l'eût perdu; elle me dit qu'elle avait le pareil, et me le montra; alors nous fûmes fort amis. Elle me mena par un vrai hallier au bout de l'enclos; là, il fallait grimper sur une échelle de corde dans une espèce de petit belvédère, où elle me laissa seul, car elle ne monta point. J'avoue que je rêvais un peu; une demi-heure après, la C*** arriva; elle expliqua assez bêtement sa démarche, mais nous ne filâmes pas longtemps le parfait amour; et malgré toutes ses façons, comme je n'étais pas d'humeur à m'être hasardé pour rien, il fallut élaguer les cérémonies.

« Pour cette fois, je trouvai une vraie Italienne, toute de feu; et si nous eussions eu d'autres voisins que des pigeons, assurément notre entrevue n'eût pas été secrète... Deux heures après, notre tourière vint la prendre, et ce ne fut pas sans être convenu des moyens de nous voir au même lieu... Il faut dire qu'elle avait été élevée dans le couvent, que la prétendue tourière n'était autre que la supérieure,

même sa sœur, de manière qu'elle pouvait sortir par
une petite porte de l'enclos cachée dans une espèce
de grotte dont elle seule avait la clef...

« Voici comment je sus par qui j'étais introduit si
pieusement dans le couvent où je faisais des retraites
si édifiantes. Un jour que j'y étais venu, un peu
avant la nuit, et que ma conductrice ne paraissait
point encore, j'aperçus une femme juchée sur l'espa-
lier de la clôture. Je me détournai et me cachai dans
un buisson. Quand celle que je croyais tourière fut
venue, je lui dis que je croyais qu'on nous épiait ; elle
fut très inquiète, dans la crainte qu'on l'eût vue
sortir ; mais enfin prenant son parti, elle se couvrit
de mon manteau, et sans aucun détour elle vint avec
moi au pied du belvédère. Là, après avoir bien
observé si on pouvait nous voir, elle se décida à
monter elle-même dans l'échelle de corde, de peur
qu'on ne la surprît en rentrant dans l'enclos ; au lieu
que sortant du belvédère, tout était dans l'ordre.
Elle grimpa donc avec beaucoup de difficultés, moi
dessous elle, de peur qu'elle tombât...

« Quand nous fûmes entrés tous deux, elle alla à
la découverte. C'était une pensionnaire qui prenait
des fruits, et voilà tout. Elle la mit en pénitence et
revint rire avec moi de notre peur... »

Laissons-là le surplus de cet épisode... On devine
que les surprises de l'échelle de corde ayant valu
celles de l'escarpolette, l'entretien qui suivit n'eut
pas de moins galantes conférences. Cette religieuse
agile et délurée, — « ni bien ni mal, mais plaisante
et des yeux de feu, » n'avait presque assurément pas
lu le roman satirique de Diderot ; mais elle était de

son temps et d'un pays que la corruption gênoise
avait dès longtemps gâté. Sa sœur n'arrivant pas,
elle ne fit à Mirabeau nulle difficulté de jouer la rem-
plaçante au naturel.

« Malgré la tendre amitié des deux sœurs, reprend
le trop heureux larron, elles ne se confièrent pas ce
dernier secret... Cette double conquête eût été fort
paisible jusqu'à la fin, sans mon énorme imprudence.
Une nuit qu'il fallut passer avec Maria-Angela, je
portai par mégarde dans mes poches un billet de la
C***. Il tomba, ou la petite me le prit, mais enfin
elle sut tout. Les deux femmes étaient parentes.

« Que fait Angela ? elle écrit une lettre à la C*** et
la prie de venir au devant-d'elle, seule, un tel jour,
à tel endroit, pour lui rendre un grand service dans
une affaire qu'elle ne veut confier qu'à elle. La C***
arrange des prétextes et se trouve à l'endroit indiqué.
Angela l'accable des plus horribles reproches. La
C*** consternée veut nier. Angela lui donne vingt
soufflets. La C*** moitié plus grande et plus forte
en eût mangé vingt comme elle, mais la petite avait
apporté deux stylets et voulait se battre. La C***
avait peur, mais enfin la colère d'être battue l'excita
tellement qu'elle prit le stylet. Elle blessa, heureusement pour elle, si fort Maria-Angela au bras qu'elle
fut obligée de quitter la partie ; sans cela la petite
l'aurait tuée ; elle lui avait déjà fait une blessure assez
considérable à la tête et à la gorge. Enfin elles se
quittèrent ainsi. Mais la C*** était dans le plus cruel
embarras pour cacher son sang et ses plaies. Elle
lava le tout le mieux qu'elle put, fit la malade, se
mit au lit, s'enveloppa si bien qu'on ne s'en douta pas,

d'autant que, comme je fus mis dans la confidence, notre chirurgien-major pourvut à tout.

« ... Mon explication avec les deux femmes fut orageuse. La C*** croyait que je l'avais trahie, Angela ne voulait que me tuer ; dès ce moment, ce furent des querelles interminables. Au reste, je ne puis m'empêcher de faire remarquer beaucoup de générosité dans le procédé d'Angela. Une Française n'eût pas manqué d'écrire bravement une lettre anonyme au mari de la C*** et de la perdre. Il me semble qu'il est bien noble au milieu de sa fureur, de n'avoir pas même pensé à ce procédé. Je fus pendant quelque temps sans pouvoir me raccommoder ni avec l'une qui ne sortait pas de sa chambre, ni avec l'autre qui m'arrachait les yeux... Ma religieuse me consolait de leur rigueur. Une autre petite Corse, jolie comme un cœur, que son indigne mère m'avait vendue, mais que je n'ai jamais pu former..., une femme de charge de Buttafoco, allemande et très entendue... enfin mon hôtesse que je n'avais guère que par procédés, voilà... » — Voilà tout ; le séjour de Mirabeau à Vescovato s'achevait ; une autre mission lui était assignée. Son récit va changer fréquemment et de scène et d'héroïnes.

« Je quittai pour assez longtemps toutes mes péronnelles, poursuit-il, lors de la grande tournée que je fis en Corse pour le perfectionnement de ma topographie.

« Tous mes camarades croyaient ne jamais me revoir, on ne faisait pas deux pas dans le pays sans une escorte, et les escortes étaient fréquemment attaquées. Pour moi qui croyais que ces escortes-là

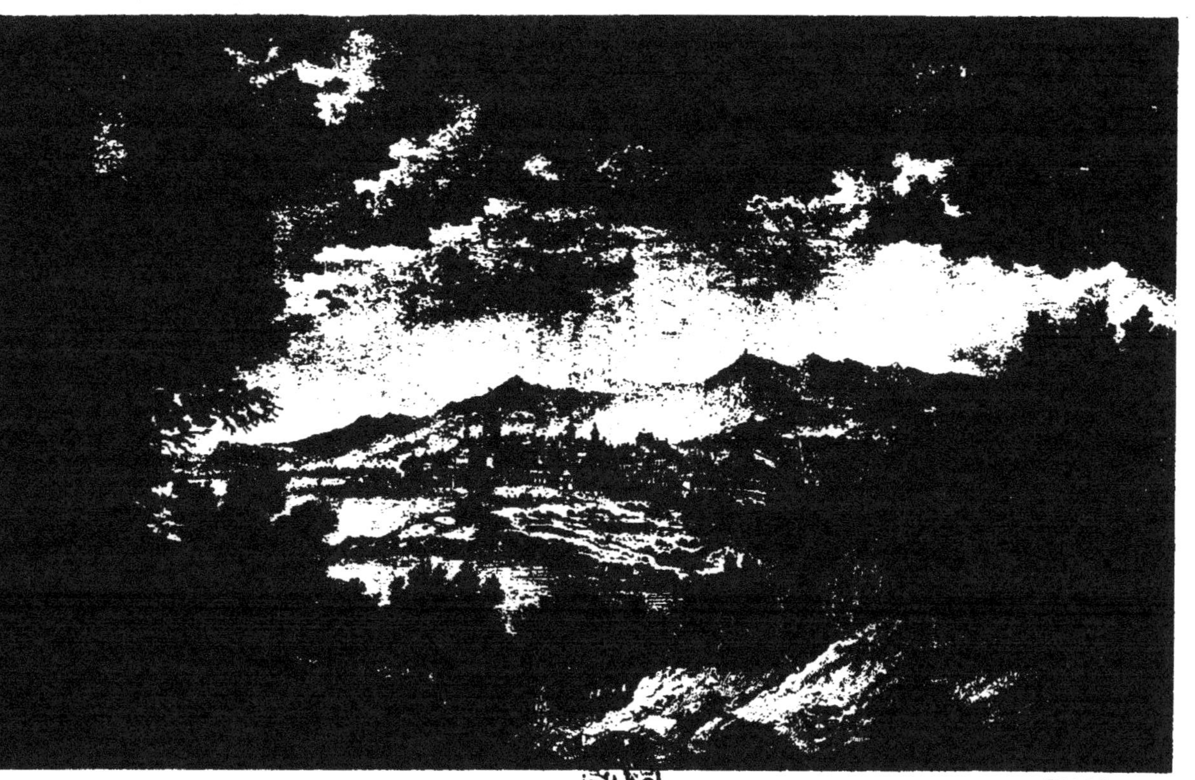

Cliché Tallandier

VUE GÉNÉRALE DE LA VILLE DE BASTIA AU XVIIIe
gravure de NÉE

M. VI

même faisaient insulter, je me fis accompagner seulement de trois Corses, habillé comme eux, parlant leur jargon, de manière qu'on me demandait de quelle *pieve* j'étais. D'ailleurs je savais que les Corses avaient très bonne opinion de moi. J'étais si connu dans l'île qu'on ne m'appelait pas autrement que *il comte de Casinca* parce que je demeurais en Casinca. Je rendais service autant que je le pouvais, et j'y réussissais souvent ; enfin, je me croyais au moins aussi en sûreté avec les Corses que si j'eusse été avec des Français : et quant à ces brigands qui attaquaient indifféremment tout le monde, et que je savais être beaucoup plus rares que ne le prétendaient les Français..., je pensais que quatre que nous étions, armés de fusils, pistolets, baïonnettes et sabres, nous pourrions les repousser. Je menais avec moi ma petite Corse habillée en homme... »

A San Pietro di Tenda, où il ne resta que trois jours, et dans le pays de Fiumorbo, où il séjourna longtemps, les bonnes fortunes ne lui manquèrent pas ; mais ce furent distractions banales.

Bastia était le quartier général... Lauzun l'avait quitté depuis de longs mois, sans esprit de retour, pour aller à la Cour porter la nouvelle de la soumission de la Corse et de la fuite de Paoli. Combien il y laissait de cœurs oisifs et devenus avides de consolations ! La délaissée la plus en vue et la plus désirable était la toute jeune femme de l'intendant Chardon. Elle tenait une petite cour d'adulateurs, où Mirabeau s'empressa de paraître. Allait-elle tomber, elle aussi, au tableau de l'impudent chasseur ? Elle s'en défendit puis se laissa prendre, hélas ! Elle

en paraîtra toute défigurée à nos yeux. Est-ce là
l'intrépide centauresse que Lauzun a dépeinte, volant
au-devant des balles corses et le dépassant à toutes
brides comme pour détourner de lui sur elle le coup
de la mort? est-ce là cette femme de qualité, la fille
de **M**. de Maupassant, qui avait le cœur assez haut
et assez fermement accroché, dans les grandes occasions, pour hasarder la vie de son amant et le
préférer glorieux au combat qu'heureux auprès
d'elle? est-ce là celle qui, plus humaine, consolait
Lauzun d'une cruelle déroute par la promesse de
lui embellir tous les jours qu'il saurait ménager pour
elle ?... A ce coloris chaud et délicat des *Mémoires*
de Lauzun, on répugne à maintenir les retouches
brutales de Mirabeau.

« A peine arrivé à Bastia, raconte-t-il, je me
répandis partout. L'intendante Chardon y tenait une
grande maison. Elle avait seize ans, un tempérament
de feu, et autant d'intrigue et de corruption qu'on en a
après vingt années de coquetterie, l'affectation de la
naïveté et de l'étourderie de son âge, parce que cela
lui était commode, les tons de petite-maîtresse intendante et le dévergondage d'une femme de cour.

« Je lui ai reconnu de bon compte, tout à la fois,
moi indigne, qui ne l'ai guère eue que par passades,
Lauzun..., Guibert, un commissaire des guerres, très
renommé pour sa vigueur ; Frenoi, un de mes camarades taillé en payeur d'arrérages, mais la nature
avait donné le démenti à la taille ; et enfin son mari
qui passait pour un des plus fiers étalons de Paris.
Je ne dis pas que quelques laquais ne fussent aussi
nos confrères. Je débutai avec elle par rembarrer

très fortement ses impertinences, qui avaient eu pour objets quelques-uns de mes camarades.

« Elle commença par me craindre. Je la traitai fort lestement; c'était le moyen de l'apprivoiser. Enfin, dans une partie de chasse, où je me trouvai, par diverses circonstances, environ une demi-heure avec elle, je mis fin à cette facile aventure... Je l'eus comme on a une fille; c'était une poupée pour la légèreté et la taille; je la chiffonnai, enfin je l'enlevai et la mis à cheval... Cette vigoureuse lutte lui donna bonne opinion de moi. Elle me donna quelques rendez-vous dans ses jardins, et je soutins ma réputation. Enfin Lesdiguière, Du Barry, Coigny, Custine arrivèrent. La presse devint si grande, et j'étais si occupé ailleurs, que nous ne nous sommes plus jamais parlé de si près...

« En ce même temps, continue notre infatigable satyre, je conduisais l'intrigue très difficile de la célèbre Antoni, je dis *célèbre* par sa beauté suprême et sa continence exacte... J'eus par surprise cette prude farouche; c'est celle du bain; et jamais je n'ai pu la retoucher depuis.

« M^me Guistiniani, gênoise, fut plus traitable, je puis dire même plus indulgente... Le rendez-vous était arrangé de longue main; c'était chez moi, et voici comment. Les femmes font des retraites aux avents, quatre-temps, etc... Elle devait aller dans un couvent de Bastia, et son mari était résolu de prendre ce temps pour aller à Livourne. Il partit la veille que devait commencer la retraite; mais elle était si épiée chez elle qu'il n'y avait pas moyen de m'y recevoir; elle n'avait qu'une de ses femmes dont elle était sûre.

Elle déclara qu'elle n'emmènerait qu'elle au couvent
et l'y envoya d'avance. Elle vint chez moi très voilée.
Bientôt les voiles tombèrent : une très belle créature,
si ardente... et moi tellement glacé... que je tentai
vainement de profiter de sa complaisance. Confus et
un peu pis qu'enragé, je fus obligé de lui permettre
de s'en aller. Mais le hasard fit qu'il y avait tant de
monde sur la porte de la rue qu'elle n'osa pas sortir...
Enfin, je la gardai toute la nuit chez moi, lui disant
qu'elle trouverait des prétextes le lendemain pour
n'être pas venue la veille, et je la réduisis à me
demander grâce de la meilleure foi du monde...
Bizarreries des sens?

« Je l'eus aussi longtemps que je pus à Bastia,
mais rarement, faute d'occasions... »

Les intervalles étaient remplis par une veuve que
Buttafoco entretenait et qui prédit au volage « qu'il
aimerait tant un jour »; par une nouvelle mariée
dont les prouesses amoureuses de son époux ne com-
blaient pas sans doute tous les vœux; par des grisettes
au nombre desquelles étaient « une jolie boulangère »
et une Française qui, fille d'huissier en Corse,
épousa dépuis un trésorier des guerres; enfin, par
une Romaine appelée Carli, qui fut la « principale
aventure après toutes celles-là. » Aussi Mirabeau en
parle-t-il plus longuement :

« Je n'ai jamais vu une créature si téméraire et si
rusée. Elle était gardée à vue et trompait tous ses
espions, soit pour m'écrire, soit pour me donner des
rendez-vous. La dame m'avait indiqué le confes-
sionnal où elle allait ordinairement. Ce sont dans ce
pays de très grandes boîtes où il est d'usage de

s'enfermer avec les confesseurs; mais il y a des grilles comme aux nôtres; et comme elle était la pénitente chérie du moine propriétaire, elle en avait une clef. Elle savait, ou se doutait, ou espérait que le vieux moine occupé ailleurs ne viendrait pas... Une autre fois elle m'envoya chercher comme un tailleur pour lui prendre mesure d'un corps... Je ne finirais pas si je disais toutes ses ruses.

« J'étais recommandé par un Corse dans la maison d'une de ses cousines germaines, c'est là où elle m'avait vu, et nous nous étions parlé des yeux, puis écrit, avant de nous êtres dit deux mots. Une fois cependant son mari pensa nous surprendre, et je n'eus que le temps de me cacher sous le lit. Il la gronda de ce qu'elle était toujours seule...; elle se plaignit d'un mal de tête horrible, et enfin, on la laissa essayer de dormir. »

Hercule à plat ventre sous un sommier! cette posture de farce seyait bien au dénouement de ces grossières comédies de l'amour. A ce point de sa narration, Mirabeau, en effet, l'écourtait brusquement; il rougissait même de s'y être complu.

« Voilà mes histoires de Corse, dit-il. Peut-être en oubliai-je quelques-unes... Toutes ces folies dont j'ai une sorte de honte... me paraîtraient inconcevables à moi-même, si je ne savais par ces nombreuses expériences qu'il n'est presque aucune femme digne d'être aimée...; qu'ainsi, il n'est pas bien étonnant que je pensasse uniquement à donner de l'exercice à mes sens, quand je n'en pouvais donner à mon cœur. »

Il n'était pas vrai que le cœur de Mirabeau eût som-

meillé tout au travers de ces brigandages luxurieux ;
bien plutôt y avait-il incité ses sens. A tant d'amoureuses de passage, Mirabeau avait demandé tantôt
l'oubli et tantôt le ressouvenir des traits, des charmes,
des ardeurs de la jeune fille qu'il avait délaissé à
Saintes, mais qu'il adorait toujours, et qu'il n'avait
pas cessé d'entretenir d'une espérance de réunion.
Pas un mot sur elle, sans doute ; pas une allusion à
ces regrets et à ces désirs obsédants ! et ce silence
absolu, Mirabeau l'observera désormais si bien, qu'une
initiale, l'initiale d'un prénom, V. — Véronique ou
Victoire ? — voilà tout ce que documents et investi-
gations m'ont livré sur l'état civil de cette belle.
Voilà aussi l'unique exemple de discrétion qui me soit
connu dans la vie amoureuse de Mirabeau, laquelle
a duré toute sa vie. J'y vois une preuve émouvante
de la profondeur et de la vivacité de cet attachement.
Longtemps après l'avoir rompu, s'il en faisait encore
un tel mystère à Sophie de Monnier, ainsi qu'aux
autres femmes dont il possédait ou convoitait le
cœur, c'était pour ne pas donner à médire de ce
premier choix ; c'était pour lui garder sans gêne une
fidélité, une préférence et une gratitude sans fin ;
c'était aussi, il va de soi, par ménagement pour la
jalousie et la tendresse de la dernière élue.

## IV



MIRABEAU FUT-IL INCESTE ?

L E château de Mirabeau, résidence habituelle du
bailli de Mirabeau, devenait, dans la mauvaise
saison, le domaine des quatre vents, qui le rendaient
inhabitable. Force était au bailli de s'en aller hiverner
à Aix, dans la belle maison que son frère possédait
encore sur le Cours. Il s'y trouvait ainsi le 15 mai 1770,
quand un soldat lui apporta un petit billet de
M. de Pierre-Buffière lui demandant son heure pour
le voir... Tout de suite ! et les voilà s'embrassant et
s'émerveillant l'un de l'autre, riant et pleurant
ensemble, car ils s'aiment; Pierre-Buffière chérit,
admire, vénère un héros et un maître en son oncle,
et le grand cœur de celui-ci ne se barde pas de fer
et de pointes, il n'observe pas non plus de cérémonial
pour aimer. « Je ne sais, écrit-il dès le lendemain au
marquis, si, comme l'on dit, j'ai la foire au cœur,
mais le mien s'élargit beaucoup en le voyant. Je le
trouvai laid, mais point mauvaise physionomie, et il
a, derrière ses coutures de petite vérole et des traits
qui se sont beaucoup changés, de l'air du pauvre
feu Comte, dans l'attitude, le geste, l'expression, etc...
S'il n'est pas pire que Néron, il sera meilleur que

Marc-Aurèle, car je ne crois pas avoir jamais trouvé tant d'esprit. Ma pauvre tête était absorbée. »

*L'air du pauvre feu Comte*, c'était celui du comte Louis-Alexandre de Mirabeau, qui avait été un bel et même un joli homme, fin, brillant et gracieux à l'occasion, mais le plus bilieux, tranchant, emporté et décousu de sa race, au point de mourir à trente-six ans d'une fièvre chaude consécutive à un accès de fureur. Du moins, M. de Pierre-Buffière gagnait-il, à lui ressembler, de ne plus paraître « tout Vassan » ; il ferait moins horreur à son père, si son père consentait à le revoir. Le bon bailli avait tout de suite deviné que Pierre-Buffière était venu lui demander de frayer les voies à cette réconciliation indispensable à ses vues d'avenir ; il était entré aussitôt dans son rôle d'intercesseur. C'était y débuter adroitement que de donner à son neveu un air de famille ; mais il adoptait aussi ses griefs, et il les portait sans atténuation, presque avec chaleur, au tribunal redouté de l'Ami des Hommes. « Il me paraît te craindre comme le prévôt... Il dit que tu ne voulais pas qu'il se fît connaître. » Cette démarche osée n'était pas bien inspirée ; elle pensa tout rompre : « Plus il me craint, signifia le marquis, moins je dois m'en laisser approcher ».

Pierre-Buffière se déclarait très repentant de ses fautes, qu'il avouait en gros, mais qu'en détail il tenait pour des peccadilles, des erreurs de jugement, des manques d'expérience, excusables, tant son enfance avait été mal prise, opprimée. Quant à ses crimes véritables, il s'en reconnaissait trois, et, là-dessus, il ne tarissait pas, car ses crimes faisaient

l'éloge de sa sensibilité, de sa fierté, et de son ambition, en même temps qu'ils découvraient l'injustice
aveugle de sa persécution. Le premier, c'était d'aimer
sa mère ; le second de haïr M<sup>me</sup> de Pailly et le troisième, le pire, de porter ombrage à son père. Oui,
l'Ami des Hommes craignait pour sa gloire future et
maltraitait en son héritier un émule capable de le
faire oublier. Le vieil arbre a tremblé que de ses
glands il ne sorte un chêne qui le surpasse. Et le
bailli a sondé trop profondément le cœur orgueilleux
et inquiet de son frère pour ne pas admettre et faire
sienne l'imputation audacieuse de son neveu... Eh
bien, il n'en démordra pas :

« Je te le répète, écrit-il au marquis le 21 mai 1770,
ou c'est le plus adroit et habile persifleur de l'univers, ou ce sera le plus grand sujet de l'Europe pour
être pape, ministre, général de terre ou de mer,
chancelier et même agriculteur. Tu étais quelqu'un à
vingt-deux ans, mais pas la moitié ; et moi qui cependant, sans être grand'chose, étais quelque chose alors,
je t'avoue sans modestie ni fausse vanité qu'à trente-
cinq ans... je n'étais pas digne de jouer auprès de lui
le rôle de Strabon auprès de Démocrite.

« Il vient dans la promenade de ce matin de me
lire l'avant-propos d'une histoire de Corse qu'il prétend ne contenir que les quarante dernières années,
mais où il met en précis l'antécédent de cette
époque. Je t'assure qu'à vingt-deux ans, tu n'en
aurais pas su faire la centième partie. J'y ai trouvé
des principes clairs et dictés par une tête pleine
d'élévation, de feu, de nerf et de génie, et par un
cœur ferme, fort et bon... Cet enfant m'ouvre la

poitrine... Si tu continues à en être content, il faudra tâcher de le faire avancer, mais en grand. »

« Je vois, répliqua le marquis, piqué au vif par cette apologie (29 mai 1770), je vois que les grandes marionnettes de M. de Pierre-Buffière sont devenues plus susceptibles de durée qu'elles n'étaient. Une chose seulement n'aimé-je pas du tout, c'est qu'il continue à dire qu'on l'a mal pris. Je dis *continue*, car c'est son dire depuis quinze ans; car il raisonnait d'or à certains moments. Quoi qu'il en soit, compte qu'on n'a jamais fait que le raisonner. Mais autre folie, c'est ou ce fut la vanité et la présomption de Satan. J'ai commencé à en espérer à la première lettre où il lâcha : *génie de mes fautes*, car jusque-là, tout le monde avait eu tort avec lui; mais par saint Jean, ne lui passe pas ses apologies ou il te pètera dans la main, et prends garde aussi, si tu veux le mener dans le grand, qu'il ne mène ta bourse dans le vide... Pour manger dans la main, c'est le premier homme du monde. Tu dis qu'il me craint, mais il va à l'abordage d'une manière qui m'étourdit toujours ; ce n'est pas que je ne pense qu'il en retient encore davantage, car sa tête est un moulin à vent et à feu. Son imperturbable audace lui servira pour sa fortune, si une fois il n'est plus fol, mais je ne veux pas en tâter, et je ne fus jamais de l'avis des père et fils camarades... Au reste, si tu continues et persistes à en être content, je te prépare un grand cadeau à lui faire, c'est d'obtenir qu'il prenne notre nom. »

Cette promesse, qui ne lui coûtait rien, pas même à surfaire, c'était une dérision de plus pour son fils qui, depuis son départ de la maison paternelle et partout où il avait passé, n'avait pas manqué de se prévaloir de ses nom et titres véritables, sous lesquels, au surplus, M. de Choiseul l'avait fait officier, tiré de prison et envoyé en Corse. Mais le marquis, prodigue de semblables libéralités, ne s'en tint pas à celle-là. Les plaidoyers du bailli se faisant toujours plus pressants et plus chaleureux, il fit envoyer à Pierre-Buffière son nouvel ouvrage, *un catéchisme économique*, en lui marquant comment il était indispensable pour lui, s'il voulait reprendre le nom de son père, qu'il sût à fond « sa science » ; faute de quoi, il en serait tenu pour l'ennemi et il deviendrait un point de ralliement pour ses détracteurs : « Son ignorance ou me calomnierait ou le rendrait méprisable. Ordonne-lui, disait-il au bailli, de s'appliquer à cette science et de la savoir à fond ; tu ne saurais croire combien elle asseoit le cœur et met l'esprit à l'aise. »

Le marquis ne pouvait convenir plus ingénuement qu'il continuerait de repousser son fils jusqu'à ce qu'il en eût fait son disciple et zélateur dévot, ou selon ses propres comparaisons, un chien auquel il n'eût qu'à crier : *Tout beau !* pour le « faire revenir à la jambe ». Mais pas plus que Pierre-Buffière, le bailli ne croyait aux vertus positives ou morales des doctrines économistes du marquis, et, en attendant que celui-ci rouvrît sa maison et son cœur à l'enfant prodigue, il entreprenait de réconforter cet enfant et de le moraliser à sa guise. Il engageait avec lui de grandes et interminables controverses sur tous les sujets possibles de connaissance ou de réflexion, et d'abord il lui assurait de la distraction, du mouvement, de la liberté, l'observant lui-même et interrogeant ses entours pour le mieux pénétrer. En somme, il ne remarquait qu'une « exubérance terrible », et les impressions d'autrui, des plus humbles gens aux plus distingués, étaient favorables. Le cuisinier du bailli, qui suivait Pierre-Buffière à la chasse, interrogé s'il n'était pas « bien vif et pétulant » répondait : « Oh oui, Monsieur, mais c'est un brave enfant et il a bien bon cœur. Il faudrait l'avoir suivi comme moi pour voir mille petites choses qui m'ont fait voir qu'il est bon cœur. » Ainsi parlaient ses chefs et camarades de la légion de Lorraine avec lesquels il avait fait campagne en Corse ; son major, le chevalier de Villereau, qui, vingt ans après, certifiait encore n'avoir jamais connu d'homme mieux doué pour le militaire ; et d'autres, braves et graves chevaliers de Saint-Louis de la vieille trempe, qui s'écriaient : « Morbleu, Monsieur, c'est un garçon diablement vif, mais c'est un bon garçon, qui a de l'esprit comme un diable, et parbleu ! un très brave homme. « Et les paysans se louaient pareillement de lui : « Es ben vior, mais es « bouen nous fazié amitié en toutées boulignes « toujours, mais n'ayes d'ourguei. »

A la fin, le marquis désarma et il y mit de la bonne grâce, une modestie aisée et souriante, qui lui seyait comme son air le plus naturel, dès qu'il abandonnait ses nuées de grand-prêtre et sa foudre de père de droit divin. « A l'égard de Pierre-Buffière, manda-t-il au bailli, rien de si sage que ta lettre qui ne fait que confirmer l'opinion que j'ai de ton aptitude à diriger la jeunesse, opinion conçue depuis trente ans tout juste, alors même que tu me disais que j'avais du penchant naturel à la pédanterie et qu'avec cela on ratait tous les hommes à faire et l'on ennuyait tous les hommes faits » (14 juillet 1770). La réunion du père et du fils se trouvait ainsi convenue. Mais le marquis proposait pour éprouver l'humeur de Pierre-Buffière, que celui-ci le vînt rejoindre avec le bailli au Mont-Dore, où se trouverait aussi le marquis de Lambert... Était-ce donc une humiliation nouvelle qu'il lui réservait en lui rouvrant les bras? non. sans doute. « Notre jeune homme expliquait-il plaisamment au bailli, a de qui tenir pour être de race rancunière. Mais il est nécessaire qu'il s'accoutume à voir les souvenirs du passé comme la révolte d'un poulet qui se plaindrait de ce qu'on l'a couvé et qu'on lui a fait perdre le bon jaune qu'il avait dans la coque » (21 juin 1770).

Pierre-Buffière refusa net de jamais revoir son ancien colonel. Il en avait fait le serment sur son honneur. C'était sa raison. Mais elle ne valait rien. La raison vraie était qu'ayant donné sa parole de gentilhomme et d'officier à M. de Lambert, par devant M. du Saillant, de rompre tout commerce avec son amie de Saintes, il ne voulait pas être remis en présence des dépositaires de ce serment-là et courir le risque d'avouer devant eux qu'il n'avait pas cessé de le trahir, qu'il ne renonçait toujours pas à cette conquête. Son père n'approfondit heureusement pas ce refus et ce fut à son tour de céder. Ce despote violent et indécis était sans force devant une volonté inflexible. Il convint que ce serait lui, avec le ménage du Saillant et M^{me} de Pailly, qui se rendrait du Mont-Dore au château de

Mirabeau. Il voulait aussi que sa fille cadette Louise, mariée depuis peu au marquis de Cabris, vînt avec celui-ci parfaire cette grande réunion de famille. Puis, toujours inquiet et s'avisant presque aussitôt qu'on l'y circonviendrait, qu'il serait entraîné par le vœu, les instances jointes de ses enfants et du bailli, à rentrer dans les voies de la réconciliation avec sa femme, il eut peur de sa faiblesse, il craignit pour sa belle amie ; enfin, il ne vint pas, non plus que personne de sa suite annoncée. M. du Saillant n'était pas fâché d'être quitte du voyage. Il n'ignorait pas que Pierre-Buffière et M^me de Cabris l'accusaient d'abuser de l'hospitalité de l'Ami des Hommes et soupçonnaient ses « complaisances et assiduités » auprès de la vieille marquise de Vassan de n'être pas plus désintéressées. Et, à ce sujet, « je t'avoue, avait écrit le bailli à son frère, que moi qui, à force d'être dupe ai appris à être méfiant... je me serais un peu arrêté sur cette idée qui me revenait souvent ».

Mais M. et M^me de Cabris tinrent l'invitation pour bonne ; Louise surtout éprouva un enthousiasme, une joie, une impatience extrêmes à revoir son frère, son Gabriel, devenu un homme fait, aguerri, en pleine envolée, réhabilité aux yeux des siens, rentré dans la confiance et dans l'affection paternelles : « J'y ai toujours compté, lui écrivait-elle, et t'ai toujours dit qu'il viendrait un temps où tu serais heureux ; tu mérites de l'être. Il me tarde d'être auprès de toi, j'aurais bien des choses à te dire. Je dissiperai les peines que je puis avoir en te les contant ; je serai heureuse parce que je trouverai en toi du sentiment. »

Quelles peines? Elle n'était mariée que depuis un peu plus de six mois ! Elle s'en expliqua tout à loisir une semaine après.

Sept années avaient passé depuis la séparation étrangement brusquée, au Bignon, de Louise et de Gabriel. Comme il lui parut imposant, puissant, exubérant ! Il tenait ce que, enfant, il avait promis : « Pas plus laid qu'un autre, notait à ce moment leur bon oncle. Il est de cinq pieds, cinq pouces, assez gros pour son âge, des membres qui ont l'air forts, et effectivement il est très fort dans ses gestes, son attitude et sa tournure. Il a beaucoup des manières de notre frère allemand... » Mais enfin, malgré bien du changement, Louise le retrouvait tel à peu près qu'en pensée elle se l'était peint, tandis que lui, de la chrysalide d'une fillette dans l'âge ingrat, comment eût-il pu imaginer qu'une femme aussi belle sortirait un jour. Sa sœur joignait à la perfection des formes, à l'éclat de la jeunesse, au charme d'une nature passionnée, l'empire de l'esprit. Pourtant, cette créature achevée et superbe vaguait, comme une esclave dédaignée, à la recherche d'un maître. Elle était la femme d'un demi-fou qu'elle s'efforçait en vain d'aimer !

Le type même du *distrait*. Vingt ans, bien fait et de belle mine, mais apathique, bizarre et taciturne, M. de Cabris était le dernier né de très vieux parents, dont la tête branlante était sage, mais qui n'en avait pas moins de la folie dans le sang ; une de leurs filles vivait cachée, confinée sous la garde d'une servante. Inachevé de nature et d'éducation, ce jeune homme avait l'extérieur rustique, gauche et

contraint. « Il faut le voir un jour entier, rapportait
et non sans beaucoup d'indulgence, le bailli. On le
trouve affectueux quand il s'en souvient, froid quand
il n'y pense pas, rêveur sans s'en apercevoir, distrait par habitude, mais, sur le tout, le meilleur cœur
et un très bon caractère. Il passe dans la journée par
toutes ces gradations, et le lendemain, cela recom-
mence sans faute. »

L'intimité du frère et de la sœur, sans qu'ils y
prissent garde, s'était faite tout de suite un peu exclu-
sive. Naturellement, leurs confidences avaient l'amour
et l'intérêt pour sujets habituels, mais ils y engageaient des sentiments, des desseins, des secrets particuliers où M. de Cabris ne pouvait entrer librement,
soit qu'il y fût étranger de nature et de position, soit,
au contraire, qu'il y s'agît précisément de lui. Au
surplus, il ne parvenait pas à se mettre à la température de cette affection passionnée, insolite, presque
impudique, tant elle ressemblait à la folâtrerie de
jeunes amants ou époux dans la nouveauté de leur
union et le sans-gêne de leur solitude. L'horreur de
la chair consanguine n'était pas aussi générale alors
que de nos jours. Sans doute, en tout temps, entre
frère et sœur d'une nature exceptionnelle, on a vu
de ces tendresses exaltées et funestes, que leur
origine même condamne à une vie brève et misérable ; mais le cas en était le plus fréquent aux
époques et dans les milieux où l'éducation séparait
de bonne heure, comme nous l'avons vu chez les
Mirabeau, filles et garçons ; ceux-ci ne se revoyaient
souvent que fort tard, déjà matrones et hommes faits,
et il n'était pas étonnant que leur attachement vînt

LA MARQUISE DE CABRIS
A L'AGE DE CINQUANTE ANS (1802)
d'après un dessin de B.ᵉ A. NICOLLET

Cliché Tallandier

à se ressentir de leur surprise à se revoir aussi différents de leur attente et à se reconnaître véritablement
pour la première fois, comme s'ils fussent nés
étrangers. D'ailleurs, presque plus rien ne scanda-
lisait ; Diderot n'était pas le seul « philosophe » de
son temps à naturaliser, pour ainsi dire, ces aberra-
tions du cœur, de l'imagination ou des sens, dont
les tribus de Taïti, suivant lui, se faisaient une
innocente et recommandable coutume. L'inceste
n'avait plus besoin même de l'excuse d'une méprise
pour être toléré par le monde. Il pouvait naître d'un
calcul. On en citait un exemple illustre et presque
triomphant aux pieds mêmes du trône. C'était par
ce moyen que la duchesse de Grammont, à ce qu'on
disait, avait espéré de gouverner seule le puissant
ministre duc de Choiseul, son frère. Elle aussi,
M<sup>me</sup> de Cabris, se composait d'après son frère le
modèle de l'homme auquel elle eût voulu associer,
dévouer sa vie. Elle lui devinait du génie, mais peu
de sagesse. Elle se sentait capable de le comprendre
et de le diriger ; et lui se montrait disposé à subir le
frein de son ascendant. Mais si elle ne voulait
d'autre gloire que de faire la sienne, elle ne s'attendait certes pas à sortir déshonorée de cette liaison
ambitieuse.

Le marquis de Mirabeau a prêté plus tard au bailli
« une sorte d'instinct » du danger couru par sa fille
dans son intimité trop libre avec Pierre-Buffière ;
mais il savait solliciter les gens et les mots à dire ce
qu'il lui convenait, et je ne trouve dans les lettres
du bailli que des allusions indulgentes à la pétulance
de son neveu, à ses façons, à son ton de lieutenant

d'infanterie, à sa gaîté exubérante : « Il est polisson et plus jeune qu'on ne l'est à son âge. C'est un singulier contraste que celui de son enfantillage avec des réflexions et des écrits qui paraîtraient ceux de Locke ». Et plus loin, à propos de sa nièce : « Elle aime fort son frère et celui-ci l'aime bien ». Ainsi, rien de suspect, d'après ce témoignage. Cependant, le soupçon d'une liaison coupable ne tardait pas à s'implanter dans la société d'Aix et des alentours... Et bientôt, il serait confirmé par des aveux prolixes, nombreux, trop précis que Mirabeau lui-même consignerait... Une procédure s'ensuivrait, des ministres en seraient entretenus, une lettre de cachet n'en étoufferait pas la révélation ; mais M^{me} de Cabris y perdrait à la fois sa réputation et sa liberté.

A quoi servirait de la proclamer innocente, si nous n'allions tout à l'heure prouver qu'elle le demeura ? Assurément, elle avait séduit son frère et subjugé ses sens ; mais il n'osa lui demander et elle n'eut la tentation de lui céder rien. Muette convoitise, après laquelle seulement il n'oublia plus ni ne laissa plus se dégrader en lui l'image de cette ensorceleuse. Alors même qu'il se déclarait son ennemi et qu'il la haïssait aussi violemment qu'il l'avait pu aimer, quand il ne la nommait plus sa sœur, mais « une Messaline et une prostituée », il vantait encore son esprit « d'une étendue et d'une sagacité peu communes, même chez les hommes les plus distingués par leurs talents » ; il la revoyait, il la dépeignait encore telle qu'en ses dix-huit ans : « avec tout l'éclat de la plus brillante jeunesse, les yeux noirs les plus éloquents, la fraîcheur d'Hébé, cet air de

noblesse que l'on ne trouve plus que dans les formes
antiques, et une taille comme je n'en ai point vu
depuis d'aussi belle... avec tout cela, cette souplesse.
cette grâce, cette magie de séduction qui n'appar-
tient qu'à son sexe... Son impétuosité, sa mobilité,
sa fécondité prodiguaient alors les ressources ».

Tant qu'il demeura auprès de « cette femme étonnante », la fille du gendarme de Saintes ne fit plus
que figure de suivante aux yeux éblouis de Pierre-
Buffière ; mais il ne la sacrifia point à sa nouvelle
idole. Opiniâtre plutôt que fidèle, et plutôt jaloux
qu'amoureux, il lui en eût coûté de ne plus attacher
cette ombre douce à ses pas, de renoncer à ce modeste, mais premier essai de bonheur ; il comptait
même d'en jouir encore, dans quelques échappées,
s'il séjournait encore en Limousin après que son
père en serait parti. Il distrayait ses sens en attendant, à Aix ou dans les châteaux des environs. Il
faisait ici une cour apparemment heureuse à ses
belles voisines et cousines (au 5ᵉ degré), les mar-
quises de Roquesante et de Limaye-Coriolis ; celle-
ci, la préférée, avait entrepris en connivence avec le
bailli de Mirabeau et Mᵐᵉ de Cabris de lui trouver
femme ; l'on jetait les yeux pour lui sur la plus riche
héritière de Provence « en perspective », la fille
unique du marquis de Marignane ; et Pierre-Buffière
entrait volontiers dans ce dessein avantageux. Mais
le préalable était toujours et à tout d'obtenir l'aveu
de son père.

Sur ces entrefaites, le bailli reçut une lettre de la
marquise de Mirabeau. Elle lui demandait des nouvelles de l'Ami des Hommes, le remerciait de ses

bontés pour son fils et se plaignait que celui-ci ne
lui eût pas donné signe de vie depuis un an. Le bailli
demanda au marquis l'autorisation pour Pierre-Buffière de rentrer en correspondance. Cette autorisation allait de soi; le marquis n'avait d'ailleurs jamais
interdit à ses enfants de donner aucune marque
d'attachement à leur mère. Aussi ne fut-il pas dupe
de cette démarche habilement mais trop évidemment
concertée entre la marquise de Mirabeau, son fils et
sa fille Cabris. Pierre-Buffière avait manqué d'argent,
comme partout, durant sa campagne de Corse; était-
il vraisemblable qu'il se fût gardé d'en demander à
sa mère, alors qu'il avait dû consentir à solliciter et
à recevoir de ses chefs cette gratification de cinquante
louis, dont ses camarades avaient rougi pour lui ?...
Afin de briser net l'entreprise qu'il devinait tramée
en faveur de sa femme contre son repos et celui de
M^me de Pailly, le marquis transmit simplement au
bailli un ordre à Pierre-Buffière de se mettre sans nul
délai en route pour le château d'Aigueperse, où il
l'attendait pour lui pardonner et lui rendre son nom.
Pierre-Buffière comprit l'avertissement. Il quitta le
château de Mirabeau et son oncle, le lendemain matin, au petit jour, sans avoir prévenu Louise, ni
M. de Cabris, sans les éveiller pour de dernières
effusions. Simplement, en arrivant à Aix, il leur
dépêcha un billet hâtif et succinct d'adieux.

A ce moment, si le frère et la sœur s'étaient trop
aimés, si leur tendresse avait été coupable, ne fût-ce
que d'intention, Louise ainsi délaissée, trahie, ne
laisserait-elle paraître à l'ingrat, ni alarme, ni colère,
ni douleur? N'accuserait-elle pas de brutalité et de

noirceur cette séparation furtive ? Or, sa première
lettre au comte de Pierre-Buffière, datée de Mirabeau, le 24 août 1770, est en original sous mes yeux;
tout n'y respire que stupeur naturelle, affection tranquille, sollicitude pure de toute faiblesse suspecte de
garder inviolablement à son frère le secret sur sa
correspondance avec sa bien-aimée de Saintes,
qu'elle appelle « notre estimable amie » ou désigne
par une initiale, V***.

« Tu demandes si je pense à toi, mon bon et tendre
ami. J'y pense et cela même pour te faire le petit
reproche d'être parti sans me le dire... Ta lettre
d'Aix m'a fait autant de plaisir que tu peux l'imaginer... Je ne peux pas trop t'expliquer ce que j'ai été
depuis hier, presque toujours dans ma chambre.
Mon mari me dit qu'il était fâché de ne t'avoir pas
embrassé, je l'étais bien plus que lui encore. J'ai
beau lui parler, il ne peut jamais qu'ètre mon mari.
Tu m'entends; je ne peux mettre mon âme en liberté,
je ne trouve rien pour lui tenir tête. Tu m'as fait
grand mal, mon cher ami, t'en serais-tu douté ? Je ne
dis pas comme Mⁱˡᵉ de Malmont : « Je me marierai si
« vous me trouvez un homme comme mon frère »,
mais je dis : « J'aimerai mon mari quand il ressem-
« blera à mon frère ». Souvent cette idée révolte
celle que je m'étais faite, qu'un des devoirs les plus
essentiels d'une femme est d'aimer son mari. Mais
lorsque je vois que j'ai cru pendant huit mois l'aimer,
que je le crois encore, je suis tranquille... Je veux
lui plaire... Personne d'étranger ne me paraît
plus aimable que lui. Je l'aime donc ? Oui, mon
ami, je l'aime, mais non pas d'une amitié dictée par

la confiance comme celle que j'ai pour mon frère...
Tu n'oublieras pas d'écrire à *notre estimable amie*
de m'adresser, passé le 10 du mois prochain, ses
lettres pour toi à Grasse. Le dépôt de celles que tu
m'as confiées m'a bien flattée... J'espère que celle
dont elles te viennent aura toujours les mêmes droits
à ton estime et peut-être à ton cœur, si les événements ne t'en obligent pas d'en sacrifier une part à
des devoirs sacrés... »

C'était à dire, nous l'entendons bien maintenant, si
ton mariage ne t'oblige pas de la sacrifier aux devoirs
sacrés de ce nouvel état. Ce conseil prévoyant faisait l'éloge, lui aussi, de la vertu de M<sup>me</sup> de Cabris.
Elle n'eut pas d'ailleurs à insister longtemps à ce
sujet. Pierre-Buffière s'y était pris trop tard, M<sup>lle</sup> de
Marignane avait un engagement, disait-on à Aix. En
lui en donnant la nouvelle, Louise ménageait cette
consolation à son frère, pour qu'il n'eût point de
regret : « Elle est affreuse quant à la figure et fort
petite. » Pierre-Buffière tourna aussitôt ses vues
d'un autre côté. Un charme bien plus fort, mais qui
n'était sans doute irrésistible que dans le tête à tête,
ne parut pas lui coûter davantage à rompre dans le
même temps. A peine il était rentré chez son père
qu'il devinait l'antipathie et la défiance de celui-ci à
l'égard de M<sup>me</sup> de Cabris ; bien loin de les combattre,
il ne suivait que son intérêt et fournissait des aliments
à ces préventions malheureuses. Le marquis connaissait à peine sa fille cadette ; il la croyait encore « plus
Vassan » que Pierre-Buffière ; mais il se tranquilli-
sait sur l'idée qu'elle avait un caractère indolent, qui
ne sentait rien. « Ne vous y fiez pas! » l'avertit

vivement son fils ; et il appuyait ce conseil de quelques raisons assez ressemblantes à des médisances. Plus tard, il laissait tomber un paquet des lettres confidentielles de Louise entre les mains de M. du Saillant qui s'y trouvait assez maltraité et qui les livrait au marquis en les lui commentant avec malignité. D'après ce résumé, le marquis dédaigna de les lire, mais il les tint pour atroces et criminelles; sa crainte se changea dès lors en une haine déterminée, incurable, aux aguets de l'occasion qui lui permettrait de frapper sa fille. Comme elle l'avait prié de consentir à ce que Mirabeau vint passer l'hiver auprès d'elle à Grasse, il la rebuta durement : « Mon fils est à moi, lui signifia-t-il, et ne vous mêlez que de me faire des petits-enfants qui seront à vous... » Pour sa consolation, elle était grosse.

## V

LA RÉCONCILIATION

Parti d'Aix le 25 août, Pierre-Buffière entrait le 2 septembre au matin au château d'Aigueperse. Il avait dévoré la route et brûlé les étapes. L'impatience d'arriver l'enlevait avec sa monture, tous les espoirs lui redevenant permis, croyait-il, dès qu'il se serait rouvert les bras paternels. Mais s'il avait eu la superstition d'un Romain, il eût tourné bride plutôt, après le rude avertissement qui lui fut donné, chemin faisant : sa fortune pensa ne s'en point relever, sa fortune amoureuse tout au moins. Son cheval se cassa la jambe sous lui et en se débattant lui porta un coup de pied « en lieu très sensible ». Mais, domptant la douleur, Pierre-Buffière remontait un cheval frais, et moins d'une heure après son arrivée, sans avoir pris soins ni repos, il entraînait, dans une promenade en tête à tête à travers la garenne, son père guère moins alerte que lui et d'ailleurs peu enclin à le plaindre : de tels horions étant « nécessaires à l'exubérance », disait-il.

Leur réconciliation, pour avoir été un acte impromptu, n'avait pas manqué de solennité. Le marquis se flattait d'y avoir mis de la bonté « et même

de l'attendrissement », mais sans l'avoir laissé trop
paraître, à la mode des pères antiques. On peut être
certain qu'il n'avait relevé son fils prosterné, suffoqué par l'émotion et la crainte, baignant de larmes
ses mains et tenant ses genoux embrassés, qu'après
en avoir reçu l'hommage des trois génuflexions
espacées et profondes dont il ne le tint quitte qu'environ vingt ans plus tard, alors que, devenu « le roi
Mirabeau », il ébranlait du verbe ou du geste les
assises de l'antique monarchie. Au surplus, ce cérémonial protégeait la timidité et la faiblesse foncières
du marquis contre la familiarité impétueuse de son
fils ; il lui donnait le temps de se reconnaître et de se
ressaisir. Deux félins de grande race s'affrontaient ;
mais l'un était déterminé à vaincre, et l'autre à paraître
seulement invincible.

Pierre-Buffière assez cauteleux de lui-même quand
il le fallait, pénétré des prudents conseils et muni
des instructions écrites de son bon oncle et de sa
sœur Cabris, se défiait d'ailleurs de sa vivacité. C'était
Louise qui lui avait inspiré d'avoir, sans aucun retard,
avec son père cet entretien sans témoin : « Adresse-
toi à mon père en droite ligne lorsque tu en veux
quelque chose. Oblige-le de te juger, de décider en
dernier ressort avant d'avoir pu consulter », lui
avait-elle dit et écrit. Le marquis s'y était prêté volontiers ; il ne doutait pas de sa maîtrise et croyait
l'occasion des plus favorables pour diriger et contenir
cette conversation dans les limites qu'il se marque-
rait. Il y débuta d'emblée sur le ton de feint enjouement, de familiarité, de savoir dogmatique et d'autorité supérieure qui lui était habituel, surtout dans

l'embarras. Supposant d'abord à son fils le ferme
propos de n'avancer sur son nouveau terrain qu'avec
ménagement et curiosité, en s'observant chacun de
manière à faire seul son profit de ses découvertes,
il l'avertit « que tel qui croit voir les autres est vu
de toutes parts et que c'était le premier degré de la
puberté imbécile que de lorgner comme si l'on était
soi-même derrière un créneau ». Il l'examinerait
donc par lui et par d'autres, « minorant ou renforçant
les épreuves, le tout aux fins de savoir s'il pouvait
être maître de lui, préliminaire indispensable pour
ne pas tout perdre avant de le lâcher ».

A ce discours, Pierre-Buffière oppressé se voyait
retomber sous le filet de rétiaire, dans le cercle d'espions et de délateurs, où son père avait étouffé, flétri son enfance. Il allongeait le nez, fichait les yeux
en terre. détournait brusquement la tête ; mais le
marquis, attentif en lui parlant à ses moindres mines
et mouvements, s'applaudissait de sa manœuvre à
proportion du trouble qu'il voyait s'ensuivre. Que ce
fût signe de réflexion, ou d'émotion excessive ou de
surprise, ou d'acquiescement, il jugeait que c'était
bon signe ; il persistait tantôt à lui lâcher la bride et
tantôt lui hocher le mors : « Je fais succéder l'un à
l'autre, expliquait-il au bailli, pour manier la bouche
de cet animal fougueux. »

Cependant, l'indignation. l'effroi, la déception,
combattaient dans le cœur de Pierre-Buffière, mais
combattaient en vain, les suggestions de patience, de
sang-froid, d'espérance qu'y insinuaient ensemble le
vif sentiment de son intérêt et de sa raison, toujours
lucide et calme. au plus fort du danger. Son père le

torturait et sans doute laissait-il paraître sa souf-
france ; mais il était sûr du triomphe sitôt qu'à son
tour il oserait parler. Avait-il rien à demander d'ex-
cessif ou de singulier ? Il ne désirait que d'être traité
par son père à l'avenir, comme il venait de l'être en
campagne par ses chefs, au jugement desquels il
s'en rapportait : « Mon père, je suis bien jeune, pro-
nonça-t-il enfin, j'ai mille défauts ; ils se mêlent à des
qualités qui les compensent peut-être. Ma sensibilité
est excessive. Si je vous vois sombre un instant, si
vos regards ne m'annoncent pas toujours la sérénité
de votre cœur, je serai désespéré, mais je garderai
le silence ; le vôtre nécessitera le mien ; je me croi-
rai condamné sans être entendu. Daignez donc me
parler chaque fois que quelque chose vous aura
blessé dans ma conduite ; je l'expliquerai ou j'avouerai mon tort ; vous serez détrompé, ou vous pardon-
nerez. Rien ne fermentera dans votre sein, rien ne
déchirera mon cœur. Nous nous entendrons toujours
et mon bonheur sera inaltérable, parce que je serai
sûr de ne plus perdre votre tendresse. »

Le marquis ne s'attendait pas à une proposition
aussi simple. Sans nul doute, la plume à la main, il
l'eût repoussée de premier jet par quelque hautaine
et sèche boutade, comme un marché injurieux pour
sa dignité. Il n'était pas « de l'avis des père et fils
camarades », et l'avait signifié au bailli peu auparavant... Mais là, dans ce premier abandon, cœur à
cœur, l'émotion de son enfant prodigue, enfin
repenti, corrigé peut-être, lui serrait inopinément la
gorge, lui mouillait les yeux, le bouleversait ; bref il
se sentait devenir, sous sa fausse cuirasse d'orgueil,

ce qu'il reprochait à son fils d'être : « Un épouvan-
tail de coton ». Il céda : il promit à Pierre-Buffière
de le traiter en homme, de lui faire confiance, d'en
user désormais avec lui de cette façon ouverte,
franche et généreuse. Mais à peine rentré au château, sous le regard de M^me de Pailly et de son
gendre du Saillant, il eut quelque honte, mêlée de
peur, de s'être laissé surprendre cette parole. Dans
son intérieur, il ne lui était plus possible de reparaître en homme bon et facile qu'il était né et auquel,
depuis plus de vingt ans, il avait imposé un masque
de maître inflexible et distant. Il redevint froid, sous
son air de bonhomme rieur au point que Pierre-
Buffière s'en alarma. Craignant même de laisser
soupçonner au bailli qu'il eût pu, à son exemple,
avoir pareille faiblesse, le marquis ne lui rendit
compte le lendemain que de son propre discours et
de son contentement des bonnes dispositions apparentes de son fils; il passa sous silence la prière de
ce dernier : « A peine je l'ai eu considéré et écouté
un peu de temps que j'ai dit : « Or sus ! voici encore
« un Mirabeau tout craché, c'est-à-dire un être fort
« incommode, homme d'esprit d'abord et de mérite
« ensuite, sur le pavé. Adieu, projets de for-
« tune, etc... C'est la fable du pot au lait. Il ne faut
« pas avoir l'œil fort fin pour juger que le service
« lui est encore bon, mais même nécessaire, et trois
« ou quatre à la fois si l'on pouvait. Que diable
« ferait-on de cette exubérance sanguine ? Quel est
« le terrain assez large pour lui ? Je ne connais que
« l'Impératrice de Russie, avec laquelle cet homme
« pût être bon encore à marier. J'ai été en garde, me

« souvenant combien l'élasticité de tête de notre
« frère cadet m'avait fait illusion sur un fond de
« tourbe; mais avec les désavantages de la laideur
« et d'un vernis de pédanterie dans le maintien
« quand il complimente, et de fausseté quand il
« n'imagine ni ne sent, celui-ci a un avantage très
« grand sur l'autre dont le corps n'obéissait qu'à la
« passion, au lieu qu'ici je crois voir beaucoup de
« dispositions à ce que le corps commande. Je m'ex-
« plique mal, mais je m'entends. »

« J'entends très bien, repartit le bailli, ce que tu
me dis de lui quand tu dis que tu trouves chez lui de
la disposition à ce que le corps commande. La violence du sang fait chez lui le principal moteur, et
dans le commencement, quand je le voyais s'agiter,
je le badinais sur cette action perpétuelle. Il me répondit que cela est plus fort que lui... Quoique très fougueux, j'ai remarqué chez lui deux choses : la première, qu'il se retient de temps en temps par les
réflexions ; la deuxième qu'il est deux hommes à la
fois ; quand il se trouve conduit à parler raison.
Cicéron n'est qu'un sot auprès de lui ; mais il est
ensuite quelquefois plus enfant qu'il n'est convenable
de l'être à son âge... »

Malgré tant d'impressions favorables, le marquis
attendit une dizaine de jours pour rendre à son fils le
nom de sa maison et de ses pères. Encore voulut-il
s'en faire prier et paraître n'avoir cédé qu'aux supplications unanimes de ses enfants, de M<sup>me</sup> de Pailly
et de ses amis. Il y avait dans cette conduite de petits
calculs, les uns de délicatesse et les autres de précaution. Pierre-Buffière avait dû ainsi se faire le sol-

liciteur et se rendre l'obligé de cet entourage qu'il
n'aimait pas, mais envers lequel le succès était d'espèce à lui inspirer des sentiments et des égards plus
amicaux. S'il persistait dans l'inimitié et l'ingratitude et surtout s'il venait à se perdre de nouveau, le
marquis se réservait l'avantage de dire aux siens :
« Vous l'avez voulu. » C'était dans les mêmes conditions qu'il renouvelait ses instances auprès de
M. de Choiseul et de la Duchesse pour obtenir cette
commission de capitaine que le ministre venait de
refuser à l'intervention chaleureuse du baron de Vioménil. Pierre-Buffière ne s'attendait pas à tant de difficultés, parce qu'il ignorait dans quels termes défavorables son père s'était associé à cette démarche. Il
ignorait aussi que M. de Vioménil lui-même avait
tempéré ses éloges d'une forte réserve et avait refusé
une compagnie précédemment offerte, quant « à sa
conduite particulière », et avait mis ses espérances
et garanties au conditionnel. M. de Choiseul en restait
prévenu contre lui : « Il faut le voir encore un an »,
avait-il décidé. En attendant que cette décision fût
rapportée, fallait-il renvoyer Mirabeau à l'armée ?
C'était l'y vouer à une oisiveté très coûteuse et encore
plus dangereuse. Le plan du marquis eut été qu'il
ne retournât à sa légion, sous les ordres et la direction morale de cet aide-major, le chevalier de Villereau, qui en Corse l'avait sauvé et transformé, que
pour y faire du service actif et ininterrompu comme
sous-lieutenant, avec des appointements et sa commission de capitaine en expectative prochaine, sinon
même en poche. Mme de Choiseul consentait de nouvelles instances auprès de son mari. Jusqu'à leur

succès, le marquis entreprit d'occuper son fils au règlement de ses propres affaires, et de l'initier au métier d' « agriculteur », que ses grands biens futurs le destinaient à exercer finalement de préférence au métier de « coupe-chou ». « Nous le deshousarderons ! » assurait-il au bailli qui n'aimait pas chez son neveu « le ton lieutenant d'infanterie », et qui, d'autre part, insistait pour qu'on donnât pâture et qu'on fit confiance à sa prodigieuse activité.

« Tu me dis de me faire aider de mon fils, lui répondait le marquis (23 septembre 1770). Il vient de me dire en entrant, pour repartir avec des chasseurs, que Luce, mon nigaud de valet, qui est une manière de Bertholde[1] lui venait de dire en nettoyant ses bottes : « Avouez, Monsieur, qu'un corps est bien « malheureux de porter une tète comme celle-là. » Quelque besoin qu'il ait de travailler, je suis étonné et effrayé de la quantité de besogne qui le compète : il faut qu'il soit homme rural pour ne pas être ruiné, homme national pour n'être pas indigne de ses pères, homme du monde, vu son état et sa fortune, homme de cabinet attendu son goût et son talent, et qu'on n'est pas homme national sans cela. Ajoute qu'il lui faut un exercice forcé et presque continuel, sans quoi il a des menaces de néphrétiques, trop jeune pour que ce mal ne l'accable. » Avec la nécessité de le marier, quel programme !

La marquise de Vassan, « l'éternelle belle-mère » du marquis, retirée au château du Saillant où on l'investissait, était sur le point d'y mourir. Le plus

---

1. Personnage d'un opéra-comique naguère en vogue, *Bertholde à la ville*, de l'abbé de Lottaignant.

difficile à réaliser, et le plus urgent, c'était de disposer la marquise de Mirabeau à garder une conduite
pacifique lors de ce proche événement et à consentir
une donation générale de ses biens à ceux de ses
enfants qu'il conviendrait au marquis de nommer.
Son fils aîné ne devait-il pas être appelé le premier à
cette nomination ? Alléché par cette perspective,
Mirabeau se chargea d'amener sa mère à cet abandon, et il s'en fut la voir à Saint-Junien où elle vivait
dans son désordre naturel. Il en revint malade des
violences qu'il s'était faites pour calmer les siennes.
Elle l'avait étourdi de ses confidences pires et plus
folles que tous ses égarements : « Votre père m'a
empoisonnée deux fois pour me faire avorter ; et de
qui était-il jaloux? de son frère !¡Votre père m'a donné
trois fois un mal honteux..., a dissipé ma fortune,
m'a sacrifiée à des courtisanes, à mes femmes, m'a
exilée à leur volonté..., moi qui lui ai donné
50.000 livres de rente... Il me déchire des calomnies
les plus atroces, et ce qu'il dit de moi serait encore
atroce à dire, quand ce ne serait pas des calomnies ;
voilà le prix dont il paye un ardent amour que j'ai
senti pour lui pendant douze ans ; tout Paris m'en
est témoin... », etc... Elle invoquait aussi l'existence
des bâtards qu'il avait eus, et qu'il ne contestait pas,
du moins à l'oreille de son fils qui s'en souvint pour
lui écrire un jour : « Ah ! mon père, l'amour vous a
donné plus d'un enfant : je puis vous le dire, puisque vous en avez plusieurs fois plaisanté devant
moi... »

La besogne ne fut pas moins rude lorsque, la
marquise de Vassan étant à l'heure de la mort (4 no-

Cliché Tallandier

PORTRAIT PRÉSUMÉ DE MADAME DE PAILLY
dessin de GREUZE

(App. à M. DAUPHIN MEUNIER)

vembre 1770), il s'agit pour Mirabeau d'amener sa
mère auprès d'elle, au Saillant, d'y apaiser ses nouvelles fureurs, d'y contredire ses extravagances, d'y
apaiser ses projets. Toutes peines méritoires, mais
d'avance perdues. Le marquis de Mirabeau, avec le
concours de son gendre du Saillant, avait eu beau
prendre la précaution de faire interdire M^me de Vassan pour imbécillité et de tester ensuite en son nom,
il se trouva un testament antérieur seul valable, puisqu'elle l'avait rédigé trois ans plus tôt dans son bon
sens, et par lequel elle avait légué à sa fille des terres
d'une valeur de 200.000 livres en spécifiant qu'elle
en jouirait en paraphernal, sur sa simple signature !
Mirabeau lui demandait l'abandon de ce paraphernal,
faute de quoi elle ne verrait pas augmenter sa pension de 6.000 livres que le marquis s'était engagé à
porter à 10.000 après la mort de M^me de Vassan. A
cette proposition de son fils, elle déchargea de fureur
un pistolet sur lui, sans l'atteindre par bonheur, et
elle s'en fut déclarer à l'Ami des Hommes une guerre
de procès atroces, qui ne devait plus finir.

L'échec de cette négociation était inévitable et le
marquis l'avait prévu et annoncé à si haute voix
qu'il lui était impossible de s'en dédire et d'en savoir
mauvais gré au négociateur quand celui-ci s'en revint
penaud. Il lui confia aussitôt une tâche non moins
ardue et qu'il désespérait de mener à bien. C'était
l'institution neuve, hardie et généreuse pour l'époque,
sur le fief de Pierre-Buffière, d'une Cour de prud-
d'hommes, sorte de tribunal de conciliation à l'usage
de ses vassaux, car nul doute qu'il ne s'exceptât lui-
même de cette juridiction, quoique pacifique. En

même temps, il s'agissait de combattre la famine qui, cette année-là, désolait la province. Le marquis avait fait ouvrir des travaux et acheter trente quintaux de riz pour occuper et nourrir les plus malheureux. Mirabeau devait conduire ses travaux, « manger à la tête de cette énorme table, vivre des mêmes mets, animer, soutenir... » Pour le seconder, il retrouvait son ancien gouverneur, M. Poisson, devenu régisseur de ces terres. Leur succès à tous deux fut complet. Mirabeau avait le génie de ces sortes d'entreprises et de difficultés, il était né pour la multitude, il avait la volonté d'y réussir, et son père ne lui ménageait d'ailleurs ni la besogne ni les expressions de son contentement. Il vantait son zèle, sa souplesse, sa rondeur, son activité, son art d'employer les curés, de faire embrasser tout le monde. Il en avait « une respiration de succès » : « C'est le démon de la chose impossible, mandait-il au bailli, à quatre heures du matin, à cheval, le premier de janvier, dans ces fondrières et montagnes, et son cœur, s'est beaucoup épanoui en recevant des bénédictions ; il a dit : *J'aurai une bonne année...* »

Mirabeau ne prévoyait pas mal, et sa conduite, excellente en somme dans les deux années précédentes, autorisait vraiment son espérance. Son père, à ce moment, annonçait en effet son projet de le faire venir à Paris et de le faire faire ses présentations à la Cour : c'était le mettre au comble de ses vœux. Les amis du marquis l'engageaient à lâcher enfin son fils dans le monde et à l'y patronner hautement, sinon on le croirait toujours disgrâcié. Cette raison l'avait touché, et il n'attendait plus que d'avoir obtenu cette commission de capitaine à la suite du corps de dragons, enfin promise par le duc de Choiseul à la sollicitation de la Duchesse. Mais au moment précis où Louis XV allait être prié de donner le bon pour expédition, une révolution de gouvernement inouïe éclatait : le tout-puissant Choiseul était disgrâcié, exilé ! Cette crise ne retarda toutefois que d'un mois environ la délivrance du brevet par le ministre de la Guerre successeur, M. de Monteynard. Le bon de Louis XV est du 25 janvier 1771, et Mirabeau n'avait permission de venir à Paris qu'après la première Assemblée de la Cour de prud'hommes à laquelle il présida le 3 février, avec toute la dignité concevable. Mais nul ne se réjouissait plus cordialement, ni ne mettait plus d'amour-propre à faire état des réussites de Mirabeau, que son bon oncle, le bailli, qui les lui avait prédites et préparées et qui ne laissait pas d'y montrer sa propre justification aux yeux de l'Ami des Hommes : « J'ai toute la vie pensé, écrivait-il à ce dernier, que tu t'étais repenti quelquefois d'avoir jeté le manche après la cognée de si bonne heure. Je ne sais si je me suis trompé, je ne te demande pas d'éclaircissement à cet égard ; mais il peut être qu'en voulant mûrir un fruit trop tôt, on le gâte ; ton fils a selon moi un bon cœur et une tête forte, mais encore dans la verdeur. Je ne sais s'il ne lui faut pas les gelées de l'hiver, les caprices du printemps et les chaleurs de l'été pour qu'il soit dans sa maturité en automne (18 décembre 70).

Le marquis de Mirabeau avait cédé surtout à des raisons de prudence en se rendant aux raisons qu'on lui avait dites, en faveur de son fils et en lui rouvrant,

avec sa maison de Paris, le cercle de ses patrons,
disciples, amis et connaissances.

Quoiqu'il n'eût pas tiré de lui de grands éclaircissements sur son intrigue de Saintes, il en avait
appris assez pour ne point douter qu'elle s'entretenait toujours d'une correspondance suivie et qu'une
fugue, un coup de tête de M. l'Ouragan la pouvait
renouer soudain de quelque façon irréparable,

Or, de Limoges à Saintes en poste, il n'y avait
que trop de proximité pour ce diable d'homme à qui
les distances jointes à toutes les calamités réunies du
ciel et de la terre n'eussent pas fait obstacle un moment contre son caprice de les surmonter. Mais c'était
mal présumer des dispositions véritables de Mirabeau.
Il aimait toujours, comme on aime d'un premier
amour, en idéalisant l'objet de son choix et en ne lui
trouvant aucune femme de comparable, sa sœur
Louise exceptée ; mais il était résolu à se marier au
plus vite et en bonne et grande maison, seul moyen
de donner à sa conduite des lisières solides et de s'assurer une indépendance complète et fortunée à l'égard
de son père, sur la constante affection duquel il était
trop prévoyant pour fonder un heureux et long avenir. La guerre était toujours le métier de ses préférences, le seul auquel il fut bien préparé et auquel
son génie l'appelait.

Ni l'agriculture, ni l'économisme n'étaient selon
son cœur et « son amour opiniâtre et profond pour toute
espèce de travail littéraire » ne lui semblait plus être
une vocation incompatible avec le service militaire.
L'ami de son père, Vauvenargues, lui en était un
exemple. Ainsi il ne lui fallait plus qu'un régiment, ce

qui coûtait gros, et son père depuis refusait de lui
acheter une compagnie disant que *Bayard, Duguesclin
n'avaient rien acheté*... Une belle dot seule réglerait
cela ; et de belles alliances feraient le reste. L'amour
y trouverait enfin son compte avec la sécurité. Il fallait être fol en ce temps-là pour faire un mariage
d'inclination. On n'eût pas fait volontiers cette
offense à la coutume générale. On ne s'unissait légiti-
mement qu'afin de vivre au plus tôt chacun selon
son cœur mais décemment, c'est-à-dire sans se
séparer. De bon gré ou de force, une femme ostensi-
blement séparée devait se retirer au couvent. Telle
était l'implacable bienséance, le dernier voile de
pudeur retenu à ce corps en pleine licence, dissolu
et près de se dissoudre.

Vers le milieu de février 1771, lorsque Mirabeau
arriva à Paris, tout y était encore dans l'efferves-
cence inouïe qui depuis Noël avait partagé la Ville,
la Cour et la maison royale elle-même entre Choiseul
exilé et M<sup>me</sup> Du Barry triomphante, ainsi qu'entre les
vieux parlementaires dispersés par Maupeou et les
parlementaires *intrus* qu'il avait installés d'autorité à
leur place. Mais la confusion première avait cessé ; et
pour un esprit délié, pénétrant, capable d'intrigue, il
devenait assez aisé de mesurer les devoirs dus à
chacune des factions rivales et de les leur rendre
sans s'y compromettre. Versailles était un séjour
abandonné par les princes et la plupart des grands
à la favorite et à ses partisans ; il n'y demeurait
d'hostiles que le Dauphin et la dauphine Marie-Antoi-
nette et leur entourage, restés fidèles au duc de
Choiseul. Mais ici et là, si le langage se rendait

libre, audacieux même, les représailles à redouter se
faisaient hésitantes, circonspectes, car rien ni personne ne semblait sûr, à commencer par le Roi. Le
danger n'y était donc pas grand, même pour un novice
et, pour y échapper, outre qu'il avait par son père
des appuis dans les deux cabales contraires, Mirabeau
avait à un degré rare le don de prendre la couleur
des gens avec lesquels il vivait.

Son père appelait cela son « naturel caméléon »,
mais c'était le voir en surface et de parti pris. Au
vrai, Mirabeau, entretenu de politique dès son enfance,
fils d'un homme qui prétendait à régénérer l'État,
était passionné pour les questions de cet ordre, sur
lesquelles il avait plutôt des sentiments que des idées.
Mais ces sentiments étaient d'autant plus violents que
c'étaient en vérité des ressentiments, contre l'oppression et l'arbitraire domestique, gouvernemental,
royal. Il était donc sinon déjà un révolutionnaire, du
moins un subversif, partisan du renversement de
l'absolutisme.

Notez à ce sujet le cri de son père : « Mais vos
pères étaient tous royalistes!... »

Sous ces variations apparentes, Mirabeau dérobait
avec la dissimulation innée d'un vrai politique, la
couleur fixe et unique de son propre intérêt. Son
adresse était faite de calcul, de ruse, de malice ; il la
couvrait d'une effronterie qu'on ne pouvait déconcerter ; ses mensonges gardaient toujours la vraisemblance en s'enrobant non de l'air seulement, mais
d'une part solide de vérité. C'était tout cela que son
colonel M. de Lambert appelait son « recoin de tigre » ;
pourtant il faut rabattre de cette expression ce qu'elle

comporte de méchanceté native ou habituelle. Mirabeau
était foncièrement bon, mais le ressentiment, la
jalousie, la nécessité, le péril, le rendait versatile et
cruel.

Ce qui lui pouvait nuire le plus à ses débuts à la
Cour était son défaut d'usage. Il avait, gentilhomme
qui se targuait d'une noblesse égale aux plus grands,
comme un parvenu, comme un robin, reçu plus
d'instruction que d'éducation et pensé que les talents
étaient le meilleur outil de la sociabilité. Sans doute,
même en ce milieu où l'étiquette et la bienséance
exerçaient leur empire avec une rigueur d'autant plus
inexorable qu'elles étaient le dernier voile maintenu
sur la corruption et la licence générales des mœurs,
à force d'esprit et d'audace, il était possible à un
jeune homme de détonner impunément et de faire
apprécier parfois avec une indulgente faveur l'origi-
nalité, la vivacité excessives des propos et des manières. Mais la familiarité, qui était signe de rusticité
et de vulgarité, déplaisait à chacun et Mirabeau avait
le don de familiarité non moins développé que ceux
de séduction et d'empire. Chez M<sup>me</sup> de Rochefort, il
entra si vivement en conversation avec le vieux comte
de Maurepas, que, dans l'entraînement des reparties
avec le sceptique et spirituel homme d'État, il le prit
par un bouton de son justaucorps. Chez le nouveau
ministre de la Guerre, marquis de Monteynard, homme,
il est vrai, aussi dénué d'esprit, de caractère et de
prestige que Maurepas en était pourvu, mais auquel
Mirabeau avait l'obligation du bon royal donné à son
brevet de capitaine, comme on dissertait devant lui
des moyens de rétablir l'équilibre européen, — la

*baiance de l'Europe*, disait-on alors, — il oublia la réserve obligée à son âge et à son rang pour dire : « Je connais un moyen sûr de brûler autant de vaisseaux aux Anglais que nous en avons ». On le regarde, il attend un instant et jette dans le silence comme un caillou dans une mare : « Oui, un moyen infaillible c'est de brûler les nôtres. » On le prit pour un persifleur ou un fou ; et jamais il ne s'avisa de lui-même que c'est une grande sottise d'avoir raison inutilement et mal à propos. Son modèle en ce genre était un Noailles, le duc d'Ayen, capitaine des gardes du roi, aussi fameux que redouté pour ses bons mots, auquel, par sa mère, il avait l'*honneur d'appartenir* et qui lui montrait de l'amitié, parce qu'il chantait bien et parlait sans retenue. Mais le duc d'Ayen, né et grandi dans la bonne compagnie, était dès la jeunesse rompu à cet exercice, où Mirabeau à vingt-deux ans ne faisant encore que s'essayer.

Quelque mérite qu'on eût auprès d'elles dans le tête-à-tête, les femmes ne pardonnaient pas aussi volontiers un défaut d'égards, de ménagement, de discrétion. Mirabeau dut mettre plus d'une fois leur délicatesse à l'épreuve si l'on s'en rapporte à son propre témoignage, dont il tirait vanité. En se rendant du Limousin à Paris, il avait passé par Montargis où sa sœur aînée, la demi-folle, vivait nonnain au couvent des Dames dominicaines, dont l'abbesse était M<sup>me</sup> de Romigny. Celle-ci bien née, bien apparentée, spirituelle, gaie, femme de mérite et femme du monde accomplie, ainsi que l'exigeait son état, avait sans doute, dans le privé, la liberté de mœurs alors accoutumée des religieux et du haut clergé : il était de bon

ton qu'elle reçût les hommes dans son appartement
et leur donnât même à dîner ; enfin Mirabeau assure
qu'elle daigna repasser avec lui certaines leçons
qu'elle avait dû prendre longtemps avant qu'il eût
fait toutes ses classes. M^me de Romigny s'était
employée pour le faire venir à Paris à son retour de
Corse, il lui devait bien de tels hommages. Pour
ajouter à ses bontés, elle le remit en relations avec sa
« très belle, très célèbre et très comédienne cousine »,
la marquise de Feuil. Celle-ci ne tarda guère à lui
être aussi favorable. Mais par la suite, conte Mirabeau
à Sophie de Monnier, « après avoir rompu avec assez
d'éclat une liaison d'elle à moi qui, grâce à ses
manières était fort notoire, elle s'avisa de me dire
devant trente personnes que j'étais un *impertinent...
Ah ! Madame*, lui dis-je bien doucement, *quel tort
vous me faites ! moi impertinent ! pour insolent, j'ai
pu l'être quelques fois ; la chair est si fragile, mais
impertinent... Ah ! jamais*. Elle se mit à pleurer. Je
croyais les femmes de cour plus aguerries ». Il ne savait
pas et il ne se rendit jamais compte que leur bouclier,
c'était le silence de leurs amants sur les faiblesses
dont elles les avaient favorisés. Un Lauzun n'avait
pas l'idée de ces impairs. Mirabeau n'était, auprès de
ce galant homme, qu'une machine à galanterie. Il
n'était point fat cependant, et le sentiment de sa laideur, dont il se fit plus tard un avantage, gênait son
maintien, quoique sans le déconcerter. En visite chez
Madame Elisabeth, sœur du Dauphin, il fit bonne mine
aux rires de toute l'assistance quand l'espiègle petite
princesse, effarée par ses coutures, lui demanda s'il
avait été inoculé.

Le duc d'Ayen abrégea pour son jeune parent la formalité des preuves de noblesse préalable aux présentations. Les Mirabeau figuraient dans ce qu'on appelait en Provence le *mauvais livre* où étaient inscrites les familles nobles entachées de *jaunerie* ou alliances juives ; et le généalogiste Chérin était saisi de quelques mémoires ou dénonciations dont il prolongeait la vérification. La Provence, disait-il, à elle seule fournissait plus de libelles et de mémoires de cette sorte que tout le reste du royaume. Encore, en devait-on tenir compte.

Dès les premiers jours de mars, M. le comte de Mirabeau montait dans les carrosses du Roi, le suivait à la chasse et soupait avec lui. Il avait été reçu auparavant chez le duc d'Orléans, le prince de Condé et les autres princes, et invité à leurs dîners, soupers, bals, etc... Il était guidé, secondé ou patronisé par un gentilhomme de sept ans plus âgé que lui, un des plus sages et réputés jeunes hommes de son temps, au dire du marquis de Mirabeau, toujours infatué des jeunes gens qui l'admiraient, le marquis de la Gueuille, cousin germain du marquis du Saillant. Ainsi tout lui réussit à souhait.

« Ton neveu est trois jours par semaine à Versailles », racontait au bailli le marquis un peu échaudé par la dépense de cette « besogne à la mode », mais qu'il regardait comme une bonne affaire au futur pour son drôle. « Il n'usurpe rien et atteint tout, attrape les entrées partout. Tout le monde est son parent, les Guéménée par les Carignan, les Noailles le portent, ils le trouvent tous fol comme un jeune braque. M<sup>me</sup> de Durfort dit qu'il démonterait la dignité de

toutes les cours nées et à naître, mais ils trouvent
qu'il a plus d'esprit qu'eux tous, ce qui n'est pas
habile. Quand on me dit pourquoi je le laisse aller
si jeune à Versailles, je réponds : « Là il n'extrava-
« guera qu'en bonne compagnie soi-disant... Au reste,
« depuis cinq cents ans, on a toujours souffert des
« Mirabeau qui n'ont jamais été faits comme les
« autres. On souffrira encore celui-ci. » Je te promets
en outre que celui là ne descendra pas le nom. »

Des Mirabeau depuis cinq cents ans! L'orgueil
nobiliaire du marquis ne lui faisait-il pas perdre la
mémoire? Il s'en fallait bien qu'il se fît jamais illusion
sur l'antiquité de sa « race » et de son « nom ». Mais
des exclamations de ce genre, qu'il ne réservait naturellement pas au secret de la correspondance domestique, pouvaient faire illusion à d'autres qu'il s'agissait
de séduire. Le marquis préparait un mariage pour
son fils ; il disait avoir « dans la manche les deux
cabales contraires pour lui faire épouser un parti qui
l'eût rendu beau-père du prince de Rochefort ». C'est-
à-dire qu'il eût épousé, la sœur cadette de la princesse Françoise-Dorothée d'Orléans-Rothelin, alors
dans sa dix-neuvième année et qui, douze ans plus
tard seulement, épousa un Cossé-Brissac, fait duc de
Cossé pour la circonstance. Elle ne devait pas être
bien jolie !

Mais « au lieu de cela ce fol alla s'offrir en mariage à
une demoiselle de Normandie, pour l'avoir vue au
bal... » ; et cette démarche ayant été désapprouvée, il
refusa de se prêter à l'autre. Le désappointement du
marquis fut vif; il reprit son fils en méfiance, lui fit
grise mine et songea à s'en séparer de nouveau.

D'ailleurs, Mirabeau, sans égard aux continuels embarras financiers de son père, ne cessait de l'irriter en lui demandant avec instance l'achat d'un régiment... Il ne voulait plus reparaître à la légion de Lorraine pour y reprendre, en mettant ses galons de capitaine dans sa poche, un service de sous-lieutenant. Tel était pourtant l'état auquel son père entendait le ramener en lui obtenant toutefois du service actif et des appointements. Mais c'était une « grâce » que de permettre à cette sorte d'officiers à la suite de joindre leur corps et de s'y employer autrement qu'à leurs frais. Malgré l'appui de Mesdames, filles de Louis XV, le marquis ne pouvait pas obtenir qu'on dérogeât pour lui à la règle commune. Il fut question un moment de renvoyer Mirabeau en Corse et puis de le mettre au service de l'étranger avec M. de Viomesnil. Ces projets échouèrent eux aussi. « On ne sait que faire en vérité de la jeunesse qui a de l'âme », écrivait en vain le marquis, et ne sachant que faire de son *Ouragan :* « Soyez laboureur ! lui commandait-il. » Puis il le poussait par économie dans les bibliothèques où il travaillait et bouquinait sans plan ni méthode, mais avidement, dans la société de Gibelin et du poète Lefranc de Pompignan.

Au moins, Mirabeau eût-il aimé à faire son début d'écrivain et à imprimer cette histoire de Corse, au succès de laquelle il avait eu le bonheur d'intéresser le bailli et dont le colonel Buttafoco et les députés des trois États de l'île réclamaient instamment la publication. Le marquis en détenait le manuscrit et refusait de s'en dessaisir. Il invoquait plus tard les revendications dont ce travail avait été auprès de lui

l'objet de la part d'un abbé du pays qui en avait fourni
les éléments et rédigé peut-être un premier essai.
Mais sur le moment, il n'opposait au vœu de son fils
et des Corses que l'autorité piquante ou tranchante
de son jugement, où Mirabeau percevait une arrière-
pensée inavouable, une jalousie de maître à disciple
trop bien doué. « Oppressé de la vérité », il lui échappa
de dire au marquis : « Mais mon père, quand vous
n'auriez que de l'amour-propre, mes succès seraient
encore les vôtres. »

Pour se consoler de son impuissance, il se rejetait
dans la dissipation, autant du moins que le lui permettait tantôt le peu de ressources et tantôt aussi le
peu de forces que de premiers excès lui avaient laissé.
Il n'était pas depuis deux mois lancé dans le monde
qu'il s'y était prodigué au point de donner des craintes
pour la perpétuation de sa lignée. Le marquis prévoyait déjà qu'il pourrait être amené à transmettre à
son cadet le sceptre et les devoirs commis par nature
à l'aîné. Il écrivait au bailli (2 avril 1771) : « Du train
dont va l'Ouragan, qui bientôt aura, je crois, sauté la
Cour et la Ville, la queue pourrait bien être demeurée
en lanières aux buissons, et Boniface, sur lequel j'eus
toujours des vues, avoir besoin d'être conservé. »

Le renvoi de Choiseul, l'exil des parlementaires en
avril 1771, qui avaient comme retranché les princes
de la maison royale pour les confiner à Villers-Cot-
terets et à Chantilly, ainsi que des factieux, et qui
proclamaient le triomphe de la Du Barry et l'abaisse-
ment de la dignité royale avaient surexcité jusqu'à
l'extravagance la licence des mœurs en même temps
que celle des propos. Il régnait à Paris, à Versailles,

à Compiègne, malgré la rigueur extrème de l'hiver et le malheur du peuple, une folie de divertissements dont rien ne semblait avoir approché encore, et auquel la trop jeune et imprudente Dauphine, en s'y associant avec son entourage encore respectable, gardait l'apparence d'honnêteté et d'innocence même la plus favorable au déportement général. C'étaient les proverbes mis en quadrille dans les sociétés et à l'Opéra ; c'étaient les traîneaux dans les promenades, qui étaient les occasions et les prétextes de ces libertés nouvelles données à la galanterie. On finissait par se mêler et se lier sans se connaître, et il suffisait à des filous de porter des habits magnifiques pour gagner les entrées de la Cour et du monde autrefois les plus sévèrement gardées ; et durant les fêtes du mariage du comte de Provence, en mai 1771, il se commit ainsi des vols considérables d'argent, de pierreries, de bijoux. Comme on trichait jusqu'aux tables de jeux du roi, des princesses, etc., quelques seigneurs authentiques en participant à ces coups de main détournaient peut-être la méfiance qu'on eût dû avoir en ce monde si fermé, à la vue de personnages inconnus et trop familiers.

On ne sait au juste de quelles bonnes fortunes en ce tohu-bohu Mirabeau hardi, bec doré, musicien et chanteur de talent, infatigable d'invention et d'exécution put enrichir sa liste déjà innombrable de victoires. Il en eut à coup sûr beaucoup plus qu'il n'en a nommé ; mais celles qu'il a nommées les eut-il ? défions-nous de sa forfanterie et de son envie de surpasser Lauzun, redevenu son modèle, comme naguère en Corse ? Je ne crois pas toutefois qu'il fût de la société habituelle de jeunes gens, dont Lauzun, Coigny, Fronsac étaient les boute-feux ; il n'était pas d'assez grande maison et, pour mener grand train, la magnificence des vêtements et la prodigalité de l'argent lui étaient interdites. D'autre part, il paraît avoir fréquenté plutôt leurs femmes qu'eux, et c'est auprès d'elles qu'il s'est targué de ses plus avantageux succès.

La duchesse de Chartres dédaignée de son fol mari et la princesse de Lamballe, jeune veuve consolée (en tout bien tout honneur), formaient une société fort gaie mais sans dissipation et que la médisance n'effleurait qu'à peine... Mirabeau se vantera pourtant un jour d'avoir eu les faveurs de la plus vertueuse, M$^{me}$ de Lamballe. Dans un autre cercle, la princesse de Guéménée et M$^{me}$ de Lauzun, toutes deux négligées alors pour une belle rivale, M$^{me}$ Dillon, vivaient dans une étroite amitié, à laquelle avaient part des femmes un peu décriées, la duchesse de Liancourt, M$^{me}$ de Marigny et M$^{me}$ de Genlis. Mirabeau invoquera plus tard les tendres souvenirs laissés à plus d'une dans ce cercle, à M$^{me}$ de Guéménée en particulier... Il n'y avait rien d'incroyable ; mais il n'y a rien de prouvé.

Toutefois, les circonstances dans lesquelles Mirabeau fit état de ces passades et passionnettes, et l'intrigue extraordinaire à laquelle il prétendit faire servir de tels souvenirs, nous remettront prochainement sous les yeux ce détail dont il suffit ici de laisser prévoir l'intérêt.

Les fréquentations de Mirabeau parmi la jeunesse étaient plus certaines et plus intimes dans un rang moins relevé où ses modiques ressources et un certain penchant à la compagnie médiocre lui donnaient ainsi plus de facilité à entrer et à dominer. Un de ses amis de ce temps-là était un jeune libertin aussi étroitement surveillé que lui par sa famille, M. de La Tagnerette, à qui sa naissance mystérieuse attirait de la faveur de la Cour. Ils faisaient ensemble des orgies de jeunes gens avec des filles du commun chez un boulanger et ils allaient aussi ensemble à l'Opéra ; quand Mirabeau l'y entraînait : « Me pouvez-vous garantir, lui disait La Tagnerette, que Madame ma mère ne me battra pas ?

Qui était cette La Tour du Pin « qui parlait mieux que qui que ce soit au monde de sensibilité, de délicatesse, d'amour, de passion » et dont la confidence sur sa liaison avec Mirabeau lui procura celle de M<sup>me</sup> Carrouge et de la Brémond ? Était-ce cette marquise de La Tour du Pin, née de Louis XV et de Morphise, le modèle de Boucher et qui était l'enfant du roi qui lui ressemblait le plus ? M. de La Tagnerette à ce qu'il paraît ne lui ressemblait pas mal non plus. Cette sorte de gens, quel que pût être leur crédit en certains milieux, demeurait en marge de la société véritable et se commettait sans cesse avec les pires « espèces ». Mirabeau n'y pouvait trouver que des aliments pour l'intrigue la plus vulgaire et aucuns pour sa fortune véritable ; et comme il s'y complaisait, force lui était de s'y retourner sans cesse vers son père pour lui demander des ressources et l'emploi utile de ses talents.

Pour la troisième fois. il se vit refuser l'achat d'un régiment ou même d'une compagnie ; et le marquis lui chercha pâture loin de lui, car il ne le pouvait plus souffrir auprès et il confiait ainsi sa lassitude au bailli :

Cliché Tallandier

**MIRABEAU**
gravure de FIÉSINGER, d'après J. GUÉRIN

« Ce jeune homme a la société rude et fatigante, un
entêtement, un décisif, un chaos dans la tête qui ne
sera jamais débrouillé, parce qu'il n'a que des aperçus
de mémoire comme de tout le reste. Il ne doute de
rien et ne sait seulement pas exactement son propre
nom (il l'écrivait en effet Riquetti et non Riqueti,
comme son père) et, comme il lui est défendu d'avoir
jamais aucune notion nette, il sera toujours insupportable et indubitable. c'est moi qui te le dis ; au
reste beaucoup de perspicacité et, je crois, un talent
rare pour son métier [d'officier] suranné et aussi passé
de mode que les tournois, et, sur cet article, de grandes
parties. Mais au fond je crains que le calmer et
l'éteindre ne soient à peu près tout un. Dieu est sur
tout. »

Une semaine après, comme il fallait s'y attendre,
la coûteuse carrière de Paris était enfin close, et son
père reprenait : « Mon fils est parti pour le Limousin. »

Ici, Mirabeau retrouvait la suite à parachever de
ses travaux économiques et le genre de plaisir sensuel
qui lui était aussi nécessaire que les services violents,
car il était sujet comme sa mère aux coliques néphrétiques. Le dépit de n'avoir rien obtenu de décisif à
Paris, l'envie de gérer les grands domaines de son
père en Limousin et de s'attirer par là la confiance de
sa mère pour obtenir la gestion et la donation désirées,
et la reconnaissance pour les bons procédés dont il
avait été l'objet de la part du marquis de la Gueuille
lui inspirèrent de demander à celui-ci la main d'une
de ses sœurs. De la Gueuille était par la mort de son
père, en sa qualité de fils aîné, le chef d'une famille

nombreuse de frères et de sœurs, et sans nul doute la fortune y était-elle médiocre.

Mirabeau s'en vint au Bignon pour avoir l'assentiment de son père qui, déjà consulté par lettre, n'avait dit ni oui ni non, en ordonnant d'y réfléchir. Mais pour le coup, pressé de raisons, il refusa « sèchement », malgré son embarras vis-à-vis la noble façon d'agir de M. de la Gueuille et il se débarrassa de son fils en l'envoyant en Provence où il avait de délicates affaires à régler avec ses vassaux. Mirabeau sentit qu'il perdait son père en le quittant. Il fit part de ses angoisses au bailli qui était alors au Bignon et le bailli essaya de le rassurer en lui promettant son secours et sa vigilance et en l'engageant à se marier, et à se marier en Provence. Le marquis consulté encore à ce sujet demeura dans le vague, ne voulut rien encourager. Il avait sans doute en tête de ramener son fils à M<sup>lle</sup> d'Orléans afin d'acquérir lui-même plus de crédit auprès de la comtesse de Rochefort, du duc de Nivernois et de M. de Maurepas dont on reparlait toujours pour le ministère.

En passant à Lyon, Mirabeau retrouva son cousin, le jeune comte de Gruel, qui l'exposa « à des tentations séduisantes » auxquelles il ne sut pas résister. Encore mieux qu'au temps du chevalier de Grammont, il y avait à Lyon d'aussi bons traiteurs qu'à Paris et d'aussi jolies demoiselles du monde ; et cette escapade lui coûta d'autant plus cher qu'il fut forcé d'emprunter pour faire honneur à tout. Il ne lui était toujours assigné qu'une pension de cent louis inexactement payée. Son père qui se méfiait, l'avait fait espionner et, mis au courant de la distraction et de ses suites, il

se fâcha et tança rudement le coupable qui en prit du
noir, selon sa nature : « Je vis que j'aurais toujours
tort, dit-il, parce que je n'étais point aimé. » Il ne
l'était plus guère en effet. De ce moment, le marquis
reprit avec lui son style et ses procédés d'autrefois,
n'approuvant plus rien, mécontent de tout. Quant à
lui de sombres pressentiments pouvaient l'agiter.
Après deux années de bonne conduite continue et de
succès difficiles, il n'était pas plus avancé qu'auparavant, il avait reperdu même du terrain, la confiance
de son père se retirait visiblement de lui, enfin il allait
s'ouvrir la plus longue et la plus pénible carrière de
sottises, de déboires, de malheurs, de persécutions.

La tâche à laquelle le marquis l'obligeait sur ses
terres n'était pas sans doute contre ses principes, car
il n'en avait pas encore de très libéraux ni de très
fermes ; mais elle était opposée à sa nature vraie, à
ses sentiments ; et d'ailleurs s'il mordait aux affaires
et à l'agriculture comme à tout, sans en démordre,
il ne les aimait point. Il s'agissait de départager sur
l'étendue pierreuse de Mirabeau les terrains commu-
naux d'avec les seigneuriaux et, sur ces derniers, d'ôter
aux paysans la jouissance de certains droits d'usage
mal définis, fondés sur une antique tolérance, habitude
ou coutume, et dont le maintien même réduit était ruineux pour le seigneur en particulier, par le déboise-
ment et le dessèchement du sol qui en résultait. Les
troupeaux de chèvres détruisaient ce que les coupes
avaient sauvegardé. Les communautés de Mirabeau
refusaient d'observer la police des bois établie par
l'Ami des Hommes et engageaient des procès où leur
race chicanière et parleuse excellait et où ils étaient

assurés de l'appui de tous les robins et administrateurs municipaux issus du tiers état et élus par lui. Le futur tribun du peuple qui malheureusement n'avait toujours pas auprès de lui l'autorité et le conseil de son oncle, en séjour à Paris, s'abandonna à sa hauteur et à sa violence ainsi qu'aux conseils irritants du curé de Mirabeau, détesté de nombre de ses ouailles qui lui refusaient la corde pour sonner les cloches et l'accusaient d'*être la poison* de tout, se déclara tout de suite l'avocat et l'exécuteur des prétentions paternelles sans nulle concession et même en bravant par ses propos, ses menaces, ses gestes, le soulèvement populaire. Martin-bâton accourt..... Il se lève, frappe l'un, fait sauter le chapeau d'un autre et n'intimide personne ; mais le décoiffé ayant fait observer qu'il n'avait pas pris garde à la présence de M. le Comte (il lui tournait délibérément le dos) et ayant remis son chapeau sur la tête, ajouta qu'il ne lui devait rien, qu'il ne le reconnaissait pas encore pour son seigneur et que celui-ci n'avait qu'à hasarder de lui faire tomber une seconde fois son chapeau pour voir beau jeu. M. le Comte jugea bon de se retirer sur ce compliment, remettant à plus tard sa vengeance. Elle tarda environ trois mois et ce fut à la maréchaussée qu'il en confia l'exécution ; elle appréhenda l'insolent mais dut le relâcher, et c'est fort gratuitement, peut-on croire, que Mirabeau se fit honneur d'avoir empêché qu'on le pendît. Naturellement, le marquis de Mirabeau blâma sa faiblesse, railla son échec qui ne laissa pas de réjouir beaucoup de monde. Pourtant lui opposait plus tard Mirabeau : « J'ose dire que je m'y conduisis avec une sagesse au-dessus de mon âge, non assurément que je ne fusse poussé par des conseillers assez violents ; la province s'étonna de mon procédé. Un de nos parents dit au milieu d'un grand cercle : *Je n'aurais jamais cru que du sang de macreuse coulât dans les veines d'un Mirabeau.* Vous savez si c'est à la lenteur de mon sang qu'il fallait attribuer ma modération. J'obtins tout le succès que je pouvais désirer. » Mais lequel ? Finalement le marquis vit casser ses ordonnances et ses vassaux l'emporter... C'étaient déjà de vrais républicains et Mirabeau était encore très gentilhomme d'ancien régime. Nous connaissons d'ailleurs ses sentiments à ce sujet par ses conversations de l'année précédente avec son oncle le bailli, que celui-ci rapportait ainsi au marquis (25 août 1770) : « Tu le trouveras, si tu tentes de découvrir ses idées, pensant comme moi relativement à l'ordre féodal qu'il regarde, ainsi que moi, comme le seul qui puisse empêcher une monarchie d'être un despotisme oriental, parce qu'ainsi que moi il sent que cette espèce de respect attaché à des races dont plusieurs se tiennent entre elles et font une sorte de tribu, est le seul qui puisse mettre en considération un homme à qui la plus vile portion de l'humanité persuade continuellement sa toute-puissance. Je crois encore comme lui que le respect et les devoirs qu'une certaine partie du peuple doit à un tel seigneur se fait, pour ainsi dire, sentir jusqu'au monarque et le met en considération. Ce serait matière à un livre ; aussi je ne dis plus rien si ce n'est que cet ordre, dont on peut abuser cependant, est le seul frein du despotisme. Mais les écrivains sont communément des plébéiens, tirés de la vraie occupation de leurs semblables, espèces de parvenus, et presque toujours citoyens des grandes villes. En voilà bien plus qu'il n'en faut pour voir les objets bien différents de ce qu'ils sont. Le cœur et l'esprit de cette sorte de gens, quoique bons en eux-mêmes, sont toujours au moins embarrassés. »

Il fallait encore à Mirabeau beaucoup d'épreuves, de misères, où la plume et la parole feraient plus pour sa défense que l'épée et les privilèges de caste, pour s'attacher et lier sa fortune à celle de ces « espèces de parvenus », se défaire des préjugés nobiliaires, dont il lui restera d'ailleurs toujours la vanité et pour penser ce qu'il écrivait six ans plus tard, au donjon de Vincennes : « Je me moque de ma naissance. Je suis un homme de qualité comme tant d'autres et bon gentilhomme comme ils ne le sont pas tous ; mais de tous les hommes de qualité du monde, je n'en connais pas qui vaille les grands écrivains qui ont gagné leur vie avec leur plume. Et quelle plus noble et plus légitime propriété que celle de ses pensées ? »

Fort découragé par la résistance de ses futurs vassaux et le mécontentement décidé de son père, dès la mauvaise saison venue, il descendit volontiers à Aix pour hiverner, suivre ses procès, jouir des plaisirs de la société et s'y marier enfin. Dans son isolement sur les domaines paternels, il avait renoué et rendu si étroite sa tendre liaison avec la marquise de Limaye sa parente et voisine qu'ils gagnèrent ensemble leur petite capitale, et elle l'y hébergea chez elle. Une de Limaye sentait mieux que personne combien le mariage était nécessaire à son jeune cousin. C'était la couverture honnête et indispensable des *arrangements* que le monde le plus sévère admettait et à la faveur desquels les époux se désunissaient pour vivre chacun de leur côté, sans toutefois se séparer. Elle ne doutait point de retrouver Mirabeau sans partage aussitôt après le temps exigé donné par les bienséances au bonheur et au parfait accord des nouveaux mariés. D'autre part elle l'aimait assez et assez sagement même pour ne le pousser qu'à faire un riche et flatteur établissement. Or, à point nommé, le plus grand parti de la province, M^{llo} de Marignane, qu'on avait dit un an plus tôt fiancée à M. d'Albertas, se retrouvait libre d'engagement envers de nombreux prétendants, et Mirabeau pouvait se remettre sur les rangs.

# VI

## LE MARIAGE

M^LLE de Marignane, — Émilie, — était-elle vraiment « affreuse de figure? » J'ai retrouvé son portrait. Elle avait la physionomie douce, enjouée, spirituelle, un teint chaud, d'abondants cheveux noirs, et d'assez beaux yeux, noirs aussi, et tendres et parlants ; le nez commun, mais bien ailé, la joue polie, le menton arrondi à souhait sur un beau col, enfin la poitrine ample et pleine. La bouche n'était pas un écrin sans défauts ; mais elle se fermait avec art sur des dents mal plantées et des canines trop longues ; la tendresse ou la malice l'endiablaient le plus souvent ; ou bien elle était une source d'intarissable harmonie. Enfin, Émilie était petite, mais la taille bien prise en dépit d'une légère déviation. La voilà peinte, à peine flattée ; point belle et pas même jolie, mais mieux que cela : plaisante, attrayante, et sur les tréteaux, comédienne et cantatrice sans pareille. Qu'ont à faire les rossignols d'être beaux? on les écoute, et ils enchantent. Avec cela, fille unique, promise à la plus grande fortune de Provence.

Après la musique et la comédie, c'étaient la fantaisie, le changement, l'apparat, les plaisirs, qu'elle

préférait, et Mirabeau avait la passion de tout cela ;
il était tout cela lui-même, avec ostentation et turbulence. Maître en tous les arts d'agrément, causeur
étourdissant, amuseur inventif, compositeur original,
bon rimeur. Ne lui voyait-on pas aussi des talents
et une ambition capables de le mener à tout ? Mais
rien en lui peut-être ne séduisait mieux Émilie que
sa voix flexible, pleine, étendue, pénétrante et mâle.
Aussi avait-elle un accent bien différent selon qu'elle
mariait sa voix à la sienne, ou à celle de sa maîtresse
de chant, dans leur duo favori de ZÉLIS : *Formons
des chaînes éternelles...*

Une de ses amies, Julie, la seconde fille de M^{me} la
comtesse de Vence, lui eût volontiers disputé les
préférences du jeune comte, et ne s'en cachait pas :
quel jeu, quel plaisir, que de le lui enlever ! d'autant
plus que ce n'était pas jouer à coup sûr. Mirabeau
n'admirait, ne respectait, ne chérissait aucune femme,
autant que M^{me} de Vence. Aucune n'en était plus digne ;
elle était sa Minerve ou son Egérie ; il soumettait
filialement à son influence et à son jugement sa conduite, ses desseins, ses premiers ouvrages ; il se
sentait meilleur et plus fort auprès d'elle. Il trouvait
aussi très désirable Julie de Vence sans oser toutefois rien entreprendre, parce qu'elle était fiancée au
fils du marquis de Tourrettes. Grande comme une
poupée, la dépeignait-il, mais faite au tour, et toute
sorte de grâces et d'agréments ; vraiment singulière
par l'esprit dont elle pétille ; la moins aimée de sa
mère, dont elle flattait cependant davantage l'amour-
propre, et douée pour prendre sur tout le monde,
« son amant seul excepté », tout l'ascendant qu'elle

voudrait avoir. « Si M. de Tourrettes vous pèse, lui
disait sa mère, Mirabeau vous incendiera ». Mais elle
le lui disait en vain. Julie préférait l'incendie à l'acca-
blement. La vue de cette passion contrariée éveillait
le désir, piquait la curiosité d'Émilie, non moins sans
doute que les singulières louanges de la comtesse de
Vence elle-même, quand on la mettait sur le propos
du comte et qu'elle en faisait ce portrait pour détourner de lui l'espoir de sa fille : « Force de tête, génie
vigoureux, élocution charmante, enjouement aimable,
mais que de fougue ! ses passions fermentent à gros
bouillons. Belle âme, bon cœur, imagination brillante,
raison saine ; et tout cela, dangereux, altéré, raboteux, faute de quelque vingt années de plus.
Patience... »

A quoi bon ? plairait-il davantage, une fois refroidi,
poli, nivelé par la dure et commune expérience ? Sa
laideur même n'était pas que laide. Et d'abord, elle
le rendait un peu craintif, elle l'empêchait d'être fat.
Au reste, derrière ses coutures de petite vérole, il
n'y avait pas que les yeux bienveillants du bailli son
oncle pour voir « du fin, du plaisant, du gracieux
même ». Ses regards couchants, posés sur une femme,
la ployaient comme un faible jonc. Ses exploits amoureux lui faisaient une renommée. Ses prodigalités
éblouissaient. Sa hauteur déconcertait, et sa familiarité désarmait.

Aussi, à peine arrivé à Aix y avait-il laissé paraître
ses visées, qu'il trouvait maints concours imposants, maints négociateurs empressés, sûrs d'eux-
mêmes, désireux de se faire un succès personnel de
celui de sa demande. Le plus zélé, vraie mouche du

roche, M. de Clapiers, était un ami familier du bailli
de Mirabeau. Le bailli faisait peu de cas de son esprit,
tout en aimant ses bavardages et en appréciant sa fidélité. M. de Clapiers ne voulait pas être devancé ; il courut sans préparation chez le marquis de Marignane,
lui offrit son prétendant et fut refusé. C'était l'affabilité et la nonchalance en personne que M. de Marignane : mais il avait promis sa fille au jeune marquis
de la Valette qui lui plaisait ; il lui voulait tenir
parole. Mirabeau attribua naturellement son échec à
la sottise de M. de Clapiers, et il en fit part à son
père dans cette idée-là. Le bailli, qui avait jusqu'alors
défendu contre le marquis ce projet de mariage, ne
souffrit pas qu'il eût échoué par sa faute ou, ce qui
revenait au même, par la faute de son officieux ami ;
il préféra croire à quelque imprudence folle de son
neveu, et le désavoua sans ménagement, à tout
hasard. Cette volte-face combla d'aise l'Ami des
Hommes. Il détestait en M. de Marignane un homme
plus fortuné et mieux considéré que lui en Provence
et qui avait refusé d'y être le zélateur de sa « science
économique ». Il était plus que jamais au regret de
l'alliance qu'il avait préparée pour son fils avec
M<sup>lle</sup> d'Orléans-Rothelin. Maintenant que l'affaire était
manquée avec M<sup>lle</sup> de Marignane, il pouvait se donner les gants de ne l'avoir pas contrecarrée et d'en
avoir même apprécié les avantages. Il répondit sèchement à son fils « que toutes ses démarches étaient
dignes les unes des autres, et qu'il avait perdu sa
fortune par sa faute ».

Mirabeau se laissa prendre et piquer au tour cauteleux de cette phrase de son père ; et, dit-il, « il

entreprit de renverser un mariage plus que fait, pour lui prouver qu'il ne l'avait pas manqué par sa faute. » Huit jours après, en effet, M. de la Valette était éconduit, et lui-même rentrait en lice, avec des avantages secrets, mais décisifs, et soutenu par une cabale puissante dans l'entourage habituel de la jeune fille. Pourtant, il ne s'y retrouvait pas seul. Nombreux, fortunés, brillants, étaient ceux qui se représentaient avec lui. Chacun d'eux était assuré de pouvoir tenir beaucoup plus qu'il ne pouvait promettre, encore qu'il ne se fît pas faute d'annoncer beaucoup plus qu'il savait ne pouvoir jamais apporter. L'un était le fastueux comte de Valbelle, l'ancien ami de la Clairon, qui avait cinquante mille écus de rente et qui tenait en son château de Tourves, véritable palais à l'antique, une fameuse cour d'amour, où la meilleure société de la province n'était pas admise sans choix, de peur que nul n'en vînt troubler les délices. Mais le premier, M. de Valbelle renonça sans trop de peine à M<sup>lle</sup> de Marignane; sa maîtresse, M<sup>me</sup> des Rollands, reine de cette cour, jetait les hauts cris ; elle n'entendait pas être répudiée. Un autre était le jeune marquis de Grammont, beau comme son nom, promis à cent mille livres de rente et dont le père destinait à sa belle-fille des diamants estimés quarante mille écus. Le vicomte de Chabrillant avait un régiment et trente mille livres de revenu. Le marquis de Caumont était riche et plusieurs terres destinées à lui échoir confinaient à celles de M. de Marignane.

M. d'Albertas était le fils non moins fortuné du marquis d'Albertas, devenu le premier président du

nouveau Parlement, où lui-même était installé comme
avocat général. En Provence, la meilleure noblesse
ne dérogeait pas à porter la robe. Enfin, il y avait
toujours M. de la Valette, qui n'était ni riche, ni
peut-être même marquis, mais que M. de Marignane
aimait et ne pouvait se résoudre à écarter ; les articles
du contrat étaient convenus avec lui, rédigés, sur le
point d'être signés.

Vint le jour de cette signature. « On est tout
étonné, raconte Mirabeau, de voir M<sup>lle</sup> de Marignane
tervigerser. La cour d'amour sait bien d'où le coup
part. On cabale avec fureur contre moi ; je n'en
tiens pas compte. La Valette se répand, dit-on, en
propos sur ma naissance, mon personnel, ma fortune ; je prouve que La Valette n'a pas même l'honneur d'être *jaune*, comme on disait, car il n'est pas
gentilhomme ; qu'il a et aura à peine 12.000 livres
de rente. M<sup>lle</sup> de Marignane dit : J'ai promis, monsieur, mais c'était sur un faux exposé ! — Qui peut
avoir l'audace de dire cela ? — La grand'mère, de
son ton de fausset : C'est le comte de Mirabeau,
Monsieur, qui m'a prié de le nommer. M. de la
Valette partit le lendemain. La cour d'amour fut un
peu plus qu'enragée... Eh bien, j'eus l'effronterie
de m'épauler d'eux tous, et j'en avais besoin : car il
fallait violenter M. de Marignane. »

A la première déclaration de sa fille qu'elle
n'épouserait pas de M. de la Valette, M. de Marignane avait signifié : « Eh bien, vous ne l'aurez pas ;
mais comme je ne veux pas de M. de Mirabeau, vous
ne l'aurez pas non plus. » Il pensait être ainsi de
l'avis le moins contrariant, de l'avis de tout le monde.

Mais quand il entendit sa mère, l'irritable et querelleuse douairière de Marignane, et ses propres sœurs guère moins tracassières, et sa volontaire maîtresse, M<sup>me</sup> de Croze, et la reine de la cour d'amour, M<sup>me</sup> des Rollands, lui siffler un air différent, il s'étonna, mollit à sa coutume, et s'en revint demander à sa fille quelques raisons valables pour lui de s'accorder au vœu commun. Sans doute n'avait-il toujours nul attrait pour ce prétendant audacieux, trop connu pour sa turbulence et son dérangement, et dont il n'aimait ni le père ni l'oncle, deux mauvaises langues ; mais n'était-il pas offensé de la réserve dédaigneuse de ceux-ci, qui affectaient tantôt de désavouer les démarches de leur héritier et tantôt de les avilir, en démentant les promesses faites en leur nom ? Il ne savait même pas le dernier mot de ce chapitre, le plus vilain. Il ignorait que, mis au courant par son fils de son retour de chance et de sa réussite possible, le marquis de Mirabeau, pris à son piège, lui avait ordonné de quitter Aix sans délai, « à faute de quoi il le ferait conduire publiquement par la maréchaussée aux Iles Sainte-Marguerite » !

Mirabeau se crut le droit de désobéir à cet ordre. Mais il faut ajouter qu'il s'en était créé le devoir. Alors, cédant à son tour d'aussi mauvaise grâce qu'il put, son père lui transmit les propositions qu'il l'autorisait à faire à M. de Marignane. Elles étaient dérisoires, et si humiliantes même à lui présenter, que Mirabeau ne l'osa faire. Il s'en s'ouvrit d'abord en confidence à M<sup>lle</sup> de Marignane. Son père le nommait aux substitutions assez considérables qui étaient dans sa famille ; mais il avait déjà compromis, et c'était notoire, une grosse part de ce bien substitué, dont il se réservait au reste la jouissance complète. Il avait d'autre part défendu à sa femme de lui faire la donation générale de ses biens, qu'elle était disposée à consentir, mais sous des conditions que l'Ami des Hommes estimait trop onéreuses pour lui-même. Au bref et au total, celui-ci assurait à son fils un revenu annuel de 6.000 livres, destiné à croître d'année en année jusqu'à 9.000 livres. Quelle misère pour ce jeune seigneur, jactancieux, qui prétendait à la main de « la plus riche héritière de Provence en perspective » et qui se flattait non seulement de réunir un jour sur sa tête deux fortunes « immenses », mais de jouir bientôt de 50.000 livres de rentes !

« Mademoiselle, — lui avoua-t-il à peu près (car je le cite), — on ne nous donne pas de quoi vivre. Je me connais : je ne supporterai pas l'humiliation de vous voir au-dessous de votre état, de vos espérances, de vos désirs. Cet amour-propre m'entraînera très loin. Je m'endetterai ; je suis déjà dérangé; mon père est inexorable pour ces sortes de fautes; nous nous préparons mille et mille chagrins... Décidez... j'attends vos ordres ». Mais que pouvait-elle lui répondre, sinon « tout ce que la tendresse peut suggérer de plus courageux et de plus touchant? » Elle était alors, presque sans nul doute, entre ses bras, abandonnée à lui tout entière ; et ce don sans réserve, comment ne pas l'accompagner d'une confiance aveugle dans l'avenir? Quand même elle eût à ce moment mesuré soudain l'énormité de son imprudence, il était trop tard pour s'en dédire : sa facilité inexcusable lui était trop à reproche pour lui laisser la force d'accuser et de repousser le peu scrupuleux séducteur.

Mirabeau avait gagné une de ses femmes, qui l'introduisait de nuit dans l'hôtel de Marignane. Les palefreniers d'en face l'avaient pu voir à la fenêtre de la jeune fille, en débraillé, pendant que sa voiture stationnait à proximité. Elle était tombée sans peine dans le piège tendu à sa légèreté et à ses sens ; elle n'avait jamais eu sous les yeux que des exemples d'une semblable facilité. Son père vivait séparé de sa femme dans une liaison affichée avec M<sup>me</sup> de Croze. Il n'était pas d'ailleurs le fils de celui dont il portait le nom ; du vivant de son mari et veuve, la douairière de Marignane avait vécu en arrangement avec le marquis de Vence ; et c'était par cette peu vénérable grand'mère, devenue revêche et grondeuse, qu'Emilie avait été élevée, sans principes comme sans douceurs.

Toutefois M<sup>lle</sup> de Marignane, si libre et si hardie même de conduite, était, à l'image de son père, paresseuse et tremblante devant une situation difficile. « Elle avait des droits sur moi, dit Mirabeau. Je ne crus pas qu'elle dût me donner l'exemple d'oser ; j'allais porter à son père le message embarrassant dont j'étais chargé. Il en fut révolté, mais il se conduisit en galant homme. Il remit à me répondre après avoir parlé à sa fille ; il la pressa de lui dire comme à son ami quelle espèce de liaison était entre nous. Elle parla d'*inclination* ; il insista, elle persista ; je reçus un refus. Je devais m'y attendre, d'après la pusillanimité de sa fille. Elle me l'avoua et me pria de la réparer. Enfin ce mariage se conclut contre toute vraisemblance. » Il avait bien fallu aussi que

**EMILIE DE MARIGNANE, COMTESSE DE MIRABEAU**
tableau du temps

Mirabeau prévint M. de Marignane, avant la signature du contrat « qu'il avait environ mille louis de dettes, dont il lui importait d'être libéré pour pouvoir s'arranger sur son très modique revenu; et M. de Marignane, pour ne le point désobliger, ne mit pas un moment de doute qu'on ne consentît à les payer. » Cette réponse en pure affabilité suffit à rassurer Mirabeau. Mais qui payerait? assurément pas M. de Marignane, ni l'Ami des Hommes, ni le bailli... Et ces dettes étaient de la pire espèce?

Enfin, ce mariage sans amour, sans raison, sans argent, fut célébré le 23 juin 1772, à Aix, en l'église du Saint-Esprit, avec la magnificence voulue, mais qui pour Mirabeau devint ruineuse. Les invités composaient la plus noble et la plus brillante assistance; et, pour eux comme pour les époux, les noces durèrent huit jours, à se promener de château en château. L'usage en Provence était, pour les mariés, de remettre de petits cadeaux à leurs invités. Emilie en avait reçu de fort beaux; Mirabeau n'en voulut pas rendre d'inférieurs. Elle avait un riche trousseau en linge et dentelles, mais on ne lui avait donné qu'une robe. Mirabeau lui en offrit d'autres; il avait dû s'habiller lui-même, habiller sa livrée, et l'avait fait avec faste, sans compter. Emilie n'avait d'assuré au futur qu'un revenu annuel de 1.000 livres, mais au présent, point d'argent personnel; il lui fit une bourse, à laquelle s'ajoutèrent les cent louis qu'elle avait reçus du bailli de Mirabeau. Il eut à pourvoir en outre aux présents d'usage dans les communautés de Marignane et de Mirabeau. Tous ces articles formaient un total énorme, non compris

l'intérêt exigible de ses dettes antérieures... Comment
y eût-il pourvu sans les juifs ? Il leur engagea son
revenu de la première année, il leur emprunta le surplus ; puis continua de gaspiller avec fureur, désespérément. La gêne, dès ces premiers jours, l'avait contrarié, froissé, irrité ; il perdit le sens, la mesure, la
dignité ; aux plus tendres protestations il faisait
succéder tout à coup des violences de geste et de
langage qui effrayèrent Émilie, scandalisèrent sa
compagnie et le brouillèrent avec sa sœur Cabris,
seule à représenter sa famille aux cérémonies et festi-
vités nuptiales. Enfin, le ménage ainsi cahoté, après
de courts séjours à Marseille, Toulon, Hyères, se
rabattit sur le château de Mirabeau, où il fit une
entrée solennelle en carrosse le soir, entre deux rangs
de paysans porteurs de torches, par une route en
lacets taillée dans le rocher expressément pour cette
circonstance. En arrivant sur le domaine, Mirabeau
s'attendait à y trouver d'importants secours pécuniaires de son père ; au lieu de quoi son notaire lui
présenta un grimoire de 1.192 livres à payer pour
frais d'actes... Jusqu'alors, il avait fait argent de
tout pour le plaisir et pour l'ostentation. Non content de pourvoir aux occasions de se dissiper et de
faire éclater sa magnificence, il avait guetté, pro-
voqué ces occasions. Son excuse était dans sa
pénurie même, dans ses longues privations de tout,
à un âge où l'on se sent de force à posséder le
monde, où l'on voudrait plutôt l'élargir pour jouir
davantage. Il devait plus qu'un autre, pour plaire, se
singulariser par ses profusions. Enfin, il avait réussi.
Ce qu'il avais conquis, médiocre pour le présent,

était considérable pour l'avenir. N'allait-il pas se borner ? Cette contrainte répugnait à sa nature expansive et violente. Chaque déboire nouveau exalta sa folie de dépenses. Il était au bord de l'abîme, son père l'y délaissait, il s'y jeta les yeux fermés. Ses dettes firent boule de neige, dit-il. Il eût dû ajouter que la boule de neige fit avalanche. D'ailleurs, à l'exemple de tous les prodigues, il ne se laissait pas manquer de mauvaises raisons pour persévérer. La plus forte était son incapacité de contracter valablement : il était mineur jusqu'à l'âge de vingt-cinq ans, selon la coutume de Provence où le mariage n'émancipait pas, au contraire de la coutume de Paris. Le total énorme de ses dettes ne lui apparaissait jamais que vaguement, à quelques mille livres près, et réductible de la moitié, des deux tiers même, pour cause de minorité et d'usure. Il savait par cœur maints exemples de semblables réductions ordonnées par les tribunaux pour des dettes de même espèce, contestées par les familles des prodigues.

La décoration et l'ameublement du château de Mirabeau étaient surannés. Il entreprit de les transformer, et fit peindre et dorer le grand salon sur le modèle de celui du duc de Nivernois à Paris. « Partout, a-t-il reconnu, la dépense fut triple des devis ; dans le fait, elle était décuple par la manière dont je recevais l'argent pour y subvenir... Je m'efforçais de ne rien voir au delà du présent, d'étouffer ma mémoire et de détourner mes yeux de l'avenir. » Son agitation irrépressible s'exerçait enfin librement à créer, à mouvoir, à ordonner. Il aimait à se sentir l'animateur d'une multitude. Chasseur infatigable et passionné, il

achetait sans cesse fusils, chevaux et chiens. A l'office
du château, on donnait à boire et à manger à tous
venants ; il y avait pâtée dans la cour pour tous les
chiens des chasseurs de la contrée. Sa bienfaisance
n'était pas moins libérale : aux uns de l'argent, aux
autres des charges de blé. Il lui fallait coûte que coûte
des entreprises et des hommes à diriger, et il les préférait de la qualité la meilleure : des ouvriers et des
artistes, des libraires et des fournisseurs d'objets de
luxe. Il doublait, triplait ainsi et sa bibliothèque de
musique et de livres, et les diamants et dentelles
d'Émilie. Elle trouvait sans cesse de nouvelles robes
charmantes, faites à son insu, lorsqu'elle voulait
s'habiller. « L'amant le plus tendre, a-t-il dit, n'aurait pas porté plus loin ces sortes d'attentions envers
la maîtresse la plus chérie. »

Cependant, Mirabeau n'avait pas rompu ses liaisons
intimes avec sa cousine et voisine M^me de Limaye.
Les deux ménages joints à celui de M^me de Roquesante,
se réunissaient à peu près quotidiennement, pour
former de petits concerts de musique, jouer, promener, échanger des livres et des nouvelles. C'était
par magnificence naturelle, mais surtout pour couvrir
ses infidélités, que Mirabeau comblait sa femme de
présents. Elle était enceinte, il ménageait sa grossesse ; mais lui-même ne se ménageait plus assez.

A la jalousie d'Émilie se mêlaient de plus graves
motifs d'aigreur et de dissentiment. « Nous courons
après l'ordre et j'espère que nous le rattraperons »,
écrivait-elle à son beau-père avec la légèreté rieuse de
l'inconscience, deux mois après son mariage. Elle dut
au cinquième mois lui faire de tristes confidences.

Les sortilèges auxquels son mari avait eu recours pour soutenir ses dissipations insensées révélaient toute leur malfaisance. Découragée, atterrée, il devait lui imposer, lui tracer, les expressions d'une tendresse et d'une estime pour lui qu'elle ne ressentait plus, mais dont il avait besoin pour faire illusion encore à son père et à son beau-père ; en lui composant ce brouillon, il le trempait, il le brûlait de grosses larmes. Larmes de rage, non de repentir, puisqu'il ne s'amendait pas. M. de Marignane, averti, vint conférer avec lui au château de Mirabeau. Il l'y trouva investi par ses créanciers et ses ouvriers impayés, abandonné même par ses fournisseurs d'aliments, et lui persuada de quitter la place, de redescendre à Aix, chez la douairière de Marignane où son ménage, avec enfants et domestiques, pouvait, aux termes d'une clause d'affiliation inscrite dans son contrat, s'installer à toute époque, moyennant une pension de 2.400 livres. La grossesse d'Émilie l'y eût engagé un peu plus tard. Les femmes des Mirabeau faisaient toutes leurs couches à Aix ou à Pertuis. C'est ici qu'était né le futur Ami des Hommes.

Mais Mirabeau ne put se maintenir à Aix. Il avait beau avoir « la main encore plus légère à frapper qu'à donner », ses créanciers l'assaillaient, il ne les intimidait plus guère. C'était, au reste, la raison de vivre à la campagne. Il regagna le château de Mirabeau, mais seul, sa femme étant près de ses couches. Cette séparation ne leur coûtait rien. Tout leur était plutôt sujet de division. Il allait retrouver le voisinage de sa cousine M<sup>me</sup> de Limaye, pendant qu'elle retrouverait la société d'un jeune et beau mousquetaire gris, **M.** de Gassaud, pour qui, jeune fille, elle avait eu de l'inclination. La douairière et **M.** de Marignane, avec l'imprudence des gens habitués aux arrangements de cette espèce, hébergeaient ce mousquetaire, et lui avaient même donné une chambre qui n'était séparée de celle de la comtesse que par un cabinet de toilette.

Le 8 octobre 1773, elle mit au monde un fils, qui fut prénommé Victor comme son glorieux grand-père l'Ami des Hommes, cherchant, par cette attention, à flatter l'orgueil dynastique de celui-ci et à regagner sa confiance et ses libéralités.

Mirabeau n'avait pas assisté la comtesse dans cette première épreuve si redoutable et si douce. Il n'arriva guère que le surlendemain. Sa joie était extrême; mais sa détresse pécuniaire était si cruelle qu'afin de payer la layette et de pourvoir aux frais de circonstance, il se rengagea bon gré malgré lui en de méchants trafics, comme d'engager les diamants d'Émilie, de laisser tomber au creuset sa toilette de vermeil, don de l'Ami des Hommes, de brûler de vieux fauteuils dorés et de faire parfiler des crépines pour en tirer l'or, et de souscrire aux juifs de nouvelles lettres de change. Ses anciens créanciers se firent plus exigeants. Ils le menacèrent d'un décret de prise au corps. Un dernier refuge lui était ouvert. Une lettre de cachet, en le plaçant sous la main du roi, le pouvait rendre intangible à la justice réglée, lui éviter saisie et arrestation. Il fit entendre à son beau-père qu'il s'y résignerait, mais que le temps pressait, et M. de Marignane prit aussitôt l'initiative de la solliciter.

# VII

LES LETTRES DE CACHET

**L**E duc de la Vrillière, ministre qui délivrait les ordres du roi, était le voisin et ami du marquis de Mirabeau qui l'appelait familièrement *Dom Grognard*. Il fallut retenir son bras qui eût brisé le ménage, si on l'avait laissé faire ; or le marquis voulait d'autres petits-fils : « Il faut tirer race de ces gens de là-bas, disait-il ; le sang des Vassan s'épurera par celui des Marignane qui est doux. » Dom Grognard ne décerna donc qu'une lettre d'exil. Elle fut signifiée au prodigue le 28 décembre. Elle le confinait simplement au château de Mirabeau.

Dès qu'il fut en possession de cette sauvegarde, Mirabeau s'abandonna à son ressentiment contre son père, qui la lui avait assurée, et contre son entourage qui n'avait pas manqué d'y applaudir parce qu'elle l'humiliait, le punissait.

L'abbé d'Espagnac, son disciple et ami, guidait l'Ami des Hommes dans le dédale de la procédure ; il l'engageait aussi à ne pas laisser son fils dans la crise, à poursuivre l'annulation de ses dettes. Il en avait vu annihiler à la Grand' Chambre de Paris pour 300.000 livres, d'un fils de famille de Bordeaux, parce

qu'il n'était pas émancipé. Mais le marquis préféra
entrer dans la voie plus honnête de l'interdiction pour
dissipation démontrée ; elle réservait au moins les
droits des créanciers légitimes et des petites gens
dupés par son fol. Il commença par réduire celui-ci
et son ménage — soit, deux maîtres, leur enfant et
quatre domestiques — à la portion congrue, avec des
mesquineries de détail qui n'étaient que blessantes
sous le prétexte de ménager tout le revenu possible
au profit des créanciers : « Je suis ici dans la plus
douloureuse situation, mandait Mirabeau à M. de Limaye ; on vient de fixer ma femme, moi et mes gens
à 7 livres de viande par jour, 6 livres de pain bis,
3 livres de pain blanc, et je ne sais si mon cœur est
plus flétri ou plus irrité de toutes ces humiliations. »

M. de Gassaud avait suivi la comtesse, lorsque, ses
relevailles faites, elle rejoignit au château de Mirabeau son mari. Il ne se disait pas l'ami moins fidèle
de ce dernier. Il avait connu celui-ci chez l'Ami des
Hommes, en 1771, lorsqu'il faisait ses présentations
à la Cour et ses folies à la Ville. Le marquis estimait
beaucoup ce jeune homme beau, doux, sage, discret,
assidu à ses mardis ; et il le croyait « du bois dont on
ferait un jour un père de famille, homme d'un vrai
mérite ». Il plaisait moins à Mirabeau lui-même.
S'il s'accompagnait volontiers de M. de Gassaud à la
chasse et à la promenade, c'était pour le tenir écarté
de sa femme ; déjà sa jalousie avait pris ombrage de
leur intimité. Le fait que le mousquetaire prétendait
alors à la main d'une fille du marquis de Tourettes
ne suffisait pas à le rassurer : il en jugeait très sen-
sément d'après sa propre conduite au temps qu'il fai-

sait lui-même sa cour pour le bon motif à M<sup>lle</sup> de Marignane. Cependant M. de Gassaud, avec sa noble et
charmante figure, sa belle prestance et les traditions
friponnes de son corps, n'était point libertin. Mais ne
suffisait-il pas, auprès d'Émilie, qu'il fût naturellement d'humeur égale et douce, et qu'il eût le cœur
sensible et compatissant? Ils étaient aussi du même
âge ; et les distractions étaient rares, la solitude
affreuse au château de Mirabeau, hormis quelques
parties de concert, auxquelles s'associaient les Roquesante et les Limaye, et quelques promenades en ca-
briolet jusqu'à Pertuis et Manosque. Mirabeau, quand
il ne chassait pas, s'enfonçait avec rage dans l'étude
et formait des projets gigantesques, annonçait des
travaux immenses, conçus dans le goût de son père,
et d'où fût résulté, à l'en croire, le doublement des
revenus et de la population du domaine de Mirabeau.
Sinon, il querellait ou il visitait plusieurs fois par
jour M<sup>me</sup> de Limaye, sur le point d'accoucher, en
excipant de sa bonne amitié pour son fol et vieux
mari. Émilie lui reprochait-elle ces assiduités et lui
faisait-elle hardiment honneur de ce premier-né de sa
cousine? il lui opposait ses propres soupçons ; il
devançait les siens par des allusions malignes, des
conseils de prudence, des demandes d'explications,
une surveillance inquiète et même des questions à
ses femmes. Mais il restait sans preuves contre elle,
tandis qu'elle pouvait s'autoriser du dire général. Le
fait est que, cinq ans plus tard, le bailli de Mirabeau
déclarait ce « poussin » de M<sup>me</sup> de Limaye, fort ressemblant à son neveu : lui et le marquis la nommaient
elle-même entre eux leur « nièce bâtarde », leur

« nièce de la main gauche », ou leur « nièce bien-aimée », selon les circonstances. Mirabeau enfin n'allait pas tarder à prendre soin des intérêts futurs de cet enfant aux dépens de son fils légitime. L'hiver se passa dans cette atmosphère de bourrasque.

Au printemps (avril 1774), inopinément, le marquis de Mirabeau s'avisa de changer le lieu d'exil de son fils. Des rapports exagérés de ses fermiers et régisseurs lui avaient fait croire que le « fol » ravageait le château et le domaine paternels, le « nid de la race », qu'il vendait les meubles, coupait les bois, etc. Sans rien vérifier, il obtint une lettre de cachet qui l'exilait à Manosque, avec défense de s'en écarter et d'y emporter autre chose que ses hardes. Mais où s'installerait-il ? il n'y avait pas de maison préparée pour le recevoir. En attendant, les parents de M. de Gassaud offraient de partager la leur, et de l'héberger avec son ménage. Il accepta. Ce milieu familial paisible et assez modeste convenait à son âme, à son cœur, à ses ressources. On y plaignait ses déboires ; les trois sœurs du mousquetaire, non mariées, se réjouissaient de choyer son fils, son Gogo, comme leur enfant ; on y avait aussi de la considération pour lui-même au moins, en raison de son intime amitié avec le marquis de Tourettes, qui le tutoyait.

Mais la foudre était sur lui. Comme il essuyait ce nouvel affront et préparait en hâte son déménagement, deux, trois nouveaux coups le vinrent frapper de stupeur.

« Je dois au total, à 200 pistoles près, convenait-il, 188.624 livres, dont 135.245 envers les juifs... En valeur perçue de la vente des bijoux ou en argent

réellement compté, je n'ai pas reçu 50.000 livres...
S'obliger ou devoir sont deux choses bien différentes
selon la nature du créancier... L'homme le plus scrupuleux ne doit pas tendre aveuglément le col au
glaive de l'usure. » Il se proposait d'après ces principes de ramener au moins ses dettes juives à un
total de facile règlement. N'était-ce pas bien à propos que les juifs Daniel Beaucaire et son fils le
venaient trouver à Mirabeau afin de prendre des
arrangements, disaient-ils, sur environ 40.000 livres
de change qu'il leur avait souscrites?... Il les sonde
sur le rabais, prétendant n'avoir pas touché plus de
15 à 16.000 livres de valeurs réelles. Mais les juifs se
montrent récalcitrants, et, sur son insistance, ils se
déclarent tout net sans nulle inquiétude, « attendu
que, s'il ne paye pas, M. de Limaye payera. — Comment, M. de Limaye?... — Oui, ne vous a-t-il pas
cautionné? — Lui? vous rêvez, je crois. » Les juifs
lui mettent alors sous les yeux des lettres de change
portant cette funeste caution.

Surprise, consternation, colère, et puis réflexion.
La liaison de Mirabeau avec Mme de Limaye ne lui
permettait pas de la ruiner, en laissant invoquer en
justice l'engagement de son mari, seul solvable. Il
n'osait même le lui révéler en en dénonçant l'abus ;
il admit de souscrire plutôt une déclaration d'honneur, renouvelable au jour de sa majorité, par
laquelle il en déchargerait M. de Limaye : moyennant
quoi, tous deux eussent caché l'affaire à leurs
femmes. Mais l'avisé Beaucaire s'en fut la conter à
la pauvre marquise. Elle fit un beau train. Limaye
injurié, secoué, battu, souffleté, fit une défense cau-

teleuse, donna des explications embrouillées, écrivit
à Mirabeau des lettres accusatrices, s'en attira des
répliques véhémentes, mit en cause la comtesse de
Mirabeau, qui se dégagea prestement de ses impos-
tures, enfin dut en passer par une confrontation
générale que Mirabeau offrait et qui acheva de le
confondre.

Il y avait longtemps que M. de Limaye cautionnait des dettes de son terrible cousin, sur la prière
même de celui-ci. Ses premières signatures de complaisance dataient du temps où Mirabeau faisait sa cour
à M<sup>lle</sup> de Marignane ; elles lui en avait procuré les
moyens. Quant à cette dernière caution, vraiment
écrasante, M. de Limaye n'avait eu égard qu'à ses
besoins propres. Joueur, prodigue, débauché, trouvant la main de l'usurier fatiguée de s'ouvrir, et réduit
aux extrémités, il avait proposé de garantir les dettes
de Mirabeau afin d'obtenir de nouveau prêts. Spé-
cula-t-il encore moins dignement ? Sa disgrâce maritale ne lui restait pas sans doute ignorée ; il était le
confident, l'associé, le témoin, des autres dissipations amoureuses et pécuniaires de son cousin ; il
pouvait escompter son assentiment, son silence.
Cependant, il lui reprochait à présent d'avoir terni
la réputation de vertu de M<sup>me</sup> de Limaye ; et Mirabeau
devait s'en défendre. « Quant à votre femme, le ciel
est moins pur que le fond de son cœur », lui écrivait-il,
faute de pouvoir prendre l'accent de la simple vérité,
« et je ne me sens pas digne de faire son apologie ;
ne redoutez pas les prétendues inculpations dont vous
prétendez que le public est imbu ; et croyez que le
meilleur gardien de son honneur est elle-même. Ceux

qui oseraient la juger coupable ne sont pas sans
doute ceux dont elle écoute les sifflements... »

Après maintes tergiversations et remises, la confrontation proposée eut lieu chez M. de Limaye. Il
s'effondra sous les affirmations de Mirabeau et de la
comtesse : M^me de Limaye, au comble de l'exaspération, n'en tint compte, et elle fit subir à son coupable
amant, muet, impuissant, consterné, une scène épou-
vantable, accusant sa folie, ses mensonges, son
ingratitude, et le chassant enfin. Ils ne se revirent
jamais plus. Mais il lui écrivit encore le lendemain,
et pour la dernière fois, semble-t-il, en lui envoyant
un engagement de prendre fait et cause pour son
mari au cas où de Limaye serait appelé en justice à
remplir les obligations résultant de son cautionne-
ment ; et au cas où son intervention serait rendue
impuissante, Mirabeau se déclarait débiteur envers
M. de Limaye des sommes dont il lui représente-
rait les lettres de change acquittées.

L'amour dévore l'argent ; et l'argent empoisonne
l'amour. Mirabeau et sa femme, en quittant M^me de
Limaye, était rentrés à Manosque où ils s'étaient peu
auparavant transportés avec leur ménage, dans la
maison des Gassaud. La comtesse triomphait mali-
gnement de voir irréconciliables désormais son mari
et M^me de Limaye. Mais d'après certains propos jetés
par M. de Limaye, autant que par réciprocité, Mirabeau l'environnait elle-même, ainsi que le mousquetaire, d'une suspicion plus vigilante, d'une surveillance plus indiscrète de jour en jour. Enfin, le
mousquetaire regagna Paris, éloignant avec lui les
provocations, les querelles, mais non les soupçons.

Mirabeau se saisit de la correspondance de sa femme avec plus de curiosité que jamais. C'était ainsi par une lettre interceptée de son père à Émilie, qu'il avait appris qu'une procédure en interdiction était introduite contre lui au Châtelet de Paris. Dès le 9 mai, il subissait l'interrogatoire du juge de Manosque, délégué par le lieutenant-civil du Châtelet.

On l'assimilait donc aux fous, aux méchants et aux imbéciles ? S'il se faisait, comme il l'a dit, l'idée la plus affligeante de cette mesure, il n'avait pas tort, puisque ses innombrables ennemis allaient s'en réjouir et que déjà les plus imposants s'étaient associés à son père, à son oncle, à son beau-père, pour la requérir. Mais, pratiquement. Mirabeau ne pouvait pas en méconnaître les effets bienfaisants pour lui ; comme de fait, il ne cessa plus d'en tirer cyniquement, jusqu'à sa mort, le parti le plus avantageux contre ses créanciers de toutes les époques de sa vie, sans en excepter, on le devine, les plus dangereux et les plus tenaces, M. et M$^{me}$ de Limaye.

Mirabeau plaida lui-même sa cause devant le juge ; tel fut le premier de ses plaidoyers judiciaires ; mais il était avocat-né, exercé à ce mode de persuasion depuis l'enfance ; tous ses propos, toutes ses lettres, toutes ses attitudes, n'avaient guère eu jamais pour objet que de le disculper aux yeux de ses parents, de ses maîtres, de ses amis, de ses dupes. Aussi pourra-t-il reproduire ce discours de début tel quel et sans nul disparate, à des époques bien éloignées, dans des situations bien différentes, par exemple au donjon de Vincennes et devant le parlement d'Aix, lors de son procès en séparation. La langue put s'épurer un peu, se fortifier, s'amplifier beaucoup : le ton, l'accent et la manière ne variaient plus.

Confessant ses fautes en gros et ne les nommant que des erreurs ou des fatalités, les excusant, les palliant, les effaçant presque à force de réticences et d'audacieux commentaires, noyant le moindre aveu dans une profusion d'excuses et de justifications tirées, tantôt des circonstances et tantôt de ses intentions pures dans le passé, irréprochables à l'avenir ; « oui, disait-il en son exorde, ma conduite a été folle et répréhensible, je ne rougis pas de l'avouer... Il m'a été impossible de ne pas me précipiter dans l'abîme du dérangement.., j'avais commencé par étourderie, continué par nécessité, j'ai fini par faiblesse » ; et pour conclure, il invoquait son père, il se prosternait en larmes devant son image, il en appelait à son tribunal, il lui proposait cette transaction : « J'ai osé vous offrir, et je dépose authentiquement entre les mains du ministère public, l'offre que je fais de payer mes dettes avec une somme de vingt mille écus comptant, dont on prélèvera les intérêts sur mon revenu, et de m'arranger avec mes créanciers non usuraires pour les rembourser (annuellement sur ce qui me restera) des sommes que je puis devoir au delà de vingt mille écus. Que pourriez-vous craindre?.. »

Or, de tels intérêts et remboursements annuels une fois prélevés sur son revenu d'environ douze mille livres, que fût-il resté à son ménage pour vivre, sinon la ressource de nouveaux trafics avec les marchands et les usuriers?

Une sentence du 8 juin 1774 déclara Mirabeau

interdit. Elle le réduisait, lui et son ménage, à un revenu annuel de trois mille livres, « sauf cependant à augmenter ladite somme de trois mille livres, sous les ordres et autorisations du sieur marquis de Mirabeau seul ». Mais celui-ci, bien loin de consentir aucune augmentation, trouva prétexte à frapper le revenu plus que médiocre d'une retenue de six cents livres. On ne pouvait être plus ménager des deniers d'autrui.

Mirabeau n'avait pas reçu encore notification de cet arrêt, qu'une dernière lettre interceptée lui révélait, aux premiers mots, que sa femme et M. de Gassaud avaient su déjouer sa méfiance et s'adoraient, et l'exécraient. Le mousquetaire le nommait « son plus cruel ennemi »! Et la comtesse était enceinte! de ses œuvres?... Un militaire se fût coupé la gorge avec le séducteur; un homme de cour eût seulement reproché à la coupable l'indiscrétion de l'exposer au ridicule le plus commun, en laissant se détourner de pareilles lettres. Mirabeau joua de l'un la fureur, et de l'autre la magnanimité; mais quoique excellent comédien à la ville, il les joua chez lui comme une doublure. Il avait appréhendé ce rôle et ne s'y était pas préparé. Le parti auquel il se résolut n'en fut pas moins le plus conforme à son caractère violent, mais promptement dompté par une raison froide, lucide, prévoyante. Il fit tonner son tonnerre, sans foudroyer personne. Il laissa Émilie, avouant sa faute, tomber à ses pieds et demander grâce pour elle, au nom de son fils et de l'innocent qu'elle portait. Il laissa toute la famille du mousquetaire embrasser aussi ses genoux et lui demander la vie de l'adultère. Et il pardonna,

car il n'était pas sanguinaire ; il n'était pas même méchant. Mais il ne voulut pas se désarmer ; et il ne sut
pas se taire. Il écrivit au mousquetaire, pour lui
réclamer trois lettres et le portrait d'Émilie, une lettre
absurde et presque burlesque de ton ; il s'y excitait à la
fureur et à la dignité, sans conviction possible. Nul
n'était moins qualifié pour stigmatiser l'outrage fait
en sa personne à l'honneur marital, à l'amitié, à l'hospitalité. Il n'en attestait pas moins ses « grands dieux »
et la pureté de sa propre conduite : « Malheureux,
écrivait-il à M. de Gassaud, si ta conscience n'était
pas la sentine de tous les vices, elle serait ton plus
inexorable bourreau ; car je sens par mon état, à moi
qui n'ai rien à me reprocher, ce qu'est, ce que doit
être celui d'un homme souillé de crimes et entouré
des malheurs qu'il a ourdis... Mais tu n'es pas fait
pour éprouver ce supplice... N'importe : votre père
et votre famille vous sauvent la vie ; mais ne paraissez pas devant mes yeux : car puisse la foudre m'anéan-
tir si je ne vous extermine pas. »

A cette diatribe était jointe une lettre d'Émilie à
son amant, évidemment dictée par Mirabeau qui en
exigeait aussi le renvoi entre ses mains ; elle débutait
par cette phrase essentielle : « Je reviens de mes égarements, Monsieur, et le premier effet de mon retour
à la vertu est de vous avertir que toute liaison est
finie entre nous. » Elle est datée de Manosque, le
28 mai 1774. Lorsqu'elle lui eut fait retour, Mirabeau
la contresigna, *ne varietur*, en première et en dernière
ligne, et il la mit, avec les trois lettres récupérées,
dans un portefeuille dont il ne se sépara que dix ans
plus tard, en Angleterre, aux mains de son ami et

condisciple sir G. Elliot. Entre temps, il en avait fait usage.

M. de Gassaud avait été avisé au premier moment par sa famille ou par Émilie de la fâcheuse découverte, et cet avis avait prévenu la lettre furibonde de Mirabeau. Sans tarder une heure, et donc, sans avoir reçu cette diatribe qui lui fut renvoyée de Paris à Manosque, le mousquetaire vint mettre sa poitrine à portée de l'épée du comte. Il eût perdu autrement à ses propres yeux l'honneur de se dire gentilhomme et de porter l'habit rouge sur un cheval gris. Mais il multiplia en vain les appels, les défis même à l'offensé. Le sang-froid de Mirabeau, qu'on ne pouvait certes taxer de lâcheté, contraignit le jeune homme à quitter la place et à joindre sa garnison sans avoir pu donner la réparation qu'il souhaitait. Son plus vilain tort envers Mirabeau n'était peut-être pas, attachement ou caprice, de lui avoir pris sa femme ; c'était plutôt de l'avoir desservi et ridiculisé chez son père à propos de ses vifs et fréquents accès de jalousie, dont l'événement venait de prouver le bien-fondé. L'Ami des Hommes, toujours avide de médisances contre son fils, avait pris texte aussitôt de celles-là pour continuer de le perdre dans l'affection et l'estime d'Émilie ; il avait écrit à celle-ci, juste une semaine avant que Mirabeau découvrît la trahison du mousquetaire (21 mai 1774) : « Je sais que vous appartenez à un farouche fol, à qui toute affection de votre part fait ombrage. Les contes qu'on en fait à cet égard sont aussi ridicules qu'extravagants... »

Vers la Saint-Jean, la sentence rendue le 8 juin par le Châtelet fut signifiée aux notaires d'Aix, afin que le nom du comte de Mirabeau fût inscrit sur le tableau des interdits; et Mirabeau en reçut notification à Manosque, environ le deuxième anniversaire de son mariage. Une aigre discorde et la triste indigence possédaient à présent son foyer. Certain jour, la comtesse souffrante, irritée, harrassée, et, sans doute, provoquée aussi par les reproches injurieux, les demi-mots ambigus, les humeurs sombres de son mari, s'emporta jusqu'à lui repartir que sa « mère et sa sœur étaient des putains ». Il la souffleta, mais s'en repentit sur-le-champ. Il s'en humilia même, comme d'une sotte et vaine action, auprès de sa confidente ordinaire, M<sup>me</sup> de Vence, qui lui donna d'affectueux conseils de patience, de calme et de ménagements. Il ne demandait qu'à s'y rendre. Émilie faisait pitié. Son lait avait soudain tari; elle était secouée, déchirée en plein juillet par un rhume violent; sa grossesse avortait. Toutefois, gisante même, elle ne cessait pas d'être entretenue et par conséquent tourmentée du nom et des affaires de son séducteur, dont Mirabeau s'efforçait d'assurer le mariage avec M<sup>lle</sup> de Tourettes.

Mais le marquis de Tourettes, allié et ami de M<sup>me</sup> de Vence, avait-il eu quelque confidence de la conduite du mousquetaire? Il rompait soudain les pourparlers. Mirabeau voulut les renouer, de peur que la famille de Gassaud ne le soupçonnât d'avoir fait échouer par vengeance ce projet aussi honorable qu'avantageux pour elle. Sans égard à la défense de quitter Manosque portée par sa lettre d'exil, il se rendit bride abattue au château de Tourettes, à deux lieues de Grasse; et il y fut assez heureux pour rouvrir

la négociation. De là, il poussa jusqu'à Venee, résidence de sa grande amie en été. Elle le reçut à une
heure avancée de la soirée, dans son jardin qu'elle-
même lui vint ouvrir à la dérobée : son mari, son
gendre, ses filles mêmes n'en surent rien. L'entretien s'en trouva fort abrégé. Qui donnerait à Mirabeau l'hospitalité de la nuit? Sa sœur. M^me de Cabris,
se trouvait encore à Grasse, malgré la saison ; mais
il était plus qu'à demi-brouillé avec elle, depuis les
scènes indignes dont il l'avait rendu témoin dans
les jours qui suivirent ses noces. Il s'en vint pourtant, malgré l'heure indue, à tout hasard, frapper à
sa porte... Telle est la version qu'il accrédita par la
suite, et cette suite exigeait qu'il ne s'en démordît
plus. Les biographes l'ont tous admise. Elle était
plausible. Mais les mensonges de Mirabeau contiennent
tous un noyau de vérité propre à leur donner consistance et crédit.

Il serait aussi vraisemblable d'admettre que cette
visite romanesque à M. des Tourettes fut le prétexte
choisi pour couvrir une visite intéressée à M^me de Cabris, but réel de cette randonnée funeste. Au fait,
M. de Gassaud n'épousa point M^lle de Tourettes, sans
que Mirabeau encourût le moindre reproche ; tandis
que, de sa réconciliation avec sa sœur, il escomptait
des avantages considérables et prochains, maintenant qu'exilé, ruiné, interdit, honni par son père et
son oncle, il n'avait plus rien à espérer que de sa
mère.

La marquise de Mirabeau avait été remise, par
un arrêt récent, en possession de ses biens parapher-
naux dont le marquis lui disputait la libre disposi-

tion. Ils étaient évalués, on se le rappelle, à 250.000 livres. Il y avait désormais à craindre qu'elle n'en fît donation partielle ou totale à M^me de Cabris, en reconnaissance d'un prêt de 20.000 livres qui lui avait permis d'engager et de gagner son procès. Ne disait-on pas déjà qu'elle avait assuré à sa fille le remboursement de ce prêt moyennant 60.000 livres? Il importait à Mirabeau d'empêcher M^me de Cabris d'en capter davantage.

Les circonstances lui étaient propices. M^me de Cabris se débattait alors dans les embarras d'une dangereuse affaire où l'honneur et la fortune de son mari, avec le peu de raison qui lui restait, semblaient compromis sans remède. La plume énergique et infatigable de Mirabeau, ses connaissances, son habileté, ses ressources d'intrigue inépuisables, ne devenaient-elles pas nécessaires? Il les lui proposerait.

M. de Cabris avait fait imprimer et répandre à travers toute la Provence, il avait de ses propres mains affiché sur les murs de Grasse, une satire ignoble, intitulée *Vers à l'honneur des dames de Grasse.* On ne saurait en rien citer... Au dire d'un plaignant dont la paraphrase ampoulée fera du moins sourire. « la noblesse ridiculisée ne s'y montrait plus que sous les dehors d'un libertinage vieilli..., les cœurs des plus fiers militaires n'y soupiraient qu'après la volupté...; la Patrie comptait, parmi les ministres de ses lois, des hommes qui traînaient les chaînes de l'impureté dans l'asile de la vertu; des ministres de la Religion étaient accusés de préconiser un de ces crimes que la nature abhorre et de

porter dans le Saint des Saints un feu sacrilège...
Épouses, sœurs, parentes et concitoyennes n'étaient
que les esclaves de la passion la plus monstrueuse... »
Une procédure s'en était suivie, à la requête et sous
la conduite du plus diffamé de tous, mais qui, pour
rester juge, feignait de mépriser l'injure qui le rendait partie, M. Fanton d'Andon, lieutenant-général
civil et criminel de la sénéchaussée de Grasse.
M^{me} de Cabris avait tenté sans succès de soustraire
son mari à la justice réglée par une lettre de cachet
qu'elle était allée à Paris supplier son père de lui
obtenir. Mais le marquis l'avait congédiée sans la
recevoir, avec des paroles de dérision et les vœux
de la haine. Il tenait pour un acte parricide le prêt
de 20.000 livres qu'elle avait fait à la marquise ; et
le bailli disait couramment que sa nièce « était une
gueuse qu'il fallait écraser entre deux pierres ». Elle
était ainsi repoussée des foyers paternels, méprisée
et reniée pareillement que son frère. Mais leur ligue
éventuelle était redoutée ; brouillés, ils n'étaient
guère à craindre.

La nuit était avancée quand Mirabeau tendit au
portier du petit hôtel de Cabris un billet qui sollicitait un entretien immédiat. Il fut introduit. Il trouvait dans la place un intercesseur imprévu. Ce n'était
pas M. de Cabris. Celui-ci vivait à la campagne,
enfermé dans son château voisin avec une belle ser-
vante-maîtresse, pendant que sa femme occupait son
hôtel à la ville, son *petit Trianon*, avec un mousquetaire de vingt-trois ans, M. de Briançon, valeureux
camarade d'armes de Mirabeau pendant la campagne
de Corse ; il y avait eu la clavicule droite brisée par

un coup de feu dans une embuscade. Comme il avait
surmonté l'hésitation de M<sup>me</sup> de Cabris à revoir son
frère, M. de Briançon abrégea aussi les récriminations. Un pacte à trois fut scellé, et scellé du sceau
de l'innocence; car voulant faire embrasser sa fille,
sa Pauline, âgée alors de trois ans et demi, par son
frère qui ne la connaissait pas, elle se la fit apporter
dans le lit qu'elle partageait avec son amant. Quel
tableau ! Mirabeau eut la délicatesse de s'en offusquer,
mais bien plus tard, en souvenir.

De bonne heure, au matin, un vendredi, toute la
compagnie se mit en selle. M. de Briançon la menait
dîner à quelques lieues de là, sur le domaine de
Sartoux, chez sa tante M<sup>me</sup> de la Tour-Roumoules.
Cette dame était la belle-sœur du baron de Ville-
neuve-Mouans; leurs terres n'étaient séparées que
par le grand chemin; mais il y avait entre eux
vingt années de procès et d'inimitié. Cela fit le sujet
de la conversation pendant le dîner, qu'on servit en
plein air, sous une allée de marronniers en bordure
de ce chemin-frontière. Mirabeau y apprit que le
baron se répandait partout en propos injurieux sur
le compte de M<sup>me</sup> de Cabris; il la prétendait l'auteur
des *Vers à l'honneur des dames de Grasse* ; il jetait
aussi un soupçon de crime sur sa trop vive tendresse
pour son frère à son retour de Corse. M<sup>me</sup> de Cabris
lui avait fait promettre une correction de ses belles
mains. Justement, vers quatre heures après-midi, le
repas finissant, M. de Mouans apparut, se dirigeant
vers une équipe d'ouvriers agricoles occupée non
loin. Ce seigneur quinquagénaire ne justifiait pas
mal son sobriquet de *gras-fondu*; il portait sa

bedaine en pavois, comme s'il l'avait enflée de son importance. C'était l'occasion de M<sup>me</sup> de Cabris. Mais Mirabeau, excité par le vin et le renouveau de son zèle fraternel, se précipita au-devant, la tête nue, la serviette sous le bras.

En un clin d'œil, il y eut altercation et rixe. Mirabeau, arrachant son parasol à M. de Mouans, le lui cassa sur le dos, puis le giffla, lui donna des coups de pied au derrière; enfin, l'ayant pris au corps, il trébucha et tomba de la hauteur d'un petit mur dans les guérêts, en entraînant le gros baron sous lui. Les ouvriers étaient accourus, mais M<sup>mes</sup> de la Tour et de Cabris leur avaient intimé de ne s'en point mêler, et ils faisaient cercle. Une femme, cependant, avait eu pitié de son seigneur; et de la fontaine voisine où elle lavait, elle était accourue aussi en criant à l'aide. On n'eût pu l'empêcher de prêter main-forte si M. de Briançon, lui coupant le chemin et s'avisant que la boisson l'incommodait, ne s'en était soulagé à sa vue : la brave femme n'osa passer outre. Mirabeau, cependant, relevé, avait lâché prise, secoué son énorme chevelure frisée, épousseté son brillant habit de soie bleu-ciel à veste blanche; et il avait rejoint ces dames, mourantes de rire; non sans avoir jeté deux ou trois écus de six livres aux ouvriers, en leur criant : « Pour boire à ma santé ! » Il regagnait Manosque, ventre à terre, le lendemain.

Sitôt rentré, Mirabeau avait envisagé les suites présumables de son agression compliquée de rupture de ban. Ceci n'eût pas été grand'chose sans cela, et même eût pu rester inaperçu, alors que, de notoriété

publique, les anciens parlementaires exilés, couraient,
loin de leur lieu d'exil, les maisons de tous leurs
amis. Mais l'agression dénoncée qui pouvait entraîner
une sentence infàmante, ne permettait plus d'ignorer
la désobéissance à l'ordre du roi. Mirabeau vit son
salut dans cette conséquence. Qu'une nouvelle lettre
de cachet, portant au besoin détention dans quelque
citadelle, fût décernée à temps contre lui, et, retombé
sous la main paternelle du souverain, il devenait intangible à celle des procureurs et des juges ;
l'honneur était sauf. Émilie fut suppliée de se rendre
sans délai au Bignon, auprès de l'Ami des Hommes,
et de le chapitrer pour qu'il disposât les ministres
à l'exécution de ce plan, avant qu'ils fussent informés
par ailleurs. Mais où trouver l'argent de ce voyage?
Les Gassaud prêtèrent vingt-cinq louis. Tous les
parents et amis de la comtesse la dissuadèrent de
tenter l'entreprise et. finalement, lui refusèrent tout
appui, tout aide. Elle semblait défaite et toussait
horriblement. Pendant son bref passage à Aix, les
créanciers de son mari l'assaillirent, la poursui-
virent même de leurs réclamations dans la rue. Elle
parvint néanmoins à réaliser une bourse de trente-cinq
louis, qui lui permettait de ne pas toucher à celle des
Gassaud, à louer une mauvaise chaise de poste, et à
partir. avec un valet et une femme de chambre. La
jalousie de Mirabeau l'avait ressaisi au dernier
moment; et il avait tracé minutieusement à Émilie
des instructions pour le chemin et pour l'arrivée,
suivant lesquelles elle avait défense absolue de
s'arrêter à Montélimar et à Valence. où le mousquetaire eût pu la voir. Elle parvint au Bignon, le

2 septembre. Le 13, elle annonçait à son mari le premier résultat de sa mission : une lettre de cachet l'internait en rade de Marseille, au château d'If :

« Tous mes efforts ont été inutiles, mon tendre ami, et je n'ai pu te sauver le coup qui m'accable; ton oncle et ton père m'ont assuré qu'il n'eût pas été en leur pouvoir d'empêcher le gouvernement de te punir de la rupture de ton ban, et ils n'ont fait, du moins ton père, que s'approprier par leur demande plus de droits pour t'en tirer; ton oncle m'a assuré qu'ils en seraient les maîtres dans très peu de temps. Ton père affecte toujours vis-à-vis de moi beaucoup de colère contre toi, je crois, pour prévenir mes importunités; tu penses bien que cela ne l'en soulagera pas davantage. Je suis dans la plus profonde tristesse depuis qu'on m'a appris que les ministres avaient expédié l'ordre, car il n'a pas passé par ici. Les larmes coulent de mes yeux, dès que je suis seule ou qu'on parle de toi; tes lettres sont encore pour moi un sujet d'attendrissement... Au reste, mon ami, je suis ici parce que tu m'y tiens. Du moment où tu me désireras, tu n'as qu'à parler et je volerai... »

## VIII



### AU CHATEAU D'IF

LE 20 septembre, un exempt escorté de deux cavaliers vint signifier à Mirabeau l'ordre du roi, dont
l'exécution en devait être immédiate. Il fut arrêté et
conduit à destination sans égards, « comme un cou-
peur de bourse ». Cependant son fils, son Gogo,
qu'il adorait, était gravement malade. En l'embrassant, baigné de larmes, Mirabeau pouvait craindre de
ne le revoir jamais, ni vivant ni mort, tant sa détention devait être étroite. On ne lui permettait aucune
correspondance qu'avec se femme, maintenant éloignée à cent cinquante lieues : c'était donc par ce seul
crochet qu'il obtiendrait des nouvelles de ce précieux
enfant ; et des nouvelles toujours douteuses, inquié-
tantes, puisqu'elles dateraient de deux à trois
semaines. Le marquis de Mirabeau avait expressément
demandé à n'être pas excepté de cette interdiction,
afin qu'elle pût être opposée rigoureusement à sa
femme et à sa fille Cabris, si elles tentaient de
renouer des relations avec le « misérable ».

La brutalité de son enlèvement, les duretés excessives de sa peine, éprouvèrent Mirabeau comme un
coup imprévu ; mais il n'essaya pas de s'y soustraire.

« Je résistai, dit-il, à l'éloquente voix de la liberté. »
La voix de la raison n'avait pas grand'chose à lui dire
pour être plus persuasive. Cette liberté n'eût été
qu'une fuite dangereuse et impardonnable, suivie à
l'étranger de persécutions, de misères et d'un assu-
jettissement pires que sa détention. Celle-ci n'était
qu'un passage pénible, qui n'affectait point son honneur, qui ne compromettait pas son avenir et que sa
soumission parfaite ne manquerait pas d'écourter.
Le commandant du château d'If, M. d'Allègre,
qui le vit le lendemain sans incident ni retard,
l'accueillit pourtant avec raideur; sa méfiance était
éveillée. Le marquis de Mirabeau lui avait dénoncé
déjà « le caractère dangereux » de son fils et recommandé les précautions les plus vigilantes, les plus
strictes : « Il vous séduira », c'était son refrain. « Il
sera surveillé de si près, assura M. d'Allègre au
ministre duc de la Vrillière, qu'il lui sera bien difficile de me surprendre. » Il suppliait toutefois « Sa
Grandeur », pour plus de sûreté, de lui refuser la
liberté de la place, qu'il savait que son prisonnier
allait faire demander par sa femme : « Entreprenant
comme il est, il ne manquerait pas de rompre toutes
les mesures que je prends pour me conformer aux
ordres... » (26 septembre 1774).

M. d'Allègre se méfiait aussi de lui-même. Il était
foncièrement bon et facile; non seulement les militaires placés sous ses ordres, mais ses prisonniers
eux-mêmes, au nombre d'une trentaine, le chéris-
saient, à l'exception peut-être d'une demi-douzaine
de scélérats incorrigibles. Mirabeau éprouva bientôt
à son tour de l'estime pour ses procédés, de la recon-

naissance pour ses bienfaits et de l'affection pour sa
personne. Mais tout d'abord, force était à M. d'Allègre
de le redouter et de le tenir à distance.

Trop serré de la sorte, Mirabeau épanchait son
chagrin, son amertume, son ressentiment dans ses
lettres à sa femme. Il lui faisait un détail navrant de
son arrestation, de sa captivité, de ses privations,
dont la plus cruelle était le manque de livres, de
papier, de conversation. Il se livrait à sa noirceur;
il se plaignait sans retenue et il querellait mécham-
ment. Dans son voyage au Bignon, Émilie s'était
arrêtée une nuit à Tain, dans le voisinage du mousquetaire, malgré ses défenses expresses : que signifiait
ce nouveau manquement à la foi jurée? Elle lui annonçait son internement « avec l'air le plus tranquille
du monde » : elle le trouvait donc mérité? Il l'avertissait que, si elle ne lui obtenait pas des adoucisse-
ments immédiats et une prochaine liberté, il la rap-
pellerait auprès de lui, au plus tard en décembre.

La comtesse de Vence qui tenait à toutes les grandes
maisons et au caractère, aux talents, à la vertu de
qui toutes rendaient hommage, multipliait les inter-
ventions capables d'adoucir le sort de son jeune
ami. A sa suite, la marquise de Rochechouart, femme
du lieutenant-général de Provence, dont M. d'Allègre
était un subordonné, fit connaître à celui-ci la bienveillance particulière qu'il pouvait et devait témoi-
gner à un prisonnier aussi intéressant. Le gouverneur de Marseille, M. de Pilles, eût cru se faire tort
en montrant un moindre zèle pour cette cause. Ainsi
investi, et séduit le premier, M. d'Allègre s'adressa

au marquis de Mirabeau en termes bien propres à
faire merveille, au dire de la comtesse elle-même.
Elle rapportait à Mirabeau le 17 novembre : « Mon
beau-père a reçu mardi une lettre de M. d'Allègre
qui lui disait beaucoup de bien de toi. Il y avait ce
jour-là assemblée, comme tu sais; tout à coup il vint
m'embrasser avec les larmes aux yeux et me montra
la lettre en me donnant à deviner premièrement
de qui on voulait parler en disant tant de belles
choses. Enfin, mon cher ami, j'ai été très contente de
l'effet que cette lettre a produit. Fais en sorte que
M. d'Allègre en écrive encore quelques-unes de semblables, et nous serions bientôt contents à ce que
j'espère?... »

Bientôt? il s'en fallait. Mirabeau et M. d'Allègre,
en devançant et en passant l'attente du marquis,
avaient le tort de contrarier ses plans. Il avait intérêt à ce que la détention de son fils durât encore assez
longtemps pour lui enlever toute possibilité de faire
ligue avec la marquise de Mirabeau prête à rentrer
dans la lice. Il exigeait donc que les témoignages
favorables de M. d'Allègre fussent renouvelés encore
longtemps. Ils le furent. Alors, il les taxa de complaisance. Mirabeau, exaspéré, accusa durement la tié-
deur, la duplicité de sa femme. Non sans motif, il la
devinait retenue, fixée, par « les charmes de Paris »,
désormais insensible à son infortune, consolée peut-
être. Il lui ordonna de rentrer en Provence.

Mais dans le moment même où elle lui avait réitéré
les assurances sans réserve d'une obéissance complète, Émilie s'était ménagé, par l'entremise de
l'Ami des Hommes, un ordre du marquis de Mari-

gnane de demeurer chez son beau-père, malgré toute
objurgation contraire de son mari. M. de Marignane
lui avait expédié cet ordre courrier par courrier. Au
reçu de la sommation de Mirabeau, elle put le lui
opposer et n'y faillit point.

Quel effet allait produire ce refus appuyé sur le prisonnier? S'attendait-il à ce qu'Émilie accourût? Ne
voulait-il, la sachant nonchalante, amie de son repos
et craintive de déplaire, que réveiller son zèle en lui
donnant, ainsi qu'à son père, l'appréhension de
quelque prochain coup de tête? Ce n'était certes pas
son évasion qu'il méditait. Son sang torrentueux ne
lui rendait pas non plus indispensable au plus court
délai la présence de sa femme. Si le château d'If, où
M. d'Allègre, de sa propre autorité, lui avait accordé,
avec la liberté de la place, une chambre pour travailler et pour coucher, lui semblait un séjour misérable, du moins il y était soustrait, sur sa parole
antérieure, à toute espèce de surveillance, il s'y éri-
geait en redresseur de torts; il y faisait la loi; enfin,
il ne s'y ennuyait plus; sa solitude était agréablement
partagée par la cantinière du château, M<sup>me</sup> Mouret,
la seule femme en ce lieu qui fût jeune, jolie et sensible.

Ainsi, tout était dans l'ordre. Le chevalier Boniface, frère cadet de Mirabeau, s'en put rendre compte
dans une visite inopinée qu'il lui fit, retour de Malte,
en dépit des sévères défenses tant ministérielles que
paternelles. Mais sitôt rentré à Paris, chez l'Ami des
Hommes, Boniface fit des plaisirs de cette captivité
et des agréments de son enchanteresse des peintures
à sa manière mi-graveleuse mi-fantaisiste, unique-

ment destinés à désarmer la mauvaise humeur de
son père, et dont la fine comtesse s'empara pour
désarmer celle de son mari : « Il m'a donné de tes
nouvelles dans le plus grand détail, sans oublier une
certaine cantinière dont il m'a beaucoup parlé et qui
ne laisse pas de t'occuper à ce qu'il prétend. Allons,
Monsieur, à votre plus grande commodité, comme
dit votre oncle ; il est bien fait de chercher à se désen-
nuyer. Plaisanterie à part, mon bon ami, il m'a dit
du bien de ta santé dont j'étais réellement très en
peine... »

Les jeux de la poste brouillaient ceux de la comtesse. Cette lettre enjouée et piquante parvint trop
tard à Mirabeau. Comme elle l'écrivait, Mirabeau
recevait son refus de rentrer en Provence. Il y voyait
la preuve qu'elle avait livré le secret de leur correspondance.

Il s'emporta en paroles plus furibondes que
jamais. « Vous êtes un monstre répondit-il à sa
femme. Vous avez montré mes lettres à mon père.
Je ne veux pas vous perdre et je le devrais : mais
mon cœur saigne de l'idée de sacrifier ce qu'il a tant
aimé. Mais je ne veux plus être et je ne serai plus
votre dupe. Traînez votre opprobre où vous voudrez.
Portez plus loin que vous n'avez fait, s'il est posible,
votre perfide duplicité. Adieu pour jamais. »

De son côté, M. d'Allègre avait reçu de l'Ami des
Hommes, pour loyer de ses bontés et de son zèle,
une diatribe menaçante ; il lui reprochait, d'après
les indiscrétions du chevalier Boniface, d'avoir surpris
sa confiance, enfreint les ordres du ministre et violé
le règlement des prisons d'Etat en procurant à son

**MIRABEAU**
buste en plâtre de TESSIER

Cliché Bulloz

fils des libertés interdites, et notamment celles de
recevoir des visites et d'entretenir des correspondances avec d'autres personnes que sa femme.
M. d'Allègre eut le généreux courage de ne s'en point
repentir et de conserver à son prisonnier le bienfait
de son amitié et de ses complaisances. Mais avant
que le crédit du marquis auprès du ministre ne fît
prescrire une nouvelle enquête, il invita Mirabeau à
plus de circonspection, et il donna licence à la cantinière de profiter de l'éloignement momentané de son
mari malade pour se soustraire à ses recherches.
Mouret était à fin de bail et son successeur prenait
possession ; le départ de sa femme allait de soi.
M. d'Allègre n'ignorait assurément pas qu'elle était
attendue à Grasse. Mirabeau lui avait ménagé une
retraite chez l'amant de sa sœur, M. de Briançon, et
il projettait de l'y rejoindre, de passer la frontière
avec elle, maintenant que sa rupture était consommée, croyait-il, avec sa femme et avec tous les siens.
Par bonheur M<sup>me</sup> de Cabris intervint avec sa maîtrise
et son adresse natives, que les extravagances de son
mari et leurs suites avaient beaucoup développées.
Elle ne déraisonnait que pour elle-même et jamais
longtemps. Elle était la sagesse et la raison même
pour autrui. Donc, elle consentait à donner asile à
la dame Mouret; mais elle dissuadait Mirabeau de
s'évader à sa suite ; elle lui présentait une vue claire
et froide de sa position véritable, qui n'avait jamais
été meilleure : tous ceux qui avaient à répondre de sa
conduite, et à qui seuls il appartenait de la juger, du
commandant de la place au lieutenant-général de la
province, tous ne s'accordaient-ils pas à faire son

éloge, à ruiner les imputations contraires et à demander son élargissement? sa femme, même hostile ou perfide, pouvait-elle avouer aucun intérêt opposé au sien? leur père enfin n'entendait-il pas déjà le cri public s'élever contre sa tyrannie, et, menacé d'une prochaine offensive de leur mère, ne rechercherait-il pas à bref délai plutôt la neutralité de son fils que son inimitié? Mirabeau se rendit aux arguments de sa sœur qu'au surplus elle lui vint répéter, ressasser, développer, dans une visite au château que M. d'Allègre permit encore.

Il devinait l'ambition de sa femme de se fixer à Paris, et son ferme propos de ne s'y réunir à lui que dans une situation nettoyée, embellie, brillante.

Une grande carrière à Paris, n'était-ce pas aussi l'ambition de Mirabeau? Quel moyen plus sûr de faire travailler activement Émilie à sa réalisation, que de la tenir sous la menace d'un retour soudain en Provence? Il rompit donc de lui-même un silence aussi contraire à ses vastes desseins. Le prétexte en fut assez heureusement trouvé. Il fit l'amoureux et le jaloux.

Les fêtes du sacre de Louis XVI étaient prochaines. Elles motivaient le rappel à Paris des compagnies de mousquetaires garnisonnées en province. Mirabeau avait fait solliciter la mise en congé de M. de Gassaud, ou son maintien dans sa garnison, pendant ces fêtes; et cette demande, que M. de Gassaud n'avait ni formulée ni avouée, ne manqua pas d'être refusée. Mirabeau informa sa femme des « dangers » auxquels il s'était vainement employé à soustraire sa faiblesse. Il l'exhorta de s'y dérober en se retirant dans un couvent. puisqu'elle ne croyait pas devoir se rapprocher de lui. Ses instances se faisaient à la fois pressantes, raisonnables, violentes, rudes et câlines ; il s'y peignait bien lui-même, éloquent et raboteux, persuasif et ressasseur. Aussi faut-il écourter pour citer :

« Je vous conjure par votre fils, par vous-même, que j'ai toujours aimée, que j'aime encore, de ne pas me forcer, par une désobéissance qui, quelque autorisée qu'elle fût ou pût être, serait toujours criminelle et me trouverait inflexible, de ne pas me forcer, dis-je, à vous faire connaître l'étendue de mes droits... Croyez que celui qui fut capable, dans un moment de désespoir où tout était permis, de vous traiter avec une générosité rare, n'est pas faible... Montrez-moi aujourd'hui que vous n'avez pas cherché à m'abuser par de vaines illusions, que vous voulez mériter l'oubli absolu de votre faute, et reconquérir tout, jusqu'à mon respect. Adieu, Madame, ne soyez pas barbare envers moi, vous le seriez en même temps envers vous... Quand pourrai-je vous appeler encore mon Émilie ! » Mais Émilie persista dans le silence, avec l'encouragement et l'appui de son beau-père.

Cependant, toute la Provence parlait à Mirabeau de son élargissement comme d'une décision arrêtée. Il était au fait des démarches de M. de Pilles mandant à l'Ami des Hommes que son fils était fort mal là, et de M. de Rochechouart lui disant de la part du ministre de la Guerre, le maréchal de Muy, qu'on ne pouvait tenir éternellement sur ce roc un turbulent père de famille. Enfin, le 25 avril. Émilie reprit

langue, pour lui annoncer comme un dernier succès
de ses incessantes et méritoires importunités, quoi?
son retour à la liberté? pas encore ; mais sa translation dans un château où il serait moins « resserré »... « Comme j'étais hier à solliciter votre père
comme à mon ordinaire, il m'a dit qu'enfin je serais
satisfaite, et qu'en attendant que la tournure de nos
affaires permît davantage, vous alliez être dans un
endroit beaucoup plus convenable que le château
d'If, et que de plus, il n'avait donné aucun ordre
contre votre liberté, sinon au commandant de répondre de vous jusques à nouvel ordre. En vain lui ai-je
demandé le lieu que vous alliez habiter... » C'était le
château de Joux, près Pontarlier, elle ne l'ignorait
pas. Mais elle craignait en le lui apprenant de déconcerter les mesures prises par le marquis de Mirabeau
pour qu'il ne disparût point, au cas où cette destination un peu sauvage l'effraierait, avant que la maréchaussée se fût assurée de sa personne. « Adieu, mon
seul et unique ami, achevait-elle doucement, rendez-
moi votre confiance, croyez que j'en suis digne, et
si vous ne m'avez pas tout à fait ôté votre tendresse,
daignez renouer avec moi ce commerce de lettres qui
fait toute ma consolation en attendant un bonheur
plus grand. »

Le marquis de Mirabeau avait prié le duc de la Vrillière de placer son fils « dans un lieu où, sans être à
portée de quelque grande ville où il pût exercer d'une
façon nuisible son esprit fertile en ressources, avant
que d'être connu, il pût néanmoins éprouver quelques
condescendances de la part du commandant s'il s'en
rendait digne ». Il avait songé à Dourlens ; il avait

écarté Pierre-Encise à cause de la proximité de Lyon. Bien entendu, le château de Joux était de son choix. L'ordre du roi prescrivait simplement au commandant de ce château, le comte de Saint-Maurris, de recevoir le comte de Mirabeau et le garder jusqu'à nouvel ordre. Mais M. de Saint-Maurris était fortement informé du surplus par notices, lettres et instructions de l'Ami des Hommes.

Tant de précautions péchèrent par excès ; elles furent déjouées. Le lieutenant de maréchaussée, désigné pour recevoir le comte de Mirabeau des mains de M. d'Allègre et pour « le conduire sans délai ni séjour au château de Joux », se trouva être M. du Veyrier. C'était un client, un protégé, presque un ami des maisons de Vence et de Villeneuve, où toutes les femmes étaient assottées de Mirabeau. Mirabeau n'en proposa qu'avec plus d'assurance à M. du Veyrier de lui faire confiance pour une huitaine de jours qu'il voulait avoir la liberté de passer à Grasse chez sa sœur. Le lieutenant prit sa parole et consentit.

Mirabeau laissait au château d'Yf quelque cinq cents livres de dettes criardes qu'il devait aux bontés de M. d'Allègre d'acquitter coûte que coûte. M$^{mo}$ de Cabris s'en chargea, et, pour se procurer cette somme, elle envoya vendre à Paris des diamants ; M. de Briançon qui n'était pas riche fit l'avance. Des questions plus épineuses étaient à régler. Il y avait les affaires de la marquise de Mirabeau qui étaient près de rentrer dans la crise par un coup de théâtre d'ores et déjà médité : M$^{me}$ de Cabris et son frère convinrent d'afficher leur neutralité, quitte à s'en départir secrètement. Il y avait la procédure de M. de Mouans, à

présent complétée de plaintes reconventionnelles en
diffamation, dont Mirabeau exigeait naguère la poursuite dans le seul but de recouvrer sa liberté pour
plaider, mais qui dormait toujours au greffe ; il fut
convenu de ne la réveiller que dans un temps plus
favorable. Le moment de la séparation étant venu,
Mirabeau, M^{me} de Cabris et M. de Briançon se jurè-
rent un dévouement, une entente, une amitié à toute
épreuve ; ils se dirent adieu. « Tu seras mon Pylade ! »
disait Mirabeau à Briançon ; et se livrant, nouvel
Oreste, à ses Érynnies, il consommait en pensée un
fructueux parricide.

# DEUXIÈME PARTIE

## I

### JEANNETON ET SOPHIE

**M**IRABEAU vint se rendre au jour dit à M. du Veyrier.

A cheval et en route! Ils partaient en bons compagnons, Mirabeau armé de pistolets, ayant plutôt l'air d'entraîner M. du Veyrier, qui n'en avait point.

Ils n'allèrent pas loin, sans devenir de vrais amis. Au fait, ils se connaissaient. Le frère cadet du lieutenant, qui étudiait à Paris pour être avocat, y fréquentait la maison du marquis de Mirabeau, dans une respectueuse admiration du Maître, qui l'estimait sage et modeste. Le lieutenant lui-même était instruit, avisé et galant homme.

On ne peut douter que chemin faisant Mirabeau l'ait apitoyé, car c'était son fort, par la confidence de ce qu'il appelait ses malheurs depuis son enfance, et, mieux encore, qu'il l'ait émerveillé par le déploiement de son esprit brillant et familier, de ses dons de séduction, de ses vastes connaissances, de ses des-

seins grandioses, de son génie en un mot. Fût-on le
mieux prévenu contre lui, on ne pouvait l'entendre
sans être conquis ; c'est-à-dire, sans l'en croire un
peu, sans le plaindre et sans espérer beaucoup de
son caractère et de ses talents. Vingt-six ans accomplis, capitaine de dragons après une valeureuse campagne en Corse, marié, un fils, de l'ambition et des
capacités de prétendre, d'arriver à tout !... Que lui
reprochait-on à présent ? et pourquoi cette autre
prison ? devait-on le punir deux fois pour des fautes
déjà pardonnées ou maintenant expiées ?

Etait-il nécessaire de l'envoyer d'une province où
il comptait beaucoup d'amis, où son fils en bas âge
était élevé, à l'extrémité du royaume où tout lui serait
inconnu ?

Aussi suivait-il tristement le lieutenant du Veyrier
vers le « nid de hiboux égayé de quelques invalides »
où l'attendait son nouveau commandant, M. le comte
de Saint-Maurris.

Le comte de Saint-Maurris était un officier plus que
sexagénaire, mais resté vif, robuste et tranchant. Il
ressemblait pas mal à sa forteresse, qu'il commandait par tradition de famille, après une longue suite
d'ancêtres et de parents : extérieur imposant, glacial
et sévère ; mais l'intérieur avait de l'agrément et
s'humanisait. Comme il jouissait, dans le meilleur
quartier, de forts beaux et vastes appartements qu'il
n'ouvrait qu'aux solennités, M. de Saint Maurris en
concéda gracieusement une pièce au comte de Mirabeau. Entre hommes de qualité, on avait ces façons
d'en user ; mais il reprit le ton commandant pour
prescrire à son prisonnier une extrême circonspec-

tion dans tous ses rapports avec la population du château et de ses dépendances. Cette précaution était l'effet des avertissements et conseils impératifs du marquis de Mirabeau touchant le caractère dangereux de son fils, sa vantardise, sa turbulence, sa facilité à emprunter de toutes mains, et son peu de ressources véritables après des prodigalités inouïes : en tout et pour tout, cent livres par mois.

Dès ce premier abord, néanmoins, Mirabeau tirait sur sa chaîne à la rompre. Il réclamait la liberté de la place et celle de la ville et de ses environs, certifiant n'avoir obéi à l'ordre de translation du roi que sur la promesse de cette liberté et s'offrant à prouver qu'elle lui avait été garantie par son père. Il remettait toutefois à produire cette preuve jusqu'à l'arrivée de son bagage ; mais ce ne pouvait être qu'une lettre de sa femme relatant un entretien favorable qu'elle disait avoir eu avec son beau-père à ce sujet. M. de Saint-Maurris refusa tout net. Mirabeau insista, protesta, plaida. Une grande et quotidienne dépense physique, et de la lecture, des distractions, une société, lui étaient indispensables, faute de quoi des maux graves et la folie le menaceraient ; la mort lui deviendrait préférable... M. de Saint-Maurris se laissa ébranler. Il prêta un fusil au comte pour chasser dans la montagne et dans les marais du domaine de Joux, soit à plus d'un millier de toises à la ronde. Cette permission arrêtait toutefois Mirabeau à mi-chemin de Pontarlier, en pleine campagne, où ses connaissances de la ville auraient à le venir joindre si bon leur semblait.

Par bonheur, au pied même du fort, à la Cluse, un

jeune magistrat, Jean-Baptiste Michaud, procureur du roi au tribunal du bailliage de Pontarlier, passait la bonne saison dans une retraite laborieuse. Il y habitait une vieille maison de famille, pourvue d'une bibliothèque. M. de Saint-Maurris ne pouvait interdire à Mirabeau une fréquentation aussi honorable. Il ne l'autorisa pourtant pas sans un déplaisir visible. Le procureur était sa bête noire. Entre eux se débattait un litige qui les dépassait l'un et l'autre, et que l'opposition de leurs caractères aigrissait.

Une jeune personne refaisait toutefois la liaison entre eux.

Michaud avait trois sœurs. L'aînée, Mme Parguez, était mariée depuis longtemps au lieutenant-particulier civil et criminel du bailliage de Pontarlier. De ses deux puînées, restées célibataires, la cadette avait un attachement connu. Moins respectables, parce que plus changeantes, étaient les liaisons de l'autre, Jeanne, dite Jeanneton. Elle avait eu des bontés pour beaucoup de monde et, sans doute, pour M. de Saint-Maurris, car il la ménageait, il l'écoutait, il la servait encore. L'attrait qu'elle ajoutait à la société de son frère pouvait-il être insensible à Mirabeau ? Les officiers de la petite garnison du château et ceux de l'état-major de M. de Saint-Maurris étaient de peu de ressource pour la conversation, l'étude, l'exercice et le plaisir. Tous habitaient à Pontarlier, zone interdite. La garnison composée d'une dizaine d'invalides, se renouvelait de cinq en cinq jours. La plupart de ces hommes, anciens bas-officiers et soldats, indigents ou mariés, logaient aussi en ville ou dans les hameaux voisins; les femmes y travaillaient; pas une n'était sortable.

Jeanneton Michaud, née en 1749, était de l'âge de
Mirabeau ; mais sa complexion brûlante et fragile la
faisait paraître bien plus jeune. On lui eût donné
vingt ans sans la flatter, et Mirabeau n'y contredit
pas en la voyant. Lorsqu'elle eût entendu son frère,
si froid d'habitude, parler avec enthousiasme de ce
fils du célèbre Ami des Hommes, de ses malheurs et
de ses espérances, de ses talents et de son charme,
Jeanneton ne rêva plus que d'approcher librement,
elle aussi, ce personnage extraordinaire, le plus sédui-
sant quoique le plus laid, le mieux né et pourtant le
moins fier, enfin le meilleur et le plus infortuné. Elle
vint s'installer à la Cluse. Elle déroutait ainsi l'espionnage et la médisance des gens de Pontarlier ; elle
échappait à la grondeuse tutelle de ses vieux père et
mère auprès desquels elle vivait à la ville, dans leur
vaste maison de la rue Basse ; et, maîtresse de sa conduite comme de son cœur, il lui devenait loisible de
se consacrer toute à la distraction de son nouveau
héros. Elle ne le fit pas languir ; ou Mirabeau, vrai
dragon en amour, ne lui en laissa pas le temps.

Leur intimité fut bientôt si apparente qu'elle fit
jaser à la ronde ; et que M. de Saint-Maurris en prit
de l'humeur. Pour y mettre fin, il tenta de faire cesser
d'abord l'intimité de son prisonnier avec Michaud.
« Charitablement », ce fut son mot, il avertit le procureur du roi des dangers auxquels sa bourse était
exposée par la dissipation incorrigible et la mauvaise
conduite habituelle du comte. Il lui représenta le
scandale causé par cette fréquentation journalière d'un
détenu d'ordre du roi chez un homme « d'un état aussi
différent ». Mais Michaud fit observer qu'elle n'avait

rien au contraire que de louable et que de conforme aux désirs du marquis de Mirabeau tels qu'on les lui opposait. Le comte, précisait-il, faisait dans sa bibliothèque et ses archives des recherches intéressantes pour l'histoire de la Franche-Comté, qu'il avait en tête d'écrire ; il se proposait d'en tirer d'abord des études économiques destinées à la publication dans les *Ephémérides*, ce périodique dirigé par l'abbé Baudeau sous l'inspiration de l'Ami des Hommes. Nombre d'ouvrages indispensables à de tels travaux étaient entassés dans la maison de Michaud à Pontarlier, ainsi que chez d'autres particuliers, d'où ils n'étaient pas transportables... Loin donc de restreindre ou de contrarier les relations du comte, il convenait de les étendre en lui accordant le libre accès à la ville.

Jeanneton joignait ses chaudes instances à la placide argumentation de son frère. Aussitôt il parut habile à M. de Saint-Maurris de complaire à la jeune fille. Il pensa tirer avantage d'une liberté qui éloignerait d'elle Mirabeau chaque jour, de longues heures durant. Il voulut qu'elle lui sût gré de cette faveur perfidement calculée, et il la chargea de l'annoncer au comte. Il en fut remercié comme on pense.

Alors le curé de la petite paroisse de la Cluse, excité par le caquet de ses ouailles ou par les conseils de M. de Saint-Maurris, intervint à son tour. Il communiqua ses appréhensions à la mère de Jeanneton. Celle-ci fut surveillée, gênée, tancée, au point que Mirabeau s'irrita contre l'homme de Dieu. L'ayant rencontré sur le grand chemin, il lui reprocha vertement son zèle indiscret et la témérité de ses suppo-

sitions et jugements ; il le houspilla de ses gros mots.
Le prêtre se rebèqua ; mais M. le Comte lui donna
du bâton. On le vit faire, et il s'en vanta. Son humble
victime, au contraire, n'osa porter plainte ; l'esclandre n'eut pas de suite. Le feu du ciel, qui tomba
peu après sur le château de Joux et qui incendia le
donjon, épargna semblablement l'agresseur ; tout au
plus sa victime eut-elle la consolation d'y voir, et d'y
faire voir, la menace d'un châtiment suprême s'il
récidivait. Presque aussitôt, ce bruit fut couvert par
celui des réjouissances prescrites à l'occasion du
sacre de Louis XVI.

Le sacre avait eu lieu le 11 juin. Les ordres du roi
pour faire chanter un *Te Deum* en actions de grâces
parvinrent à M. de Saint-Maurris le mardi 20 juin.
Ils furent exécutés le dimanche suivant.

Au dîner qui suivit la cérémonie, Mirabeau se trouva
placé à la gauche de M^me de Monnier la toute jeune
femme du premier président honoraire de la Chambre
des Comptes de Dôle, vieillard septuagénaire ; ses
quartiers de noblesse, dont il comptait le plus après
M. de Saint-Maurris, lui valaient cet honneur. Il se
trouvait ainsi pour la première fois mis en vedette
dans la société la plus distinguée du pays. Il se déploya.

Manières cérémonieuses, coups d'œil hautains et
perçants, physionomie expressive et mobile en dépit
de la bouffissure des traits et de leur défiguration
par la petite vérole, tête énorme et doublée de volume
par la plus abondante chevelure frisée, taille élevée
et massive, il n'y avait rien en lui qui n'attirât les
regards, qui n'excitât l'étonnement. Aussi l'enjoue-

ment et l'entrain de sa conversation avec la marquise furent-ils remarqués. Il en faisait apparemment tous les frais.

M<sup>me</sup> de Monnier avait du naturel, du piquant et de l'imprévu dans l'esprit ; mais elle n'osait s'y livrer, elle bredouillait: tandis qu'il n'y avait questionneur plus adroit, causeur plus libre, plus divers et plus abondant que Mirabeau. Il fournissait donc à la demande et à la réponse ; et visiblement, la marquise lui savait gré de ne pas l'abandonner un instant à son embarras. Par un tic de timidité et non de coquetterie, elle se mordait sans cesse les lèvres, qu'elle avait vermeilles sur des dents parfaites ; mais elle se raccourcissait ainsi le visage ; elle ne l'avait déjà que trop rond et poupin, mal proportionné à sa grande stature. Elle se tenait mal, la tête penchée de côté, le dos rond ; enfin elle parlait d'une voix un peu forte et basse.

Une créature magnifique, pourtant, à la mieux voir. Point jolie, mais point laide. La physionomie franche et mutine effaçait ou arrangeait ce que son visage avait d'irrégulier et de commun, pommettes larges et saillantes, nez un peu gros, épaté, rouge, écourté à la Roxelane, et menton rapetissé, de travers... Au reste, Mirabeau était moins sensible à la perfection des traits qu'à leur expression et aux signes du tempérament. Il admirait en M<sup>me</sup> de Monnier d'abondants cheveux noirs, plantés et bouclés à ravir, le front large et bombé d'une tête réfléchie et volontaire, des yeux noirs ni grands ni petits, aux cils peu fournis et dont l'un était déparé légèrement par une excroissance pâle de la paupière inférieure, mais si brillants du feu intérieur de la jeunesse, de l'intelligence et de la tendresse ! une bouche petite, un menton à fossette, un col droit, souple et puissant, des épaules grasses et larges, la poitrine arrondie et ferme à souhait, des mains potelées, et quelles révélations d'un sang généreux et vif sous le teint le plus frais, un teint de lait ! Une Hébé.

Soit que Mirabeau devinât que la marquise n'était point galante, soit qu'il lui supposât une liaison, il s'en tenait avec elle au jeu d'un petit-maître et d'un bel esprit. Peut-être Jeanneton Michaud l'intéressait-elle davantage. Ou bien, il se réservait, il tâtonnait. Son père ne lui reprochait pas sans raison, l'air guindé de son premier abord, l'apprêt de son langage, même un « vernis de pédanterie » qui était de famille et dont il ne se défaisait souvent que pour prendre le mauvais ton du régiment. Il lui fallait l'émulation d'une compagnie d'hommes du premier mérite, ou de femmes du plus haut parage, pour donner le vol à ses supériorités véritables.

Dans sa modestie empruntée, M<sup>me</sup> de Monnier se demandait s'il ne lui jouait pas une comédie étourdissante et froide, s'il n'était pas un roué qui la persiflait et cherchait à la décontenancer. Elle n'ignorait rien de sa réputation de mauvais sujet, authentiquée par une lettre de cachet ; les bavardages malveillants de M. de Saint-Mauris, familier de sa maison, l'avaient bien avertie. Mais à la fin du repas, sa curiosité et sa bonté triomphaient de sa méfiance ; elle priait M. de Monnier d'ouvrir à l'aimable comte sa bibliothèque et ses archives. Le marquis avait de l'esprit et de la bonne grâce ; il ne s'agissait plus que d'obtenir de M. de Saint-Maurris la liberté de répondre à son invitation. La marquise s'y empressa, sur la prière de Mirabeau ; mais le commandant lui opposa un refus catégorique.

Quelques jours après, à Pontarlier, le hasard remettait Mirabeau et M<sup>me</sup> de Monnier en présence, à la promenade sur le Cours, au bord du Doubs. Il y accompagnait M<sup>lle</sup> Michaud. Jeanneton se sépara vivement de lui, mais avec une gêne visible, en voyant la marquise approcher. La compagnie de M<sup>me</sup> de Monnier s'en fit un sujet de risée ; mais elle, coupant court à cet entretien peu charitable, aborda le comte ; et sans préambule, elle lui proposa d'être le lendemain d'une partie de campagne tout arrangée, à Montpetôt. C'est un petit hameau de la montagne où il était de tradition d'aller chaque année visiter une chapelle de la Vierge ; pieux prétexte à danser, à folâtrer et à faire collation ensuite, sous un hêtre plus que centenaire, jusqu'à la tombée du jour.

La marquise se rendit à Montpetôt en carrosse, quoiqu'elle montât bien à cheval et que l'habit d'homme lui fût habituel. Mirabeau caracolait à sa portière. Toute la suite était de jeunes gens. La beauté du temps s'accordait à leur joie, comme l'isolement du site choisi aux licences qu'ils se promettaient. Il y avait là plus d'une femme réputée hardie et facile. Le comte n'eut d'attentions marquées pour aucune, que pour M<sup>me</sup> de Monnier. Tout de suite, en ouvrant le bal, il lui avait demandé sur un ton pressant un entretien sérieux, en tête à tête ; elle le lui avait promis avec une simplicité dont il se montra touché ; et sitôt finies les folies du colin-maillard, elle le lui accorda.

SOPHIE DE MONNIER A VINGT ANS
miniature du temps
(App. au Comte de VIEL-CASTEL)

M. de Saint-Maurris en fit les frais dès les premiers
mots. Mirabeau accusa son caractère despotique, ses
façons cassantes et brutales, ses sévérités inutiles et
sa présomption ridicule. Il dit sa crainte que par
jalousie ou méchanceté pure, le vilain homme ne
l'eût perdu dans l'estime et la sympathie de M. et
M<sup>me</sup> de Monnier en leur communiquant les lettres de
son père, toutes atroces et mensongères. Il désespérait d'en pouvoir jamais effacer l'impression,
tant l'influence et l'intimité du commandant lui semblaient fortement et de vieille date établies dans leur
maison, la seule où lui-même pût fréquenter décemment... Et à mesure qu'il parlait, le visage, les attitudes, les exclamations de la marquise dissipaient
ses appréhensions et confirmaient son jugement...
N'avait-elle pas les mêmes griefs et quelques autres
contre le vieux commandant? Il abusait contre elle
de la confiance du marquis de Monnier. En même
temps qu'il la courtisait, il dénonçait sa coquetterie
à son mari de manière à éloigner d'elle ses autres
soupirants.

Cette conversation animée et tenue à l'écart intri-
guait la compagnie. Dès le lendemain, on en contestait l'innocence; et M. de Saint-Maurris prenait
l'alarme. Il dépêcha auprès de Mirabeau son homme
de confiance, M. de Lalleu, ingénieur de l'artillerie
du fort, qui poussa vivement son enquête : « Aimez-
vous réellement M<sup>me</sup> Michaud? » demanda-t-il au
comte. Réponse évasive. « Avez-vous des projets sur
M<sup>me</sup> de Monnier? — Comment, des projets? répartait
Mirabeau. Je l'ai vue trois fois. Je ne la reverrai peut-
être plus. Mon cher Lalleu, vous me croyez bien

inflammable... M. de Saint-Maurris m'interdisant à Pontarlier la seule maison où je puisse aller avec plaisir et décence, je suis décidé à n'entrer dans aucune autre et à profiter de la liberté de voir M^lle Michaud... »

Les intentions de Mirabeau, à ce moment, étaient vraiment celles qu'il disait. Son élargissement qu'il espérait obtenir avant l'hiver et même avant octobre, où l'hiver commence à Pontarlier, dépendait surtout des bons rapports que M de Saint-Maurris ferait à son père. S'établir son rival chez la marquise de Monnier ne pouvait aboutir qu'à « resserrer ses fers » et qu'à le précipiter dans la plus dangereuse aventure.

Juste à point, une lettre de sa femme venait de l'informer que le marquis de Mirabeau avait acheté un immense hôtel rue de Seine ; la comtesse ajoutait : « Je l'ai vu avec plaisir vous y choisir un appartement. » Par une autre voie, Mirabeau avait appris que le 30 mai précédent, sa mère, échappée du Limousin où la confinait un ordre du roi, avait fait irruption chez le marquis, flanquée de deux notaires, dans le dessein déclaré de reprendre sa place au foyer conjugal, d'où M^me de Pailly l'avait fait bannir. De là, elle s'était rendue chez le vieux ministre dirigeant, M. de Maurepas, pour lui notifier sa résolution de plaider « jusqu'aux enfers » plutôt que de céder le terrain. Elle avait appelé son fils à son aide, l'adjurant de la fournir de « preuves » contre le marquis. Mirabeau lui avait refusé cet affreux concours ; et il se croyait en droit de compter que son père lui saurait gré de ce refus.

On ne tardait pas non plus à l'avertir de Provence que la marquise douairière de Marignane, grand'mère et marraine de sa femme, était sur le point de mourir. Or, la douairière avait par contrat augmenté la dot de la comtesse d'une somme de soixante mille livres payables à son décès. Moyennant cette somme, Mirabeau se faisait fort de désintéresser la plupart de ses créanciers honnêtes et de transiger avec ses usuriers. La levée de son interdiction ne pouvait que s'ensuivre. Dès lors, il récupérerait la jouissance d'un revenu libre d'environ dix mille livres. Son « étoile », car il croyait à son étoile, ferait le reste. A quoi n'était-il pas propre ? Le règne semblait venu des jeunes têtes et des hommes nouveaux.

A l'instant de tirer parti de ces conjonctures favorables, le comédien « effrayant de naturel » qu'il était né voulut ajouter à ses chances l'avantage d'une mise en scène appropriée. Il s'enferma au château de Joux, s'y alita et fit alarmer M. de Saint-Maurris sur la gravité de son état. On le savait sujet aux coliques néphrétiques ; il joua d'autant mieux le malade aux yeux du crédule commandant qui promit d'invoquer la miséricorde paternelle. De son côté, Mirabeau fit appel au bailli de Mirabeau, à son intercession plutôt.

« Mon oncle, lui écrivit-il, si je connaissais un cœur meilleur que le vôtre et plus tendre pour sa famille, une judiciaire plus forte et plus saine, je m'adresserais à cet être privilégié pour l'engager à demander à mon père le temps où il se propose de faire cesser l'état réellement déplorable qui m'accable. Je lui dirais : La liberté est de droit naturel ; l'ai-je

perdu? On ne punit pas deux fois pour la même
chose. Ce n'est certainement pas pour des dépenses
ruineuses, qui m'ont attiré tant d'humiliations, donné
tant de remords et privé pendant près d'un an de la
liberté, que je suis détenu dans un fort ; c'est pour
une affaire, peut-être imprudente dans la forme, mais
honnête dans le fond, que je ne désavouerai jamais,
que je gagnerais à tous les tribunaux du monde ; c'est
pour cette affaire malheureuse [avec le baron de
Mouans] que j'ai été arrêté. Une détention si longue
ne doit-elle pas persuader au public que j'ai les torts
les plus graves et les plus déshonorants ?

« A qui dois-je adresser ce langage, mon cher
oncle? Dois-je abandonner l'espoir de faire oublier
mes légèretés, de transmettre à mon fils un nom qui
n'aura pas perdu, par ma faute, la considération que
vous et mon père lui avez acquise? Les temps se
régénèrent, l'ambition est permise aujourd'hui, et
croyez-vous, souffrez que j'ose vous le demander,
croyez-vous que l'émulation qui m'inspire soit absolument stérile, et qu'à plus de vingt-six ans, votre
neveu ne soit capable d'aucun bien? Non, mon oncle,
vous ne le croyez pas. Relevez-moi donc, daignez me
relever, sauvez-moi de la fermentation terrible où je
suis, et qui pourrait détruire l'effet que les réflexions
et l'épreuve du malheur ont produit sur moi. Il est
des hommes qu'il faut occuper. L'activité, qui peut
tout, devient turbulente, alors qu'elle n'a ni emploi
ni objet. »

« Mais quels que soient les desseins de mon père,
soit qu'il veuille aider ou détruire mon ambition, daignez du moins lui demander ma liberté personnelle.

Il ne veut pas, sans doute, me jeter en démence ou me précipiter dans la frénésie. Je sens que ma santé m'échappe. Ma tête agitée souffre d'autant plus que je fais plus d'efforts pour la retenir. Dans un mois, des monceaux de neige vont m'ensevelir dans un pays dénué de toutes ressources morales. Cette perspective est cruelle. Mon état est douloureux et pénible ; il s'aggravera, excédera mes forces, et vous regretterez alors, mais inutilement, un neveu qui ne veut plus vivre que pour votre satisfaction et l'intérêt de sa famille et de son nom. »

Sèche et négative fut la réponse du bailli ; elle renvoyait son neveu devant le tribunal de son père, comme à « son juge naturel ». Mais la furieuse déconvenue de Mirabeau ayant fait place à la réflexion, il comprit que cette réponse ne partait pas de la main qui l'avait tracée.

Mirabeau avait commis une grossière faute de manœuvre, en écrivant à son oncle chez son père où il le croyait être, et en lui envoyant sa lettre décachetée sous le couvert de sa femme, dans la persuasion que celle-ci en prendrait connaissance la première, en serait touchée et associerait ses instances à celles du bon bailli. Mais le bailli avait regagné sa commanderie de Sainte-Eulalie en Rouergue. La comtesse avait naturellement lu la supplique de son mari ; elle l'avait fait lire ensuite à son beau-père ; et le marquis de Mirabeau avait profité de l'indiscrétion pour ne renvoyer la lettre de son fils à son frère qu'en lui suggérant ce qu'il y devrait répliquer. En docile cadet, le bailli s'était conformé à ce thème. L'intervention simultanée de M. de Saint-Maurris n'avait

pas eu un meilleur succès ; elle avait trouvé le marquis incrédule, hostile, impitoyable. Eh quoi ! n'avait-
il pas mis en garde ce commandant contre les roueries
de son prisonnier ? Tant de naïveté chez un vieux
dur-à-cuire, dûment chapitré, lui faisait hausser les
épaules de mépris : on n'avait plus affaire qu'à des
hommes de paille ou de coton.

Cependant, avant que le souffle meurtrier de ces
sarcasmes lui revînt de Provence par le détour de
son oncle, Mirabeau, tout enflé de son espérance, ne
s'était distrait de sa captivité volontaire que par des
travaux susceptibles de lui faire honneur aux yeux
de son père. Il pressait Michaud de lui procurer les
matériaux de quelque étude pour les *Éphémérides*,
« car mon père, lui écrivait-il, ne me les a sûrement
envoyées que pour avoir quelque chose de relatif à ce
pays-ci » ; et il entreprenait un mémoire conçu avec
une étonnante science du sujet, sur les salines de
Franche-Comté. Il composait une introduction à
l'Abrégé de l'histoire de Bourgogne écrit par Michaud.
Il prêtait sa plume exercée aux officiers municipaux
de Pontarlier pour le service de la ville ; de quoi ils
le vinrent remercier en corps au château. Mais le
froid déclinatoire du bailli lui fit rompre de colère sa
studieuse retraite. Il ne fut guère moins prompt à
combiner une offensive qu'à se remettre sur pieds.
Aussi facilement qu'il broyait du noir, il reprenait
espoir et courage.

Dans la deuxième semaine de septembre, au retour
d'un voyage d'études dans le Jura, Mirabeau trouva
au château une lettre du comte de Saint-Maurris le
priant au nom de la ville de faire une relation des

fêtes du sacre. « Trois mois après, écrivit-il à Michaud,
il est temps ; et d'ailleurs c'est une chose très vantable
que le zèle avec lequel on s'est enivré en l'honneur
du roi. » Le 16 septembre, il en apportait le manuscrit au comte.

Le marquis de Monnier, seul des notables de Pontarlier, s'y trouvait nommément loué pour sa bienfaisance à cette occasion. Il avait fait aux pauvres
une distribution de blé. La magnificence de la décoration lumineuse et florale de son hôtel, l'ingénieuse
composition de ses emblèmes et devises, y étaient
vantées avec détail, mais sans qu'il fût même insinué
qu'une fée de sa maison en avait été l'inspiratrice.
M. de Saint-Maurris apparaissait partout dans ce
récit, en nom, en titre, en personne, d'une manière
digne de son attente et de la prééminence de son rôle.
L'administration municipale n'était pas moins bien
traitée. Mirabeau obtint sur-le-champ l'autorisation
du commandant de se rendre en Suisse pour y faire
insérer cette relation dans quelque gazette répandue.
Il demanda d'en profiter pour négocier à Neuchâtel,
chez le libraire européen Samuel Fauche, la vente et
l'édition de son *Essai sur le despotisme*, son premier
livre, conçu lors de son exil au château de Mirabeau,
exécuté durant son exil suivant à Manosque, rema-
nié au château d'If et tout à fait terminé au fort de
Joux. M. de Saint-Maurris n'eut pas la curiosité et la
prudence de s'en faire lire le manuscrit ; il s'en rap-
porta aux dires de l'auteur.

Lorsque la relation des fêtes eut été publiée, la
municipalité délibéra de faire en corps une seconde
visite de remerciement à l'incomparable écrivain.

Mirabeau la reçut au château avec son imposante et
familière bonne grâce. M. de Saint-Maurris ne voulut
pas moins faire que les robins. Il était à la veille
d'une longue absence : la mauvaise saison était proche ;
le séjour du château, emprisonné dans les neiges
allait devenir intenable durant six mois. Il permit à
son prisonnier de prendre chambre et pension en
ville, et de se déplacer hors du pays autant que l'exi-
geraient ses travaux en cours et l'impression de son
ouvrage.

Modestement, Mirabeau s'en vint demeurer à l'auberge que tenait au bout de la grand'rue, près du pont
sur le Doubs, le lieutenant des perruquiers de Pontarlier, le sieur Bourrier, un homme de ressources et
d'esprit. Le mauvais payeur n'avait pas tué là son
crédit, ou bien il le ressuscitait à volonté. Au reste,
le procureur du roi le cautionnait, tacitement au
moins : n'étaient-ils pas inséparables et bien mieux,
quasiment frères, par la Jeanneton. Ils couraient le
pays ensemble. La maison des Michaud n'avait pas de
visiteur plus assidu que le comte ; surtout la nuit. Il
sied d'ajouter que Mirabeau parlait si haut et si bien
des sacs de pistoles que d'un jour à l'autre il devait
rapporter de chez Fauche, pour prix de son ouvrage,
qu'on croyait les entendre sonner. Un livre contre le
despotisme ! toute l'Europe en voudrait... Bourrier,
comme ses pareils, avait le cœur républicain. Il
avait aussi l'âme d'un contrebandier : il saurait faire
passer la frontière à plus d'un ballot de cette fine
marchandise, et la colporter. Mirabeau, pas fier,

était son ami. M⁽ᵐᵉ⁾ Bourrier n'était pas d'un autre sentiment.

Sur tous les chemins et dans les meilleures auberges de la contrée, Mirabeau, sous des noms d'emprunt ou sous le sien, était maintenant aussi remarqué que l'avait pu être naguère Jean-Jacques, qu'il se targuait d'avoir connu, chez son père sans doute, et dont il recueillait avidement les souvenirs tant à Pontarlier même qu'en Suisse, à Yverdon, à la Chaux-de-Fonds, au Locle, dans le Val-Travers, à Neuchâtel et plus loin. Un Provençal qui le rencontra ici, dans la boutique de Fauche, le reconnut et le nomma : c'en fut fait partout de son incognito. Mais son marché se concluait. Mirabeau cédait à Fauche moyennant quinze cents livres tous ses droits sur la publication sans nom d'auteur de l'*Essai sur le despotisme*; premier succès qui, s'il était assez mince, en promettait d'autres et de plus rémunérateurs. Les projets en venaient en foule à son esprit fertile, affamé.

Il y avait bien encore au traité cet inconvénient que Fauche s'était obligé à ne payer qu'en papiers à longue échéance, difficilement négociables; et c'était d'argent comptant que Mirabeau avait faute. Mais Michaud et son beau-frère Parguez cherchèrent activement un endosseur, et en attendant qu'ils l'eussent trouvé, Bourrier patienta, fit même de petites avances. Une autre perspective, maintes fois déjà parcourue en idée, s'ouvrait *tout de bon au comte;* la douairière de Marignane se mourait, si elle n'était pas morte. Il n'y avait pas de temps à perdre pour mettre l'embargo sur son legs de 60.000 livres à la comtesse et pour en faire assigner l'emploi à la

liquidation de ses dettes : n'était-ce point pour les
plaisirs et l'ornement de cette épouse ingrate qu'il en
avait contracté la plus grosse part, avec la prodigalité d'un amant plutôt que d'un mari? Mais il s'agissait de disposer la comtesse, au sacrifice de cet héritage. En définitive, il s'agissait de faire sa paix avec
elle.

A cet effet, Mirabeau rompit le silence qu'il avait
juré d'observer avec la comtesse, depuis qu'elle-
même avait cessé de lui écrire, ne fût-ce que pour
lui donner des nouvelles de leur enfant, élevé à
Manosque dans la famille de son séducteur. Il lui
envoya huit pages d'adjurations si pathétiques,
qu'elles lui causaient à lui-même des suffocations de
larmes et de sanglots chaque fois qu'il en relisait le
brouillon. Il la suppliait de le rejoindre sans délai,
coûte que coûte, et de passer avec lui à l'étranger, où
une carrière d'écrivain lui était, disait-il, assurée. Il
ne doutait pas que cette perspective d'expatriation et
d'existence précaire, erratique, ne produisît sur elle
un irrésistible effet d'intimidation et d'effroi, sous
l'empire duquel elle assaillirait son beau-père et
l'importunerait, jusqu'à ce qu'il se décidât à lui rendre
un époux moins coupable qu'égaré, assez puni de ses
fautes, trop jeune pour vivre solitaire et trop fougueux, si on le désespérait, pour ne pas tomber dans
une déraison incurable, déshonorante peut-être...
Pages perdues, hélas! de toutes façons. Perdues alors
pour lui aussi bien qu'aujourd'hui pour nous. La comtesse, — « son Émilie », — s'empressa de les détruire,
Mirabeau lui rappelait avec une précision, un détail
par trop cruels, qu'elle lui devait non seulement

l'honneur du nom qu'elle portait, mais la vie... Il avait tout pardonné, il en refaisait le serment, mais il était clair qu'il n'avait rien oublié... Alors, que valait son pardon? où était sa générosité? quel espoir d'une existence unie et paisible? Et puis, elle en avait lu d'autres de cette encre et de cette griffe, sinon de cette longueur.

Le pire fut assurément qu'elle les lut dans un milieu hostile, et que sa vive émotion apparente ne suscita autour d'elle qu'une curiosité maligne et traîtresse, une compassion affectée et des allusion narquoises, desséchantes. Le marquis de Mirabeau ne soupçonnait rien de l'adultère de sa belle-fille et de ses suites heureusement avortées. Il continuait de recevoir chez lui le mousquetaire Gassaud et de provoquer ses propos empoisonneurs, ses récits de la vie d'enfer de la comtesse auprès de son mari. Il s'armait contre son fils de telles confidences.

Ainsi tenaillée par le souvenir de son affection coupable, offusquée par la sommation de son mari, incertaine de son intérêt véritable, n'osant prendre avis de personne en cette crise, ne sachant que répondre, sans amis, sans confidents, sans conseils, « Émilie » temporisa. Elle attendit d'avoir recouvré son indifférence et son sang-froid et d'avoir reçu de Pontarlier, où son beau-père avait des espions comme partout où vivait l'un des siens, des informations dignes de foi sur l'état de santé, les plaisirs, la condition véritable de son impérieux, mais peu croyable mari. Elle fut rassurée tout à fait. Alors seulement, de ce château de Bignon où Mirabeau était né, et dont il aimait la campagne parce qu'elle avait été clémente à son enfance exaspérée, elle lui répondit (11 octobre 1775) :

« Je commence, Monsieur, par vous faire mes excuses de ne vous avoir pas plus tôt donné de mes nouvelles. Mais j'avoue que la proposition que vous me faisiez par votre dernière lettre m'a tellement embarrassée que je n'ai su comment y répondre, étant dans l'impossibilité de l'exécuter. Je n'entreprendrai pas ici de vous faire le détail des inconvénients sans nombre qui rendent votre projet impossible à réaliser. Il peut se présenter à l'imagination dans le fort du chagrin ; mais quand vous l'aurez vu de sang-froid, vous y aurez certainement trouvé plus d'obstacle que je ne pourrais moi-même vous en faire apercevoir...

« Je croirais vous faire un tort irréparable si je m'engageais avec vous dans une démarche qui vous donnerait l'air d'un fugitif et qui vous brouillerait avec votre père plus que jamais : j'ose vous dire, Monsieur, que vous n'êtes point réduit à cette extrémité, et que, quoique la position que vous endurez soit terrible à supporter, comme elle ne peut ni ne doit durer longtemps, elle ne doit pas vous jeter dans une situation dont il nous serait quasi impossible de vous tirer jamais. Le procès de votre père et de votre mère est toujours pendant : elle a offert d'assurer son bien à M^me de Cabris, ce qui n'a pas été accepté. Je n'ai su cela que de ricochet, car votre père ne me parle jamais de cette affaire.

« Vous devez être instruit depuis quelque temps de la perte que je viens de faire : pour moi je ne l'ai sue qu'hier..., quoique grand'maman soit morte le 26 septembre... Il y a si peu de gens qui prennent

intérêt de mon sort, que la perte que je fais m'en
devient encore plus sensible.

« Je finis, Monsieur, en vous renouvelant l'assurance de l'attachement le plus tendre et le plus invio-
lable, qui ne finira qu'avec ma vie.

« ÉMILIE ».

Pas une allusion à l'héritage escompté! Ce silence
avare et cauteleux de sa femme parut à Mirabeau le
fait de son intelligence profonde avec son père,
puisque celui-ci, en vertu de la coutume de Provence,
avait seul la disposition des biens dotaux de sa bru
jusqu'à la majorité de son fils. Mirabeau avait vingt-
six ans passés, mais son interdiction l'avait remis en
minorité. L'échec de sa manœuvre suprême ne
l'abattit pas longtemps; il avait prévu le pire; il ne
répliqua rien. Mais il avisa aux moyens d'hiverner
avec le plus d'agrément sous les dix pieds de neige
qui d'un jour à l'autre allaient ensevelir Pontarlier.
La tendre et consolante affection de Michaud et de
Jeanneton le soutenait. La maison du marquis de
Monnier était sur le point de se rouvrir.

On y jouait la comédie sur un petit théâtre que
l'amoureux vieillard avait consenti de ménager pour
l'amusement de sa jeune femme. M. de Saint-Maurris
en avait sans peine tenu Mirabeau écarté pendant la
bonne saison; mais comment lui en défendre l'entrée,
à présent qu'il lui avait donné résidence dans la ville?
D'ailleurs son absence se prolongeait, et longtemps
avant qu'il fût revenu, la marquise avait rouvert sa
maison. Mirabeau fut de ses premiers visiteurs, et des
mieux accueillis. On l'attendait... (26 octobre 1775).

Le marquis de Monnier avait de grandes connaissances, beaucoup de lectures et de l'esprit. Il fut
charmé d'en découvrir infiniment dans la conversation du comte de Mirabeau. La société de ce jeune
homme étonnant lui devint nécessaire et, peu à peu,
le comte acquérait sur lui « un ascendant incroyable ».
M. de Saint-Maurris perdait de son crédit passé, et
les prêtres de leur influence. Mirabeau, de son côté,
ainsi recherché et choyé dans cette attrayante et riche
demeure, y faisait des comparaisons de moins en
moins favorables à la sombre et modeste maison des
Michaud.

La monotone vulgarité des plaisirs nocturnes que
lui ménageait Jeanneton, la niaiserie de son tête à
tête, la médiocrité de son jugement, de ses préférences, de ses relations, de ses visées, contribuaient à
le détacher d'elle, dont le commerce tout à coup cessait de lui paraître indispensable. Il revoyait la marquise de Monnier avec les mêmes yeux, pour ainsi
dire désillés. Elle n'avait plus l'air emprunté et timide,
la langue embrouillée, le maintien gauche, l'allure
provinciale, qu'il avait observés avec ennui dans leurs
premières rencontres. Elle ressemblait chaque jour
davantage, dans la liberté de ses attitudes, dans sa
pétillante et douce franchise, à la reine du bal et
des jeux champêtres de Montpetôt. Aucune femme
autour d'elle n'avait son charme; aucune ne semblait
plus désirable.

Il rechercha une occasion de trouver la marquise
seule chez elle. Elle se présenta vite, ou plutôt il
saisit le premier expédient venu pour la faire naître.
Comme il fréquentait la boutique de l'unique libraire,

où les gens instruits et les dévotes s'approvisionnaient
de lectures, il y rencontra M. de Lalleu en train de
commander un choix de livres pour M^me de Monnier;
elle l'en avait prié. Mirabeau railla la médiocrité de
ce choix, représenta ses facilités d'en faire un mieux
assorti, et s'emparant des « ordres » de la marquise,
il passa une commande à Fauche. Puis il vint informer
la marquise qu'elle était « obéie ». Elle était seule
encore, ainsi qu'il l'avait prévu.

Quel sujet de causerie aborder, qu'elle fût maîtresse
de laisser ou de suivre, avec un pareil interlocuteur?
Elle ne savait guère rien tirer de son propre fonds.
Son imagination était stérile, faute de savoir, d'expérience et de coquetterie; elle ne lui fournissait
jamais devant le comte que du papotage, et toujours
le même, une amicale taquinerie sur sa liaison
affichée avec M^lle Michaud. Elle la reprit naïvement.
Mais aux premiers mots, le comte feignit d'y voir
une insistance intentionnée, qui appelait une explication. La marquise ne s'y déroba point, estimant
n'avoir rien à cacher. De ce moment, le dé lui échappait, il menait la partie à son gré.

Dans le *Dialogue* inédit dont on va lire des extraits,
comme dans les suivants, où Mirabeau a tenté de
revivre et de faire tenir l'histoire de ses amours avec
la marquise de Monnier, M^lle Michaud est nommée
*Bélinde*, par une raison de convenance obligée,
puisque cet ouvrage était destiné à une publication
prochaine du vivant de tous les acteurs. Mais *Bélinde*
était aussi un nom de dérision. Les Mirabeau, et le
comte en particulier, avaient le génie des surnoms et
des sobriquets. *Bélinde* s'expliquait par la contrac-

tion des deux mots qui peignaient le mieux Jeanneton aux yeux de l'amant qui la répudiait : *belle* et *dinde*.

Écoutons si la supposition en est hasardée.

« LE COMTE. — Depuis quelques jours vous me parlez si fréquemment de Bélinde que je dois vous supposer le projet de vous amuser à ses dépens et aux miens.

« LA MARQUISE. — Je n'aurais pas soupçonné que ce sujet de conversation vous fût désagréable; nous en changerons si vous voulez.

« LE COMTE. — Ah! vous n'aurez pas, s'il vous plaît, le plaisir de croire m'embarrasser en me parlant d'elle... Il est donc dans vos plans, madame la Marquise, de me donner Bélinde?

« LA MARQUISE. — Non, je vous assure, vous ne la devez, je crois, qu'à elle-même.

« LE COMTE. — Mais, Madame...

« LA MARQUISE. — Ne disputons point : ce sera donc au public. Au reste, pourquoi vous en défendez-vous? par discrétion? La notoriété du fait et Bélinde elle-même peut-être vous en dispensent. Par amour-propre? vous auriez tort. Bélinde est après tout une femme comme tant d'autres : sans caractère et sans principes; mais elle a ce qu'on appelle un bon cœur, de la jeunesse, de l'ardeur, dit-on. Les hommes sont-ils difficiles? Je ne sais si vous l'êtes plus qu'eux tous, mais franchement je ne connais personne dans cette ville qui méritât la préférence.

« LE COMTE. — En vérité, Madame, la modestie n'est une vertu que jusqu'à un certain point...

« LA MARQUISE. — Permettez que je vous arrête,

Cliché Tallandier.

LE FORT DE JOUX
gravure du temps

monsieur le Comte. Je n'ai pas prétendu m'attirer un compliment et vos regards me l'annoncent. Il n'est dans tout ceci, ni ne peut-être question de moi. Bélinde a des agréments. L'on assure qu'elle est douce et complaisante. Elle a donc pu vous intéresser sans que l'on ait droit de s'en étonner ; voilà tout ce que j'ai voulu dire ; et votre empressement auprès d'elle prouve que vous lui avez en effet porté de bonne foi votre hommage.

« Le Comte. — Eh bien, Madame, daignez croire qu'il n'en est rien.

« La Marquise. — Votre réponse est fort équivoque. Est-ce l'hommage ou la bonne foi qui n'existe pas ? Je ne me charge jamais de défendre mon sexe, car je croirais m'imposer une pénible tâche ; mais je ne saurais approuver qu'un honnête homme le trompe et se vante de le tromper.

« Le Comte. — Je pense peut-être aussi vivement que vous à cet égard, Madame, et j'ai répondu avec trop de précipitation pour que vous pussiez me comprendre. Il serait difficile de vous soutenir sérieusement qu'il n'y ait aucune liaison entre Bélinde et moi. L'obligeant public de Pontarlier m'observe avec tant de soin, et sait si bien à point nommé toutes mes démarches, qu'il est plus instruit à cet égard que je n'aurais voulu. Mais je ne puis supporter l'idée que vous me croyiez très amoureux de cette jeune personne, comme vous vous êtes efforcée de me le faire entendre plus d'une fois.

« La Marquise. — Comment ne l'imaginerait-on pas ? Vos soins, vos assiduités, votre jalousie même...

« Le Comte. — Eh bien, n'avais-je pas raison de penser que vous vouliez me donner un ridicule?

« La Marquise. — Non, je ne plaisante plus; je vous parle et vous interroge de bonne foi. Je pourrais vous rappeler cent anecdotes qui paraissent décisives. Avez-vous quitté un moment ses côtés pendant les fêtes du sacre? qui peut vous arrêter dans sa triste maison? Sa sœur a un attachement connu; son frère est souvent absent... et ces messages continuels! et ces galanteries recherchées! et tout ce que j'ai oublié' et tout ce que je ne sais pas!

« Le Comte. — M'en croirez-vous sur ma parole, Madame?

« La Marquise. — Oui, sans doute.

« Le Comte. — Je n'eus jamais que de l'amitié, et la plus tiède, pour Bélinde.

« La Marquise. — Je n'ai plus qu'un mot à dire : votre amitié porte des caractères tout à fait nouveaux ; peu d'amis escaladent la nuit les murs aussi fréquemment que vous, quand ils peuvent entrer par la porte.

« Le Comte. — Madame, il est donc digne de vous d'ignorer que les sens sont très indépendants du cœur, et que l'imagination ou la nature les allument plus souvent que le sentiment. Oui, je l'avoue, puisque vous êtes si bien informée, j'entre fréquemment la nuit chez Bélinde; cependant je n'en suis pas amoureux.

« La Marquise. — Je commence à comprendre, mais comment un simple passe-temps vous absorbe-t-il tout entier? Vous avez fui la société pendant cinq mois. Celle que vous offre Pontarlier est triste et ennuyeuse, j'en conviens ; mais l'est-elle plus que celle de Bélinde si votre cœur n'y est point intéressé ? M. de Monnier a fait tout ce qu'il a pu pour vous attirer chez moi ; puisque vous n'aimez point la fausse modestie, et que je trouve une occasion si naturelle de vous faire un reproche, je vous demanderai pourquoi nous avons été si longtemps sans nous revoir ? Nous aurions pu vous distraire de l'uniformité du couvent où vous passiez votre vie. N'ai-je pas dû attribuer cette retraite un peu sauvage à l'effet d'un amour très tendre qui vous faisait fuir les distractions ?

« Le Comte. — Non, Madame, vous ne l'avez pas dû parce que cet amour était incroyable. Quoi, vous me supposiez subjugué par Bélinde ! transporté, enthousiaste, éperdu ! Mais, Madame, vous la connaissez et vous ne m'avez pas fait l'honneur de me prendre pour un écolier ?...

« La Marquise. — Pas tout à fait ; mais expliquez-moi donc votre mystérieuse conduite.

« Le Comte. — Je le ferai, Madame, avec d'autant plus d'empressement que je suis plus humilié de l'opinion où vous paraissez être que j'ai confondu votre maison avec toutes celles de ce pays-ci... »

Et Mirabeau d'entreprendre un détail habilement tendancieux des circonstances de ses retraites au château de Joux et à la Cluse, et de ses apparitions à Pontarlier, jusqu'à l'instant où nous en sommes de ce récit. Pas un de ces épisodes qui ne nous soit à présent connu dans sa réalité dûment vérifiée. Il y poussait jusqu'au mépris son détachement subit de l'affection passionnée de la bonne Jeanneton ; jusqu'à

la noirceur, à la cruauté, son ingratitude intéressée.
Et s'enhardissant :

« Dites-moi, je vous en supplie, finissait-il par
demander à M^me de Monnier, qu'avez-vous pensé de
mes visites à votre retour?

— Que vos sentiments étaient changés et vos
goûts avec eux; que las d'un tête-à-tête éternel, vous
cherchiez à vous distraire; ou que Bélinde moins
exigeante vous permettait de respirer ailleurs que
dans son cabinet.

— Veuillez m'en croire, madame la Marquise, si
vous en exceptez un petit nombre de moments, qui
sont bien courts quand aucun intérêt ne les précède
et ne les suit, j'y ai trouvé beaucoup d'ennui, mais
je n'y restais pas autant que l'avez pu penser. Le
frère de Bélinde a des livres, et je conversais avec
eux tandis que vous me croyiez égaré avec sa sœur...
En un mot, le désœuvrement, l'agitation d'une santé
superflue, si vous me permettez de parler ainsi,
m'ont conduit près de Bélinde, que le hasard offrit la
première à ma vue, que le voisinage recommandait
à ma paresse, et qui a le mérite de n'avoir que
vingt ans... Tout cela est bien loin de l'*amour*, mot
que je n'entends jamais prostituer sans regret...
Enfin, Madame, quand tout ne déposerait point en
faveur de la vérité, je pourrais vous prouver bien plus
clairement encore que je suis loin d'aimer Bélinde et
de me plaire exclusivement auprès d'elle... »

C'était l'aveu, direct, auquel il ne manquait, tout
au plus, que les mots, les prosternations, les prières.
Mirabeau ne put aller toutefois plus avant, ce jour-
là. L'affluence des visiteurs s'annonçait importuné-

ment. M^{me} de Monnier n'avait que le temps d'admettre le comte à lui démontrer, mais une autre fois, qu'il ne s'était refusé qu'à son corps défendant « au bonheur de lui faire sa cour ». A leur entrevue suivante, elle était déjà tout feu pour l'entendre; elle le provoquait à parler. Un dialogue insinuant, glissant, haletant, reprenait :

« Je me souviens que vous m'avez promis de nouvelles preuves de votre indifférence pour Bélinde, et j'ai quelque envie de vous sommer de votre parole.

— Je remplirai volontiers mes engagements, Madame... Mais ne vous doutez-vous pas de ce que je vais vous dire?

— Non, en vérité, je donne la bonne aventure avec des cartes, mais hors de là je ne devine jamais.

— J'ai eu l'honneur de vous assurer que je n'étais pas amoureux de Bélinde; et la preuve la plus satisfaisante que je puisse vous en donner, c'est que je le suis d'une autre.

— Assurément vous avez bien caché votre jeu : et cette autre n'est-elle pas fort reconnaissante du soin que vous prenez de sa réputation? Il faut qu'elle y soit fort attachée, si elle approuve vos empressements pour Bélinde.

— Madame, je ne l'ai pas consultée sur cela.

— Mais enfin sait-elle tout ce que sait le public?

— Oui, Madame.

— Et ce partage de soins est de son goût?

— Je l'ignore : car je ne lui en ai point encore rendu.

— Ah! j'entends : c'est-à-dire que vous n'avez que le projet d'être amoureux.

— Non, non, Madame; ce n'est point un projet, j'aime et je sais très bien que j'aime.

— Et vous gardez religieusement votre secret?

— Je ne le garderai pas toujours.

— Qu'attendez-vous pour l'apprendre à celle qu'il intéresse?

— La certitude qu'il l'intéresse en effet.

— Mais comment l'aurez-vous, cette certitude? Toutes les femmes ne font pas des avances; et je vous crois trop délicat pour avoir choisi parmi celles qui s'en permettent.

— Je ne suis pas bien d'accord avec moi-même sur la circonstance qui doit me déterminer.

— Savez-vous que vous ne parlez aujourd'hui que par énigmes?

— C'est que je suis embarrassé... Voulez-vous me donner un conseil?

— Moi? c'est selon... Mais oui, je veux bien.

— Écrirai-je ou parlerai-je à celle que j'aime?

— De bonne foi, c'est là le conseil que vous me demandez? Allons, vous battez la campagne. Je ne vous crois ni assez timide pour perdre les occasions, ni assez maladroit pour n'en pas faire naître; et j'imagine qu'il n'y a que les héros de romans, et de vieux romans, qui méditent leurs déclarations.

— Mais, Madame, on ne dit qu'on aime que pour être aimé; il faut donc annoncer son amour de la manière la plus agréable à l'objet auquel on veut plaire.

— Mais Monsieur, je ne sais pas, moi, si la dame de vos pensées aime les billets doux, ou si une voix touchante l'intéressera davantage.

— Ah, Madame, vous le savez... »

A cette exclamation, on voit les grands yeux tendres, les « yeux couchants » de Mirabeau, étinceler, pénétrer, languir, ses tempes se gonfler sous des pulsations fortes et rapides, ses lèvres trembler, se dessécher, et le roug monter ardemment aux joues de la marquise, son regard vaciller; on entend les cœurs battre à se rompre... M^me de Monnier se raidit, se détendit; puis, le flot des protestations, des confidences mutuelles, jaillit, s'épanchant abondamment dans une liberté sans réserve, minant, diluant les obstacles, amollissant les sens et ne maintenant qu'une ombre de rempart devant leurs avenues les plus secrètes.

« Madame, soupirait Mirabeau, mon accent n'est point celui de la fausseté... » et sans doute était-il sincère en cet instant. Pour la marquise, comment eût-elle soupçonné que, depuis son âge le plus tendre, il s'était exercé à mentir, à soutenir du même front imperturbable le vrai et le faux, à les mêler si intimement qu'il ne les distinguait plus lui-même et n'avait plus qu'un accent pour les dire? elle ne demandait qu'à l'en croire. Et mi-captieux, mi-dupe de lui-même, il poursuivait sans une objection :

« Je suis très capable de m'efforcer de faire croire à une femme que je l'aime, mais non pas de le lui dire quand cela n'est point. Il est si aisé de donner le change à la plupart d'entre elles que ce n'est pas la peine de se rendre coupable d'un mensonge pour les tromper. Daignez me regarder et vous me croirez. Je suis malheureux, le malheur double la sensibilité ; vous m'avez témoigné de l'intérêt; j'ai trouvé en vous

tous les charmes qui seuls peuvent me séduire :
ceux d'une âme généreuse et d'un esprit agréable ;
je cherche un consolateur... eh! quel consolateur
plus délicieux que l'amour! J'aurais pu travestir
celui que vous m'avez inspiré sous le nom de l'amitié
et tâcher de vous engager à l'aide de ce déguisement ;
mais ce détour usé me déplaît parce que je suis
sincère : je vous aime, et c'est d'un amour tendre et
vrai, né, sinon malgré moi, du moins presque à mon
insu. Vous me connaissez, Madame, vous m'avez
toujours vu franc et sensible ; cela ne suffit pas pour
vous plaire, je le sens ; mais ce serait assez du moins
pour vous rassurer sur les dangers d'un attachement,
si je ne vous déplaisais pas... »

Ces dangers n'étaient pas imaginaires ; M$^{me}$ de
Monnier les pressentait et ne les envisageait pas sans
terreur ; ils la retenaient presque seuls de céder à
l'entraînement de sa passion pour Mirabeau ; mais ils
la retenaient encore fermement. Mirabeau, qui ne
s'attendait pas à cette barrière, n'était pourtant pas
homme à s'y arrêter. M$^{me}$ de Monnier ne s'en exagérait-
elle pas la force ? Elle s'expliqua, pensant l'en faire
juge : elle l'en rendait maître.

Bientôt elle était à bout de forces. Elle le tutoyait ;
elle lui permettait des privautés exténuantes ; déjà
leurs familiarités en présence du monde étaient si
hardies qu'un témoin, leur ami pourtant et pas un
dragon pour rire, l'ancien capitaine M. de Sabinet,
en avait été scandalisé et leur en avait fait sentir l'in-
décence, le péril. Depuis des semaines, seule ou dans
le tête-à-tête, la marquise se dévorait, pleurait,
gémissait de « supplicier » son ami par son refus des

dernières faveurs. Au reste, les mœurs mêmes de
l'amour suivent la mode, et celle que *la Nouvelle
Héloïse* quinze années plus tôt avait établie, exigeait
probablement encore, au moins à Pontarlier, que des
amoureux de qualité ne perdissent pas la tête avant
d'en avoir dûment raisonné. « Accorde-moi une trêve,
si tu veux que je capitule, priait Sophie. Calme-toi,
parle, raisonne, tâche de me convaincre... Ah! je sais
trop que je ne serais pas difficile à persuader si je
n'écoutais que mon cœur. »

Elle opposait au comte les sacrifices qu'il devait à
une épouse, même mauvaise, à un fils innocent, à un
père respectable jusqu'en ses cruautés, à la maison
des Mirabeau dont il était le futur chef, à lui-même
enfin, que son génie et son ambition appelaient sur le
plus grand théâtre ; elle lui opposait ses principes, ses
devoirs à elle, plus humbles, mais non moins impérieux ; devoirs d'état, de probité, de délicatesse, de
prudence ; principes que nulle croyance religieuse ne
fortifiait plus, mais qui lui tenaient à l'âme par les
racines profondes de l'habitude, de l'éducation et de
l'honnêteté naturelle.

« Mais si je les renverse, ces principes ? repartait
Mirabeau. Si je te montre qu'ils sont des préjugés fri-
voles?... Et l'amour n'a-t-il pas aussi ses devoirs?...
Oui, Sophie! et tous les autres doivent se taire devant
ceux-là... — Sans doute, ô mon Gabriel ! si j'étais
libre, je te devrais tout et je ne devrais qu'à toi. Mais
hélas! oublies-tu que je ne le suis point? — Ainsi
donc, c'est M. de Monnier qui est mon rival!... tu oses
le faire entrer en balance avec moi! — Cher ami!
je te montre à chaque instant combien tu l'emportes!

mais dois-je le compter pour rien?... Mon Gabriel!
c'est toi, toi l'honnèteté même, que j'invoque pour
mon conseil et mon juge... Approuves-tu la conduite
de cette femme qui porte ton nom? Les devoirs du
mariage sont-ils des mots dépourvus de sens?...
Parle et je souscris à l'arrêt que tu vas prononcer. »

L'amer et violent ressentiment que Mirabeau néces-
sitait de manifester contre sa femme pour ses trom-
peries anciennes et son abandon présent, ne lui permettait pas de soutenir qu'une telle conduite lui était
devenue indifférente, encore moins qu'elle se justifiait.
Mais, jurait-il avec serment, il ne regardait plus la
comtesse comme son épouse; il se déclarait en droit
de la répudier; il ne la reverrait jamais; Sophie se
faisait injure en se comparant à elle, en se défendant
d'imiter son exemple exécrable :

« L'infidélité de M^me de Mirabeau serait toujours
une action très lâche, quel que fût son complice. Elle
m'avait épousé par amour, disait-elle. J'avais été pré-
féré par son choix à cinq rivaux... Mon âge n'offrait
aucune objection et ne lui laissait point d'excuse.
C'est donc de gaîté de cœur, si je puis parler ainsi,
et par une infâme dépravation de cœur et d'esprit
qu'elle s'est égarée. Aucune de ces circonstances n'a
de rapport à toi : immolée à la cupidité de ta famille,
tu as plutôt été livrée que mariée... » Ce dernier argument n'était toutefois qu'à demi-fondé; aussi ne per-
suadait-il pas à fond M^me de Monnier. Sans doute,
elle avait donné avec répugnance sa main au vieux
marquis, mais non pas à cause de sa vieillesse seulement; car elle s'était senti de l'attrait pour un homme
du même âge, à deux ans près, avec qui sa famille

avait parlé d'abord de l'unir, l'illustre Buffon. Il lui
avait fallu de la réflexion et du temps pour penser
qu'elle aurait été « difficilement heureuse avec un
homme qui a écrit qu'en amour il n'y a que le physique
de bon, et que le sentiment qui l'accompagne ne vaut
rien. »

Mirabeau n'y revenait qu'avec plus d'insistance :
un consentement forcé, l'impuissance de M. de Monnier à remplir les fins du mariage, annulaient pratiquement, et même au regard des mœurs et des lois,
une union aussi disproportionnée : « Ma Sophie, es-
tu mariée?... Unie à un homme qui pourrait être ton
aïeul, tu n'eus jamais de commun avec lui que les
armes, la livrée et le nom. » Elle objectait : « Mon
ami, ceci n'est-il pas plutôt une *excuse* qu'une *justification*?... Je serais peut être moins coupable qu'une
autre de céder à l'amour; mais ne serais-je point coupable? — Qu'est-ce que le mariage? répliquait-il.
C'est l'union d'un homme et d'une femme dont la
société se rend garant..., sans doute parce qu'elle y a
un intérêt. Cet intérêt est la naissance des enfants
qui en peuvent provenir, sur lesquels elle a droit, et
leur existence civile, qu'elle doit assurer et maintenir.
Le but social du mariage est donc la propagation de
l'espèce, et cela est si vrai que les lois sont toujours
prêtes à dissoudre toute union dont l'un des contrac-
tants ne peut remplir ce but. La fidélité conjugale n'est
un devoir qu'en ce sens, quoique, considérée comme
pudeur, elle soit une vertu morale... »

M^me de Monnier n'avait plus qu'une ombre de
remparts dans cette vertu-là, qu'elle avait laissé
Mirabeau entamer de partout; mais elle se refusait à

envisager la dissolution de son mariage ; elle hésitait à payer d'ingratitude le vieil homme à qui elle devait tout, son aisance actuelle, qu'elle n'eût pu attendre de sa fortune, et des avantages considérables que le marquis lui avait assurés par contrat de mariage et par testament. Y renoncerait-elle ? Mirabeau se gardait bien de lui en inspirer l'idée. Il ne séparait pas des charmes ravissants de sa conquête les commodités d'en jouir paisiblement, à l'ombre d'une maison opulente, et grâce à l'aveuglement volontaire ou réel du veillard trompé. Il n'était pas embarrassé, d'ailleurs, de concilier ce calcul digne d'un des Grieux avec la morale amoureuse la plus délicate; et dans cette difficulté, sa cynique faconde s'assourdissait, se taisait. Lovelace et Saint-Preux lui prêtaient une langue plus cauteleuse.

« Oui, mon amie, convenait-il, tu dois à M. de Monnier..., mais il faut proportionner la reconnaissance au bienfait. Que tu t'empresses de faire une société agréable à M. de Monnier, de l'aider dans l'administration de ses affaires, de soigner sa santé, de lui procurer une vieillesse douce et sereine, ne seras-tu point acquittée envers lui? Quelle prétention peut-il avoir sur tes charmes dont il ne peut jouir?.. Sans doute, il est de ton devoir de lui dérober avec adresse tout ce qui pourrait l'offenser ou l'humilier; ce n'est point là une vile ruse, c'est un ménagement louable. Si je voulais employer des raisons moins directes, je croirais pouvoir te dire que le bonheur de M. de Monnier croîtra avec celui de ton amant... La science des dédommagements est celle des âmes honnêtes et sensibles; tu serais plus douce et plus attentive, tu travaillerais avec plus d'empressement au bonheur de M. de Monnier, s'il ne nuisait pas au nôtre. Il recueillerait donc des avantages réels pour une perte très imaginaire... »

Sophie, la droiture et l'énergie même, n'avait pas l'idée de cette science-là. Adultère de désir, d'intention même, elle aimait mieux sentir sa faute, s'en exagérer la gravité, s'y précipiter sans détour et sans nulle excuse, que de l'amoindrir ou de la déguiser par des arguties. Plus le sacrifice était grand, difficile, périlleux, criminel, mieux il s'égalerait à sa passion, moins il serait indigne du mérite et de la générosité de son amant. Et plutôt que d'entrer dans ces « subtilités spécieuses », elle se repliait, pour se rendre, sur son point le plus faible, mais le plus important à ses yeux : « Mon bon ami.., que n'aurais-je point à redouter de tes transports? Tu ne voudrais pas plus que moi introduire dans une famille un héritier étranger?... Je me suis affligée tant de fois d'avoir été choisie pour être l'instrument des vengeances d'un père impitoyable, que je ne dois point courir le risque de faire à sa fille un tort dont l'âge de son père l'a préservée. — Ma Sophie ! mon bonheur ! mon amante ! protestait son Gabriel; chaque moment me développe ta belle âme ! je la révère, je l'adore; et tu ne me donneras point inutilement l'exemple de l'honneur et de la générosité... Mes principes... »

Nous les connaissons assez bien maintenant. Mirabeau et M<sup>me</sup> de Monnier avaient la certitude qu'ils s'appartenaient tout entiers désormais. Mais où, quand se reverraient-ils seuls, ainsi accordés? — Demain, chez la Gotton, à l'heure habituelle...

M^{lle} Marguerite Barbaud, qu'ils appelaient familièrement la Gotton, était la complice et la confidente encore unique de leur liaison. Depuis des semaines, elle les recevait presque chaque jour ensemble et leur ménageait de longs tête à tête. Fille d'un procureur du roi, le prédécesseur de Michaud, elle était fiancée à un avocat du bailliage, M. Mauvaiset. Elle vivait seule avec une servante dans une maison toute proche de l'hôtel du marquis de Monnier et qui avait son entrée dans une rue peu passagère. Cela facilitait les allées et venues incessantes de la marquise, et les rendait à la fois moins apparentes et moins suspectes. M. de Monnier ne s'en méfiait pas. Il aimait à savoir ou à supposer que sa jeune femme était chez la Gotton, lorsqu'il ne la trouvait pas chez lui.

Mirabeau et Sophie arrivèrent à leur rendez-vous assez tôt pour ne rencontrer personne. Mais il se présenta bientôt des familiers que M^{lle} Barbaud ne pouvait ou ne sut éconduire, et qui s'incrustèrent. Pour leur dérober la présence des amants, elle ouvrit à ceux-ci sa chambre à coucher où ils s'enfermèrent; mais presque aussitôt, ils perdirent à peu près tout sentiment du danger qu'ils faisaient courir à leur amie par la vivacité de leurs embrassements. Des bruits mal explicables de voix, de chaises, de lourds objets traînés ou tombant, ne parvenaient-ils pas aux oreilles de la Gotton et de sa compagnie, alertant une curiosité déjà éveillée, précisant peut-être les soupçons qui avaient attiré les visiteurs et qui les attardaient? L'avocat Mauvaiset s'agitait, se montrait nerveux et maussade. Les complaisances de sa fiancée lui étaient assez connues; devait-il pré-

sumer une complicité criminelle? Il ne renonça qu'à
la longue à s'en assurer, il lui fallut la promesse de
la Gotton que le comte et la marquise iraient le soir
même lui donner chez lui une justification décisive
de l'honnêteté de leur étrange conciliabule. Il ne pouvait raisonnablement exiger davantage ; il n'était pas
encore chez lui ; et fait-on un fumier de la paille où
l'on veut s'étendre ?

Mirabeau a décrit cette scène, d'une touche qui nous
associe mieux aux alarmes de M^{lle} Barbaud, à l'éner-
vement de M. Mauvaiset, ainsi qu'à la malignité sour-
noise des témoins de leur émoi, dans une des premières
lettres écrites du donjon de Vincennes à Sophie :

« Maintenant chaque nuit me rappelle quelques-uns
des événements passés de nos amours; souvent l'illusion est si forte, que je t'entends, je te vois, je te
touche. Il y a trois jours que j'étais chez la Barbaud,
le jour même où tu consentis à me rendre heureux.
Tout se retraça ou plutôt se répéta à moi, jusqu'aux
plus petits détails. — O dieux ! je frissonne encore
d'amour et de volupté, quand j'y pense. Ta tête
appuyée sur mes bras... ton beau col, ton sein d'al-
bâtre... livrés à mes brûlants désirs... Tes beaux
yeux se ferment... tu palpites, tu frémis... *Sophie...
oserai-je ? O mon amie ! veux-tu faire mon bonheur ?*
— Tu ne réponds rien... tu caches ton visage dans
mon sein... la volupté t'enivre, et la pudeur te tour-
mente... Mes désirs me consument; j'espère... je
renais... je te soulève dans mes bras... Inutiles
efforts!... le parquet se dérobe à mes pieds... je
dévore tes charmes et n'en puis jouir... L'amour
rendait la victoire plus difficile pour en augmenter

le prix. Ah ! ces obstacles étaient bien inutiles...
D'importuns voisins m'ôtaient toutes les ressources...
Quels moments ! quelles délices ! que de contrainte !
que de transports étouffés ! que de demi-jouissances
cueillies !.. Je t'appuyais contre ce lit, qui depuis
fut le témoin de mon triomphe et de ma félicité... »

# II

## DE PONTARLIER A DIJON

Le bruit courait à Pontarlier que Mirabeau avait fait un livre contre le gouvernement. Voici que le lieutenant-général de police M. d'Albert, par ordre du ministre, dénonçait à tous les commandants de frontières les principes dangereux de l'*Essai sur le le despotisme*. Il en prescrivait la saisie, ainsi que la recherche de l'auteur. M. de Saint-Maurris prit peur : il avait cet auteur sous la main, et il lui avait procuré des facilités d'aller en Suisse pour y donner le vol à son écrit subversif. Ces secrets et surtout celui de sa connivence coupable, pourraient-ils être gardés ?

Il commença, pour faire rentrer choses et gens dans l'ordre, par intimer à Mirabeau de venir coucher au château le soir même (30 décembre), et Mirabeau obéit. Puis M. de Saint-Maurris, avisa le marquis de Mirabeau des faits qu'il venait d'apprendre, de l'ordre qu'il venait de donner à son fils, et des soupçons qui lui étaient venus d' « une intrigue étonnante » dont « rien ne perçait encore », mais qui lui « faisait craindre bien des choses ». Toutefois il commit l'imprudence de montrer sa lettre à M. de Lalleu, qui l'ébruita. Mirabeau en eut vent.

Il vint en demander une explication au commandant. Surpris de voir sa mine éventée, M. de Saint-Maurris, pour dissimuler son embarras, le prit de haut ; il rappela au comte ses défenses d'emprunter, conformes aux ordres de son père, et il blâma la souscription d'un billet de 1.500 livres à un marchand de Pontarlier comme une infraction et un procédé inouïs. Il lui fit voir le guêpier où il se trouvait mis par sa crédulité et sa bonté. Enfin, le ressentiment et la colère ne lui permettant plus de cacher d'autres motifs de son animosité, il incrimina les « amours » du comte avec « une coquette » comme M<sup>me</sup> de Monnier, qui scandalisaient la ville et le perdraient infailliblement.

Mirabeau, à qui « la hauteur excessive » était innée, rendit la leçon qui lui était faite. Il fit observer à M. de Saint-Maurris que M<sup>me</sup> la marquise de Monnier n'avait nul rapport avec la « ridicule inquiétude » d'un marchand, dont il était seulement question ; qu'elle était fort au-dessus des caquets d'un aussi sot public que celui de Pontarlier ; que ceux qui déclamaient le plus fortement contre elle et ameutaient les autres, étaient trop intéressés à s'en plaindre pour que leur témoignage fût de quelque valeur ; qu'au reste, le roi, en confiant à M. de Saint-Maurris la garde du comte de Mirabeau, ne lui avait donné aucune inspection sur ce qu'il lui plaisait d'appeler *ses amours*, et qu'il le priait instamment de vouloir bien s'abstenir de toute personnalité qui ne pouvait que le blesser profondément lorsqu'il en serait l'objet ou la cause.

Le commandant, mis en fureur, repartit qu'il

montrerait bien quelle espèce de juridiction il avait
sur les prisonniers livrés à sa garde. Sur quoi Mirabeau, devinant de quoi il retournait, se contint et
demanda poliment quels ordres son commandant
avait à lui donner. C'était, lui fut-il signifié, d'avoir
à remonter incontinent au château pour n'en plus
sortir. Mirabeau entendait ne pas obéir avant de
s'être concerté avec sa Sophie et avec le marquis de
Monnier lui-même. Il exposa donc que : de le reléguer
si vite, ce serait faire un éclat déplaisant, alors que
toute la ville savait que M. de Monnier lui préparait
une fête. La royauté de la fève lui était échue en
effet chez le marquis, il avait élu reine la marquise,
et M. de Monnier avait voulu qu'elle lui donnât un
bal. Il ne s'agissait donc que de lui consentir un délai
de peu de jours, passé lequel Mirabeau s'engageait à
ne point reparaître à Pontarlier si M. de Saint-Maurris persistait à l'en éloigner. Le commandant ne
soupçonna rien d'ambigu dans cet engagement; il se
rendit aux considérations du comte. Aussi bien,
M. de Monnier ne lui eût pas laissé un moment de
repos si le bal eût manqué par sa faute.

Ce furent quatre jours d'anxiété pour Sophie, de
perplexité pour Mirabeau. L'idée de se séparer de lui
la déchirait. Il ne doutait plus que son père ne fût
d'accord avec le commandant pour le resserrer étroitement à l'avenir; mais devait-il s'évader?

Finalement, ils adoptaient un plan peu scrupuleux
que Mirabeau avait conçu. Il s'agissait de cacher
celui-ci dans l'hôtel de M^{me} de Monnier à l'insu de
tout le domestique, la femme de chambre exceptée,
attendu qu'elle était déjà dans la confidence de leurs

amours. Dans l'hôtel ? bien mieux : dans une pièce attenante à la chambre à coucher de la marquise ; un cabinet borgne de dix pieds carrés dont elle gardait toujours la clef.

Le bal eut lieu le soir du dimanche du 14 janvier 1776. Confiants en leurs dispositions bien prises, tout emplissait de joie et d'impatience ces amants, au lieu de les préoccuper. Leur physionomie heureuse étonnait M. de Saint-Maurris, qui s'était attendu à les voir contrits d'être séparés dès le lendemain et furieux de l'être par ses ordres. Mirabeau se retira un des derniers et se dissimula dans une salle où la femme de chambre le vint chercher et conduire dans sa cellule.

M. de Saint-Maurris en eut-il le soupçon ? Il ne constata pas sans colère et sans dépit le lendemain la disparition du comte, mais il laissa d'abord s'accréditer le bruit qu'il avait passé la frontière ; il ne prescrivit aucune recherche apparente. Un autre bruit se répandait néanmoins que Mirabeau se tenait caché dans la ville. Chez qui ? on lui connaissait tant d'amis que des perquisitions eussent offensé ou contrarié trop de monde. M. de Saint-Maurris dit hautement qu'il ne ferait arrêter le fugitif que s'il se montrait dans les rues, afin, précisait-il, « de ne pas compromettre l'autorité du roi et de ne pas perdre un homme qui paraissait doué de talents que la réflexion et la fortune pouvaient ramener à l'utilité publique ».

Les domestiques du marquis de Monnier se doutaient bien que « l'ami de madame » n'était pas loin d'eux ; elle n'allait plus guère ou ne demeurait plus

aussi longtemps dans les maisons de ses rendez-
vous habituels. Ils lui voyaient aussi le matin une
singulière pâleur, un air de fatigue heureuse, qui ne
pouvaient être le fait de soins rendus à son vieil
époux. Le valet Sage, qui admirait et peut-être aimait
humblement sa maîtresse, gardait une réserve gênée.
Mais le cocher Pellerin et quelques servantes parlaient, s'excitaient, épiaient la marquise ; quarante-
huit heures ne s'étaient pas écoulées qu'ils s'avisaient
de monter sur les pas de la femme de chambre ; ils
lui avaient vu dissimuler des aliments et du linge et
devinaient qu'elle les portait au comte. Elle entra
effectivement dans le cabinet borgne, mais en tirant
la targette derrière elle ; ils ne purent que prêter
l'oreille, percevoir des pas et des chuchotements inso-
lites. Quand la femme de chambre reparut, ils l'in-
terloquèrent, elle perdit la tête, nia l'évidence et, par
son obstination maladroite, leva tous les doutes. Un
peu plus tard, comme elle faisait le lit de Mirabeau,
elle permit d'entrevoir sa large silhouette à travers
la porte vitrée du cabinet.

La cachette devenait intenable : où aller ? Effrayée
et désespérée par l'audacieuse inquisition de ses
gens, Sophie menaçait de brûler la cervelle à sa
femme de chambre, si elle entrait plus avant dans
leur complot. Mirabeau avait déjà fait le geste de
braquer sur la malheureuse son terrible pistolet à
quatre coups, mais ce n'avait été qu'une menace pour
rire. On envoya chercher la Gotton, moins pour tenir
conseil que pour lui demander aide.

Il fut décidé qu'elle logerait M. le comte dès le soir
même. Sophie la retint à sa réception et à souper ;

de manière que vers dix heures, en rentrant dans sa maison, elle trouvait Mirabeau, tranquillement assis dans sa cuisine depuis une heure, à deviser avec sa servante.

Il était assez mal déguisé par la redingote et le chapeau galonné d'argent de Sage, le valet de chambre du marquis. Cette livrée ne lui était pas nécessaire pour gagner le dévouement et la sympathie de la servante mais elle n'y nuisait pas ; celle-ci n'attendait plus pour lui préparer un lit que d'apprendre de sa maîtresse où on le lui ferait. La cave lui fut assignée pour refuge ; on y descendit. Mais la Gotton craignait qu'on ne poussât jusque-là des recherches. Mirabeau avisant un cuveau à lessive, dit qu'au besoin, il s'y cacherait.

Michaud et Jeanneton se multipliaient de leur côté pour lui procurer des refuges moins précaires ; ce fut grâce à eux qu'il put séjourner une dizaine de jours chez l'huissier du tribunal, puis chez un menuisier, et de là chez un laboureur. Mais partout Mirabeau était décelé par les visites trop longues ou trop fréquentes de sa Sophie, par celles de ses agents et fournisseurs, enfin par la servante de Michaud et par Jeanneton elle-même apportant messages et paquets de la marquise. — tantôt grives, chapons, marrons, confitures, liqueurs, café, sucre, tantôt plumes, papier, écritoire et livres, tantôt vêtements, linge, couvertures...

Mirabeau se décelait encore mieux lui-même. Il étouffait dans ses tristes et étroits logis, surchauffés ou glacés. On le rencontrait dans les rues à la nuit tombée, Jeanneton et la Gotton le précédant, éclai-

rant sa marche. On épiait son passage, mais chacun
et la maréchaussée elle-même s'en écartaient, parce
qu'on le savait armé, prêt à tout. C'était la folie de
ses sens déchaînés, c'étaient les torrents de feu qui le
parcouraient, c'était son besoin d'exercice violent,
qui le poussaient dehors, dans les rafales de bise et
de neige, au mépris de tout danger. Il ne lui suffisait
pas que Sophie vînt s'enfermer avec lui chaque jour,
parfois durant cinq ou six heures consécutives.
L'excès et la contrainte de ses plaisirs en irritait en
lui le désir. Il ne cessait de supplier Sophie de lui
accorder une nuit entière.

Le marquis de Monnier était malade. Sa femme et
lui couchaient dans des chambres contiguës ; elle
était censée le veiller ; s'il avait à l'appeler et qu'on
la trouvât absente, elle serait perdue. Au lieu que si
Gabriel pouvait la rejoindre... Projet insensé, quoique
moins hasardeux qu'un autre ; Sophie ne savait quels
pressentiments l'en détournaient : « Mais comment
dire *non* à ce qu'on aime ? » Elle consentit ; la nuit fut
fixée et les moyens prévus. Mirabeau pénétrerait
chez le marquis pendant le souper de ses gens, par
la porte d'une chambre basse donnant sur la cour de
l'hôtel ; il y trouverait la femme de chambre de
Sophie pour le guider, l'introduire ; cette manœuvre
ne ferait que répéter celle de sa disparition, le soir du
bal.

Mais Pellerin, le cocher du marquis, détestait l'ami
de madame encore plus qu'il n'aimait son maître.
Ce soir-là, il s'étonna que la porte de la chambre
basse fût restée entr'ouverte. Il fut aux aguets. Vers
neuf heures et demie, il surprit Mirabeau jetant de

petits cailloux contre les vitres de la chambre à coucher de la marquise. Se saisissant aussitôt d'une fourche, il se porta contre lui, mais le comte se réfugia dans la chambre et s'y enferma. Pellerin s'alla cacher alors dans le grenier à foin, non sans avoir donné l'alerte à la cuisinière et à une servante. Jusqu'à une heure avancée de la nuit, ils purent tous trois voir Mirabeau reprendre son manège sans succès ; les fenêtres ne s'ouvrirent point ; il se retira enfin. Mais il avait laissé tomber à terre une petite brosse à miroir qui fut reconnue lui appartenir par la femme de chambre de M^{me} de Monnier.

Deux semaines s'étant écoulées après cet incident, le vendredi 16 février, vers la même heure du soir, Mirabeau reparut dans la même cour, enveloppé d'un grand manteau rouge galonné d'argent. Il s'attendait à y trouver la femme de chambre. Une autre servante le rencontra ! Certain d'être reconnu, il paya d'audace, lui frappa doucement sur l'épaule, voulut lui prendre la main, se nomma, et la pria de lui envoyer la femme de chambre. Mais du saisissement de se voir ainsi arrêtée dans la nuit noire par un homme dans ce grand manteau, la pauvre fille ne perçut rien de ce qu'il lui disait, hormis son nom assez effrayant ; elle se rejeta vivement dans l'office et y tomba évanouie en ne proférant que ce nom : « ... Mirabeau ! » Sur-le-champ les domestiques, Pellerin à leur tête, sortirent armés de ce qui leur tombait sous la main, fourches, pieux, ustensiles de cuisine, et ils commencèrent une recherche, tandis que la femme de chambre, ayant poussé Mirabeau dans l'obscurité du jardin, courait avertir sa maîtresse.

« Je vole en bas. rappelle Sophie au V<sup>e</sup> *Dialogue*
et ce récit, fait sur ses notes, est corroboré dans ses
plus petits détails par les dépositions ultérieures des
acteurs cités en justice). Je vois toute la maison en
alarmes. et les domestiques obstinés à trouver un
voleur. En vain je leur parlai : le cocher de M. de
Monnier, qui, je crois. y mit de la méchanceté, m'assura qu'il ne pouvait laisser ses maîtres exposés à
un si grand danger, et ne pouvant arrêter ces for-
cenés qu'il animait, je pris le parti de les suivre. Ils
allèrent droit au comte. Du plus loin qu'ils le virent,
le cocher me dit : *vous voyez bien, madame, qu'il y
avait quelqu'un !* Gabriel vint au-devant d'eux d'un
air à les faire repentir de leur obstination. « Que
venez-vous chercher ici ? leur dit-il. — Monsieur,
répondit le cocher qui portait toujours la parole, nous
n'imaginions pas que ce fût vous... — Et, que ce soit
moi ou un autre, repartit le comte, pourquoi avez-
vous l'insolence de désobéir à votre maîtresse ?
Retirez-vous ; et vous, Sage, menez-moi chez M. de
Monnier. » Je ne puis dire quel fut l'étonnement de
tous ces hommes qui auraient voulu être fort loin.
Ils se retirèrent et Sage nous suivit. Lorsque le
comte le vit seul, il le renvoya en lui disant que
j'aurais la bonté de le conduire ; j'étais demi-morte
de frayeur, et je désespérais de sortir de cet horrible
embarras. « Mon cher Gabriel, qu'allons nous faire ?
lui dis-je, en me jetant à son col. — N'augmente
pas mon trouble, me répondit-il ; il faut absolument
que je voie M. de Monnier. Contiens ta physionomie ;
déguise ta frayeur en étonnement ; laisse-moi parler
tant que tu seras si agitée ; interromps-moi quelque-

fois lorsque tu auras repris ton sang-froid ; fais-moi
des questions sur ce que je dirai, et je te réponds de
l'événement. »... Comment pourrai-je décrire cette
scène inconcevable ?

« Le comte, au milieu d'une crise si imprévue, si
inquiétante, se remet dans le peu d'instants qu'il fallait pour franchir l'escalier, entre chez M. de Monnier
de l'air le plus libre, l'embrasse et lui fait une histoire détaillée et vraisemblable. Il arrivait de Berne ;
il allait droit à Paris se présenter au ministre ; il
avait arrangé sa course de manière à rentrer le soir
à Pontarlier, ne voulant point y passer sans nous
voir et nous remercier de nos bontés ; il avait pris
l'heure du souper de nos gens pour s'introduire dans
la maison, afin de n'avoir aucun domestique dans
sa confidence. Le hasard lui avait fait rencontrer
Marie dans la cour. Elle ne l'avait point reconnu,
l'alarme avait été donnée, et il s'était vu poursuivi
et découvert par tous nos gens. Il pria le marquis de
les sonner pour leur ordonner le silence. Cette précaution était absolument nécessaire, disait-il, pour
lui assurer un retour et fermer la bouche à ceux qui
auraient pu débiter cette nouvelle assez tôt pour
qu'on eût le temps de l'arrêter...

« Le marquis sonna avec empressement : les domestiques, qui n'auraient jamais imaginé que le comte
eût osé se présenter à M. de Monnier furent stupéfaits
de nous voir tous ensemble. M. de Monnier donna
ses ordres d'un ton très ferme et ils se retirèrent. Le
comte continua son discours avec la même tranquillité. Il tira de sa poche une lettre de son père, qu'il
composa sur-le-champ conformément à ces vues, la

commenta et conversa avec la même netteté que s'il eût fait une visite ordinaire. M. de Monnier lui offrit de l'argent qu'il refusa ; et, prenant le prétexte de la rumeur qu'avait excitée son arrivée, il se retira une demi-heure après, annonçant qu'il partirait à la pointe du jour. Je le conduisis jusqu'à la porte du salon et il me dit qu'il retournerait chez son ami. Le marquis n'eut pas l'ombre d'un soupçon ; il le plaignit ; il discuta tous les détails de son récit, et me laissa dans l'admiration du sang-froid, de l'esprit et du succès inespéré de mon Gabriel. Mais hélas ! la sécurité de M. de Monnier ne devait pas être de longue durée. »

Cette fertilité de mensonge unie à cette puissance de persuasion ; cet art d'imposer le visage, le coloris, la consistance et l'animation de la vérité, au corps de la plus grossière imposture ; cette facilité d'improviser et de coudre des fables « avec une suite digne d'Homère », selon un mot du marquis de Mirabeau, — à la pénétration duquel force est d'en revenir toujours pour juger ou deviner son fils, — n'était-ce pas aussi du génie ? Le profond politique et l'orateur d'assemblées que Mirabeau devait paraître quinze ans plus tard, n'auraient pu se développer sans cette part de génie-là. Don inné sans doute, mais assurément cultivé, et devenu naturel et soudain comme le don même de l'inspiration, quand elle semble ne plus rien devoir aux lentes élaborations de l'esprit, aux règles serviles de la grammaire du métier... Même dans la vie privée de Mirabeau, ce don explique et concilie le perpétuel conflit de son idéal magnanime et de sa conduite.

Au lendemain de sa disparition on lui avait remis

une lettre décourageante de son père, datée du 10 janvier 1776, en réponse aux vœux respectueux, aux humbles prières, qu'il lui avait adressés à l'occasion de la nouvelle année. Le marquis y blâmait sa conduite insubordonnée, lui reprochait la publication de son livre, attendu « qu'il fallait être bien fol pour écrire contre le despotisme quand on était détenu dans un fort », et concluait que sa réconciliation avec lui ne pourrait avoir lieu aussi longtemps qu'il donnerait de semblables griefs à son commandant, des bons rapports duquel elle dépendait à l'avenir comme dans le passé. Mais quel espoir que ces rapports devinssent jamais assez bons ? Sur l'heure Michaud s'était rendu chez M. de Saint-Maurris pour savoir quelles instructions ce dernier avait dû recevoir, par le même courrier, du marquis de Mirabeau ; et ces instructions n'ayant évidemment pas été plus douces, les intentions du commandant ne paraissant pas moins sévères, Mirabeau avait sans désemparer écrit un certain nombre de lettres où se dévoilaient ses résolutions et la complexités de son plan.

Première lettre du 15 janvier au comte de Saint-Germain, ministre de la Guerre, pour réclamer sa protection : « J'appartiens au roi comme sujet, comme gentilhomme et comme officier, y disait-il. Je suis Français, je m'appelle Mirabeau, et je suis capitaine de dragons… Je ne demande, monsieur le Comte, que d'être admis à me laver des imputations dont on pourra me noircir. J'avouerai mes torts, et je vous démontrerai qu'on les a tous exagérés et qu'aucun n'a dû faire mal augurer d'un jeune homme dont personne n'a contesté l'honneur et l'intelligence et qui n'a à se reprocher que d'avoir mangé plus d'argent qu'il ne devait pour sa tranquillité... Je demande à servir sous les chefs que vous me nommerez et je souscris aveuglément au jugement qu'ils porteront de moi. Monsieur le Comte, mettez-moi à l'épreuve et ne me jugez que par vous... Je n'ai point fui à l'étranger, et je ne quitterai ma patrie que quand j'y serai absolument forcé... »

Deuxième lettre, du 16 janvier, à sa mère, au couvent des dames de la Trinité, faubourg Saint-Antoine, à Paris : « Au moment d'une fuite imprévue et précipitée, avec quel attendrissement je reçois votre lettre, ô ma chère maman. Hélas! vos malheurs mettent le comble aux miens. Je ne puis entrer dans aucuns détails ; mais croyez que votre fils est digne de vous et mérite votre compassion. J'écris par ce même courrier au comte de Saint-Germain une lettre dont je vous envoie copie. Je le prie de vous adresser ses ordres pour moi. Daignez appuyer ma lettre, et m'écrire : 1$^{re}$ enveloppe pour Sophie ; 2$^e$ à M$^{lle}$ Barbaud à Pontarlier ; 3$^e$ à M$^{me}$ de Saint-Belin, chanoinesse de Salles, à Viteaux en Bourgogne. »

M$^{me}$ de Saint-Belin était une confidente et amie d'enfance de Sophie, élevée avec elle au même couvent, et pour qui elle avait eu une affection passionnée, restée encore fort tendre depuis qu'elle adorait Mirabeau.

Troisième lettre, du 10 janvier, au comte de Saint-Maurris pour lui signifier qu'il se soustrayait à son autorité. Enfin, du même jour, quatrième lettre à son père, lettre d'accusation et de plaidoyer, à laquelle la copie de la précédente était jointe. M. de Saint-

Maurris y était pris à partie, là comme ici, sans ménagements.

Mais le marquis de Mirabeau n'était pas homme à se laisser aisément duper, ni intimider. La requête de son fils au comte de Saint-Germain lui avait été soumise par ce ministre, inféodé aux Noailles, c'est-à-dire à la parenté la plus influente de la marquise de Mirabeau. Il repoussa dédaigneusement un papier qui sentait l'intrigue et qui lui déclarait la guerre, tandis que deux ou trois autres écrits de la même main lui demandaient humblement la paix. Il signifia qu'il ne voulait plus se mêler des faits et gestes de son fils et désirait qu'on ne lui en parlât plus. Ce n'était qu'une façon de mettre fin à des colloques déplaisants. M. de Saint-Germain l'entendit bien ainsi et se retira de cette négociation épineuse. Michaud, qui s'était entremis entre le père et le fils, reçut de son côté pareille signification, mais accompagnée de commentaires et de conseils désespérants : « Selon ce que je puis penser des choses et des hommes, lui répondait le marquis, si celui auquel vous voulez bien vous intéresser pouvait passer dans quelque pays, où il ne se traînât pas lui-même, vous lui auriez fait grand tort de l'en empêcher. Je n'en connais aucun qui lui soit plus étranger que la France... Au reste, mon dessein n'est pas de lui ôter le peu de bien qui lui reste en fait d'amis. Loin de lui vouloir du mal, je le soulage d'un persécuteur. Je n'ai point de satisfactions à lui demander, moins encore de réconciliation à faire. Ce terme, qui va peu du père au fils, moins encore de l'honnêteté au vice, et qui n'est pas, je crois, synonyme de miséricorde, ce terme, dis-je, n'est pas de mon vocabulaire, etc. ».

Mirabeau traça aussitôt pour Michaud le brouillon d'une lettre d'excuses et de repentir plus insinuante et plus forte que la précédente. Mais le marquis savait ce qu'une résolution perd de son tranchant et de sa dureté à se jutifier, à s'affirmer sans cesse ; il garda le silence. Son fils allait-il suivre ses conseils d'expatriation ? S'il entrait dans ses vues de ne plus se séparer de Sophie, l'occasion était la plus favorable, puisque son père lui-même prenait la responsabilité de l'y engager, de rompre son ban, de passer en Suisse et d'y attendre sa maîtresse. Ce fut à un tout autre plan, à la fois plus sage et plus téméraire, qu'il revint. Avec un sauf-conduit ou par surprise, dès que sa mère lui aurait frayé les voies, il se mettait en tête de déboucher à Paris, et de forcer par sa présence inopinée l'intervention des ministres dans ses affaires. Il avisa sa mère de ce projet (10 février 1776).

Cependant, fort de l'approbation du marquis de Mirabeau à toutes les mesures coercitives que la sagesse et l'opportunité lui dicteraient, M. de Saint-Maurris avait à la fin donné des ordres pour l'arrestation du fugitif ; la maréchaussée n'était plus retenue d'y procéder que par la défense d'agir en maison particulière et par la crainte du pistolet à quatre coups dont on savait que Mirabeau ne se séparait plus.

D'autre part, M^me de Monnier venait d'obtenir de son mari, dont les domestiques avaient fini par dessiller les yeux, l'autorisation de se retirer chez sa mère à Dijon.

Ce parti de s'éloigner de Pontarlier avait été suggéré à Sophie par son Gabriel. Sentant son arrestation imminente, il préparait en hâte son propre départ pour Dijon. Il y était inconnu ; il y pensait pouvoir demeurer sans autant de danger. Déjà Sophie avait prié la chanoinesse de Saint-Belin de le pourvoir chez elle ou chez des gens sûrs, d'un asile non suspect où il lui serait commode de le visiter chaque jour, la nuit même.

Sophie ne s'y était pourtant pas décidée sans répugnance. Elle avait représenté à son Gabriel la sévérité de sa mère, la rusticité de son père, la pruderie de sa sœur, la grossièreté de ses frères, l'effroi de toute cette famille à l'idée que la fille du marquis de Monnier, M*** de Valdahon, saurait profiter de l'absence prolongée de l'épouse pour regagner la confiance et l'affection de son père : en un mot, son héritage. Gabriel n'avait pas admis que sa maîtresse trouvât plus de gêne sous la surveillance de ses parents que sous l'œil d'un mari jaloux et de domestiques ennemis.

Fâcheux contre-temps : la chanoinesse s'était rendue à Lyon, à son chapitre ! Mais elle aussi avait un amant, M. de Grandchamps, lieutenant d'artillerie au régiment d'Auxonne. Ce fut lui qui reçut la lettre de M*** de Monnier, et qui la lut. Il offrit incontinent de tenir Mirabeau enfermé chez lui, à Viteaux, jusqu'à ce que Sophie, parvenue à Dijon, lui eût assuré un gîte près d'elle.

En hâte, Michaud et Jeanneton complétèrent le bagage du fugitif, le firent passer dans leur maison pour plus de sûreté, et lui procurèrent deux chevaux,

**MIRABEAU**
tableau anonyme du temps

pour lui et pour l'ami qui les devait ramener. Le
26 février, Mirabeau parvenait à Viteaux sans
encombre.

Cependant le 25 février, M<sup>me</sup> de Monnier rentrait
à Dijon chez son père. Elle envoya un émissaire à
Mirabeau pour l'en prévenir aussitôt qu'elle lui eut
trouvé dans le voisinage immédiat de l'hôtel de
Ruffey, une chambrette chez une blanchisseuse. Il
vint l'occuper au petit jour, le 28, guidé par M. de
Grandchamps. Il était inconnu de tous dans la ville.
Aucun membre de la famille de Sophie ne l'avait
encore rencontré ; mais, par ouï-dire, tous en savaient
assez, en savaient trop de son personnage, pour ne
leur être pas bientôt reconnaissable.

Un billet de tournure mystérieuse que M. de
Grandchamps fit remettre à la porte de Sophie et qui
tomba sous les yeux M<sup>me</sup> de Ruffey, rendit cette
mère plus vigilante. Cependant, sur la fin de l'après-
dîner, Sophie se rendit à la Comédie, Mirabeau l'y
suivit ; et elle lui put faire remettre une invitation,
pour la même soirée, à un bal auquel elle devait
assister avec sa mère et la chanoinesse de Saint-
Belin, chez le grand-prévôt de Bourgogne, M. de
Montherot. Mirabeau s'y fit annoncer sous un nom
aussi mal fait que son visage pour passer inaperçu :
le marquis de Lancefoudras ! Il dansa la première
contredanse avec M<sup>me</sup> de Saint-Belin. A sa vue, le
trouble de Sophie fut si apparent que sa mère lui fit
quitter le bal sans perdre une minute. Dès le lendemain, M<sup>me</sup> de Ruffey dénonçait Mirabeau à M. de
Montherot comme un fugitif rebelle aux ordres du
roi et un ravisseur.

Arrêté et conduit aussitôt devant le grand-prévôt,
Mirabeau n'eut aucune peine à gagner sa sympathie et
à obtenir de lui que son arrestation demeurât ignorée
autant que possible, par égard pour M^me de Monnier
et pour éviter un éclat qui pouvait achever de la
perdre dans l'esprit de son mari. Le grand-prévôt
était galant homme. Il entendit cette délicatesse, il
concourut à la seconder ; même, il la récompensa
très imprudemment, d'abord en se bornant à consi-
gner Mirabeau, avec un garde, dans sa chambre garnie, sous le nom d'emprunt qu'il y avait pris, puis
en lui rendant la liberté de la ville sur sa parole de
ne point s'évader. A partir de ce moment, les précautions les plus minutieuses, la surveillance la plus
étroite des parents de Sophie, de ses frères et de sa
sœur aînée, chanoinesse de Salles, ne purent la
retenir de voler, de jour ou de nuit, dans les bras de
son Gabriel. Affolée, M^me de Ruffey demandait que
l'on interdît à celui-ci les sociétés, les promenades,
les spectacles, les rues. M. de Montherot lui refusait
ces mesures, en lui conseillant patience à l'égard du
comte et modération à l'égard de sa fille, dont elle
exaspérait la passion par ses duretés, loin de la
calmer.

Mirabeau écrivit une seconde lettre au comte de
Saint-Germain ; il lui disait : « Je viens d'être découvert à Dijon où l'acharnement de M. de Saint-Maurris, qui m'a fait chercher à Pontarlier avec le plus
grand éclat, m'avait forcé de me réfugier. Si la discipline exige que je sois puni, daignez m'exiler à un
corps où des chefs impartiaux et vrais puissent vous
dire si cet homme tant décrié mérite une telle per-

sécution. Mon état, mon goût, mon zèle, peut-être
même mes dispositions me portent au service. Mon
père ne peut ni ne doit ôter au roi un officier qui,
comme tous les hommes, a le droit de jouir de la
société, lorsque des délits ne le rendent pas indigne
d'y vivre. Que mes chefs soient mes juges despotiques et absolus. C'est moi, monsieur le Comte, qui
vous demande, qui vous supplie qu'à la première
faute qu'ils pourront me reprocher, je sois puni sans
appel, et regardé comme un hypocrite gangrené
qui n'a cherché qu'à vous abuser par de fausses
protestations. »

M. de Malesherbes, ministre du roi, à qui des instructions avaient été demandées par le grand-prévôt,
permit que Mirabeau eût le château de Dijon pour
prison, recommandant qu'on lui laissât toutes les facilités de suivre ses justifications, approuvant qu'on le
traitât avec tous les ménagements « dus au fils d'un
homme célèbre », autorisant enfin tous les adoucis-
sements à sa détention compatibles avec la sécurité
de chacun.

En conséquence de ces nouveaux ordres, M. de
Montherot vint prendre Mirabeau, le 21 mars au
matin, dans la chambrette qu'il occupait toujours
avec une sentinelle, à quatre pas de l'hôtel de Ruffey,
sous le nom de comte de Beaumont ; et il le conduisit au château où le commandant lui en donna
reçu, au pied de l'ordre du roi. Ce commandant,
M. de Changey, homme de qualité, parut disposé à
suivre avant toute confirmation les prescriptions
d'égards et de douceur du ministre, que le grand-
prévôt lui fit lire.

Le jeudi matin, quand Mirabeau entrait au château de Dijon, le retour de Sophie à Pontarlier était décidé et fixé au surlendemain. Elle avait accepté d'y être suivie et surveillée désormais par sa sœur Victoire, une prude sévère, chanoinesse de Salles comme M<sup>me</sup> de Saint-Belin ; Sophie était résignée, son Gabriel lui ayant demandé cet éloignement comme une « preuve de son attachement » pour lui ! Que lui avait-il laissé espérer en compensation de ce sacrifice? sa réunion à l'étranger avec elle, si ses affaires ne s'arrangeaient pas. Mais si elles s'arrangeaient, ainsi qu'il l'attendait grâce à ce sacrifice même? il ne lui restait à promettre, en ce cas, plus rien que de lointain, d'incertain, de vague, de subordonné au temps et aux circonstances...

Il recommandait à sa mère, le 23 mars, jour du départ de Sophie : « Daignez représenter à **M.** de Malesherbes que la femme, dont la famille craignait tant l'attachement pour moi, n'est plus à Dijon; que c'est moi qui l'ai engagée à retourner auprès de son mari ; que je contribuerai toujours à entretenir leur bonne intelligence, puisque leur désunion ne pourrait que nuire à mes affaires. » Tel était aussi le thème de ses entretiens avec les deux frères de Sophie présents à Dijon, que la liberté d'aller en ville et de voir du monde en compagnie de son commandant, **M.** de Changey, lui donnait l'occasion fréquente de rencontrer dans les sociétés.

Un nouveau commissaire-rapporteur, **M.** de Montpezat, maître des requêtes, ayant été donné sur ces entrefaites à Mirabeau, il en prit occasion pour rédiger encore un nouveau précis de ses affaires qui,

« quoique bien plus court, était bien plus fort », à son avis, que le précédent. Ses conseillers ordinaires, le grand-prévôt et son commandant M. de Changey, en jugèrent sans doute comme lui, puisque ce dernier décida de se rendre sur-le-champ à Paris, afin d'y faire valoir en personne les arguments de cette suprème défense.

M. de Changey vit donc à plusieurs reprises Malesherbes. Il pensa l'avoir ramené aux intentions les plus favorables à Mirabeau ; mais elles ne revenaient qu'à lui conseiller l'expatriation, dont il ne voulait toujours point.

Mirabeau finissait par se résigner à une nouvelle prison. Il la désignait même, selon l'ordre de ses préférences : l'Abbaye, ou tout autre, mais à Paris. La lui refusait-on, il acceptait Pierre-Encise, près de Lyon, que la commission proposait sans doute parce que son père lui-même l'avait demandé. Mais le marquis de Mirabeau apprenait que sa cadette exécrée, la marquise de Cabris, abandonnant à Grasse mari et fille, venait de se retirer à Lyon avec son amant, M. de Briançon. Il suppliait aussitôt Malesherbes de révoquer les ordres pour Pierre-Encise, pour la raison même qui les rendait désirables à son fils. Il sollicitait une citadelle en Alsace ou celle de Dourlens. Malesherbes accorda Dourlens. Alors Mirabeau accepta, lui aussi, d'y être transféré. Il acceptait tout, en un mot, mais sous la condition expresse d'ètre tout d'abord amené à Paris, pour y ètre entendu par son commissaire-rapporteur M. de Montpezat, et par Malesherbes.

Il n'est pas improbable que l'influence et les attentions de M^{me} de Changey le fortifiaient aussi dans cette résolution, si dure à son cœur qu'elle pût être. Mais le jour où Mirabeau apprit de sa mère que **M.** de Malesherbes abandonnait le ministère, et qu'en lui annonçant sa retraite, il l'avait engagée à donner à son fils le conseil de s'évader, de passer à l'étranger et d'y prendre des grades, parce que ses affaires s'accommoderaient mieux dans son éloignement, sa résolution vacilla ! Pour inspirer un tel conseil, ne fallait-il pas que Malesherbes fût bien convaincu de l'impossibilité de fléchir l'Ami des Hommes et de rétablir avant longtemps son fils dans un état digne de son nom et de ses talents ?

Et néanmoins, Mirabeau en repoussa d'abord la suggestion ; car l'expatriation sans argent, sans ressources assurées, le rejetait dans les bras de Sophie, seule capable de lui en procurer, seule prête à tout faire, à tout entreprendre, à tout oser pour le secourir et le suivre. Et l'expatriation ne pouvait être avantageuse à Mirabeau que s'il passait *seul* à l'étranger, un ménage irrégulier l'exposant à une existence méprisée et précaire.

Pourquoi alors rentrer en prison ? pourquoi s'accommoder de vivre traqué dans son pays, se déterminer à abandonner Sophie ? Puisque l'évasion était pour l'heure sans péril, et non seulement facile, mais facilitée par M. de Changey, Mirabeau, s'accompagnant d'un ancien gendarme et garde du roi, le chevalier de Mâcon, aventurier prêt à tout, disparut du château de Dijon sans accrocs, dans la nuit du 24 au 25 mai. Son maître d'armes, Legay, les devait suivre.

Il semble que M. de Changey et M. de Montherot

poussèrent la complaisance jusqu'à n'aviser le ministre de cette évasion que cinq ou six jours après
et en déroutant même ses prévisions, de manière à
ne pas exposer le fugitif à des poursuites tant qu'il
n'avait pas traversé la frontière.

## III


LES ÉVASIONS MANQUÉES DE SOPHIE

Décidé à se joindre à Sophie, pour vivre à l'étranger avec elle, Mirabeau s'est évadé du château de Dijon à cette fin. Mais que sa conduite est prudente! Il ne veut rien entreprendre, rien commettre d'irréparable, comme le serait un enlèvement dont il proposerait les moyens, ou auquel il prendrait part en personne. Il a laissé à Sophie l'initiative de cette décision. S'il en a eu l'idée en même temps qu'elle et peut-être avant elle, il prend soin de lui rappeler sans cesse qu'elle fut la première à lui en parler; et il lui laisse la responsabilité entière de ce qui s'ensuivra. Elle le rejoindra, mais librement. Il ne négligera rien pour dérober à une action judiciaire possible les moindres traces de sa participation à cette fuite concertée. Il ne signera point ses lettres; il leur donnera un tour romanesque ou vague, tel qu'on n'en pourra rien déduire de précis et de criminel à sa charge; il ne les transmettra point par des voies régulières, mais par personnes interposées et complices qu'il compromettra de la sorte avec lui, de manière à leur ôter l'envie d'une trahison. Ses courriers, ses agents seront gens à tout faire pour de

l'argent, soldats, contrebandiers, laquais, aventu-
riers, qu'en tout temps il lui sera possible de désavouer, d'abandonner sans scrupule, sans remords,
aux conséquences pénales de leur entreprise. On ne
le prendra pas lui-même la main à l'échelle, tandis
que Sophie enjambera le mur de son jardin ; il ne
sera pas de l'autre côté pour la recevoir ; il ne sera
pas son soutien ni son guide jusqu'à la frontière. Elle
se rendra en Suisse à son heure et il l'y retrouvera
à la sienne. Ce sera une rencontre fortuite, ou du
moins ne pourra-t-il rien être prouvé d'autre contre
lui. Encore, le fait se passant à l'étranger, sera-t-il
toujours difficile à la justice française d'en établir
avec certitude les circonstances exactes. Ainsi, à
cette minute décisive où Sophie sacrifie tout pour
lui, il réserve son propre avenir. Cet homme qui, au
dire de son père, « voit comme un aigle », voit de
loin en effet. Chacune de ces précautions longuement
préméditées lui reviendra en mémoire, et il s'en
composera une défensive invincible, lorsqu'il devra
répondre devant un juge de l'accusation de séduction
et de rapt.

A la lumière de ce plan, il ne reste plus qu'à
regarder les actions, tout enchevêtrées et cahotées
qu'elles soient, pour y voir clair.

Depuis sa disparition à Pontarlier, il n'avait sub-
sisté que des aliments, des secours, que lui avait fait
tenir Sophie. Elle l'avait alimenté, vêtu, argenté.
Certes, elle lui avait tout donné sans réserve, sans
conditions, mais non sans la persuasion, qu'il n'avait
jamais tenté d'affaiblir, que bonne partie de ces subsides servait à préparer un enlèvement et suffirait à

en couvrir les frais. Ayant accepté les moyens, Mirabeau ne pouvait se dérober à leur fin. S'étant résigné à cette fin, il était dans sa nature, comme il était selon son cœur, de ne rien négliger pour y parvenir, sans se compromettre.

Aussi ne se dirigeait-il pas sur Pontarlier et la Suisse en sortant de Dijon. Son second, le chev lier de Mâcon, était originaire de Champlitte ; il le conduisait aux environs d'Orgelet, non loin de Saint-Claude, et ils s'arrêtaient ensemble à la Jaquette, le lundi 27 mai. Orgelet était le centre de préparation de l'aventure. Il y avait là un marchand de fer, ancien maréchal des logis, chez qui, depuis leur dernière séparation, Mirabeau et Sophie faisaient déposer et reprendre par leurs émissaires les paquets et la correspondance qu'ils échangeaient sans cesse, évitant de la sorte les infidélités des postes et messageries de Dijon et de Pontarlier. A Dijon, le transport d'argent et d'effets précieux (montre, portrait, etc.), s'était fait dans des boîtes en bois, fermant à clef, ayant la forme de livres in-12, fabriquées par le menuisier Vorbe, de Pontarlier. Une certaine boîte en fer-blanc peint, à charnières et cadenas, faisait ainsi le plus singulier va-et-vient. Le contrebandier Jeanret la recevait « pesante » des mains de M<sup>me</sup> de Monnier, et la rapportait vide.

L'évasion de la marquise était convenue pour la soirée du mercredi 29 mai. Mirabeau attendit à la Jaquette d'en connaître la réussite. Le chevalier de Mâcon se rendit seul à Pontarlier afin d'y concourir ; le maître d'armes Legay l'y avait précédé le 28. Tous deux devaient recevoir M<sup>me</sup> de Monnier à la frontière

suisse et l'accompagner jusqu'à ce point de rassem-
blement voisin de Genève, où Mirabeau l'eût rejointe.
En conséquence, après s'être concertés à Pontarlier,
à l'auberge de Bourrier, avec M^{me} de Monnier et le
contrebandier Jeanret, chargé de guider la marquise
à cheval, par les sentiers de la montagne, de Pontarlier aux Verrières-Suisse, Mâcon et Legay vinrent
souper ici, à l'auberge du Lion d'Or et attendirent
l'événement. Mais ce fut une nuit de vaine attente ;
le lendemain matin les vit reparaître chez Bourrier et
tout en dînant avec lui, fort tristes et dépités, ils
accusaient entre eux la marquise d'avoir « manqué de
sentiments », ils juraient de ne se mêler plus de ses
affaires. Le vendredi 31, Mâcon, de retour à la
Jaquette, rendait compte à Mirabeau de l'échec de sa
mission.

Les allées et venues fréquentes de Sophie chez
Bourrier, ses entretiens avec Jeanret, les randonnées
singulières de celui-ci, avaient fortifié dans la maison
du marquis le soupçon qu'il se préparait quelque
chose. Bourrier, mécontent et inquiet des dettes
impayées de Mirabeau commettait aussi des indiscrétions singulières chez un affidé ; il avertissait une
femme au service du marquis de Monnier du départ
de sa maîtresse projeté pour la nuit et en vue duquel
il tenait des chevaux sellés. Il rapportait que M^{me} de
Monnier avait dit à Jeanret que, si elle ne partait pas
cette nuit-là, elle était une femme perdue, que sa
mère allait arriver et qu'elle serait mise au couvent.
La chanoinesse épiait ou faisait épier les moindres
mouvements de sa sœur. La veille, elle avait surpris
Sophie en train de se coiffer « en homme ». Tout le

domestique fut mis sur pied. On veilla toute la nuit.
Le valet de chambre Sage, ayant fait une ronde entre
dix et onze heures du soir, rencontra dans un petit enclos de la rue des Trois-Sols attenant aux communs
de l'hôtel, les époux Jeanret qui lui dirent rentrer
chez eux. Mais à la ronde suivante, une heure après,
Sage retrouvait dans le petit enclos la femme Jeanret qui lui dit attendre des contrebandiers, qu'ils
ne venaient pas et qu'elle s'en allait... Pendant
ce temps la chanoinesse tenait sa sœur enfermée,
la chapitrait et finissait par lui arracher une lettre
pour Mirabeau l'avisant qu'elle ne partirait pas; à
cinq heures du matin, elle faisait appeler Jeanret
et le chargeait de porter cette lettre au comte qu'elle
croyait être aux Verrières.

Eût-il reçu ces lignes de Sophie qu'il n'y eût sûrement pas cru. Sophie les démentit d'ailleurs aussitôt qu'elle put revoir Jeanret ; en sorte que celui-ci
continua de se tenir chaque soir dans l'enclos, à portée de la seconder dans une nouvelle tentative qui
ne tarda point. Le dimanche 12 juin, vers neuf heures
et demie du soir, on avertit la chanoinesse que M<sup>me</sup> de
Monnier avait mis une culotte de velours et chaussé
des brodequins. La veillée fut reprise et la garde
redoublée. Sophie enfermée à nouveau eut une crise de
larmes plus désespérée, car elle savait par Mâcon que
son Gabriel lui-même, irrité de l'échec de ses hommes
commandait en personne l'opération, de l'auberge
des Verrières-Suisse où il était arrivé dans la journée, où tout était préparé pour la recevoir. Dans la
journée, en prévision de cet échec, *et décidée à n'y
point survivre*, elle avait fait acheter une demi-once

de laudanum chez l'apothicaire ; on la lui avait délivrée. Mais l'apothicaire l'avait peu après réclamée,
criant qu'elle allait empoisonner toute la maison. Par
bonheur la chanoinesse s'en était emparée assez tôt
et l'avait renvoyée. Il en manquait toutefois un peu.
Il semble que ce laudanum devait servir à endormir
quelques-unes des personnes de son entourage char-
gées de sa surveillance. Le lendemain 3 juin,
Richard de Vesvrottes, un des frères de Sophie,
venait relever la chanoinesse à bout de forces et
rendre encore plus difficile et plus périlleuse toute
tentative ultérieure. A l'annonce de son arrivée,
Mirabeau leva le camp et par Morges gagna Genève
à petites journées. Le 9 juin, il vint se terrer à Thonon, à l'auberge de l'Écu de France, sous le nom de
comte de Montchevrey. Tout le long de cette retraite,
il avait lancé des appels à l'aide, les uns à sa mère,
d'autres à sa sœur Cabris et à M. de Briançon, d'autres
enfin à Sophie.

A cette minute, sa passion, même élevée à son
paroxysme, ne l'aveuglait pas sur le précipice où il
était près de rouler. Par malheur, l'incertitude, la
crainte, la douleur, les difficultés exaltaient cette
passion au lieu de la refroidir. Trois jours après, sa
résolution de passer à l'étranger et d'y entraîner
Sophie semblait prise. Du moins, il vivait avec cette
idée, comme si elle eût été arrêtée, et non plus
débattue. Le paysage qu'il avait sous les yeux colla-
borait-il à cette déroute de sa volonté, non parce
qu'il était voluptueux et amollissant par lui-même,
mais parce qu'il l'était littérairement. Mirabeau,
curieux d'idées et de sensations, n'en demandait qu'à

la société et aux bibliothèques. Il n'en recevait point de la nature. Il ne la concevait, ne la regardait, ne l'aimait que telle qu'il l'avait vue en son enfance, au Bignon natal, sa campagne préférée ; c'est-à-dire arrangée, stylisée, humanisée. La passion de la chasse n'avait rien changé à ce goût ; elle n'avait servi à développer ou à satisfaire en lui qu'un besoin forcené de dépense physique et qu'une aptitude, innée aux races militaires, à la connaissance du terrain, aux relevés topographiques. Aux bords du Léman, c'étaient Julie et Saint-Preux qu'il interrogeait ; à leurs amours, leurs inquiétudes, leurs peines, il confrontait les siennes à son avantage. Combien il était plus malheureux, mais combien plus aimant, plus énergique, plus généreux ! Loin de lui désormais toute hésitation, tout calcul. Il serait à Sophie comme elle était à lui, sans réserve.

« Hélas, écrivait-il le 15 juin à M<sup>me</sup> de Cabris, elle est l'unique objet qui m'occupe en cet instant... S'il faut être séparé d'elle, je préfère les cachots, la mort, les supplices. » Il ne pouvait s'empêcher toutefois de mesurer l'abîme qu'il était décidé à franchir, d'évaluer les biens qu'il y précipitait, ni de s'apitoyer sur sur lui-même. « Me voilà donc exilé de ma patrie, séparé de toi, sans espoir de revoir mon fils, perdu pour tous mes amis, sans avoir tiré aucun fruit de mon dévouement qui puisse compenser la moindre de mes pertes. J'ai tout sacrifié à l'amour et n'ai rien fait pour l'amour. Je n'oserai jamais rentrer dans mon pays quand je pourrais le désirer. Objet de la pitié insultante de ces pauvres êtres qui se croient sages parce qu'ils ne sont pas capables d'avoir une passion; déchiré par toutes les vipères qui oseront me calomnier de loin, dire que j'ai pillé Sophie, que je l'ai subornée; sévèrement condamné par les insectes qui appellent leurs préjugés de la morale, qu'y ferais-je en France?... Qu'y voudrais-je faire loin de Sophie... Mon état est une maladie aiguë qui me déchire l'âme, qui corrode tous mes ressorts physiques... Le seul remède est l'amour... S'il m'échappe, il faut succomber... Ma chère amie, je tente toutes les voies, je m'agite dans tous les sens. Efforce-toi de faire parvenir l'incluse à Sophie; ce n'est qu'un mot, mais un mot essentiel pour la soutenir, pour la consoler un peu... Écris-moi... écris-moi... Je n'eus jamais tant besoin de toi... Ah, je suis bien sûr que tu m'as écrit; mais les courriers ne vont ni comme ma tête, ni comme mon cœur. »

Cette lettre déchirante semble la palpitation même de ce cœur gonflé et battant à rompre, que nul frein de raison ne modère plus. Elle était cependant un suprême appel à la raison même. Elle lui répondit sans tarder. Le lendemain 16 juin, un dimanche, Louise de Cabris était dans ses bras. Il était comme fou.

Elle n'avait naturellement pas reçu sa dernière imploration, adressée à Lyon au couvent de la Déserte qu'elle avait quitté depuis deux semaines. C'était au premier cri de détresse qu'elle était accourue avec le fidèle Briançon. Une aimable et jeune orpheline, M^{lle} Jeanne de la Tour-Boulieu, pensionnaire de la Déserte, les accompagnait. Tous trois arrivaient du château de la Balme, propriété de la demoiselle, son héritage paternel. Elle était d'ailleurs originaire de Saintonge comme sa mère et comme sa sœur. Celle-ci était mariée, à Saintes, à un vieil officier connu de Mirabeau, le marquis de Saint-Orens. Toutefois, à l'époque de ce mariage, en 1768, Mirabeau était détenu à l'île de Ré. Cela faisait néanmoins liaison, communion de souvenirs; on renouait pour ainsi dire connaissance. Mirabeau !ne revit-il pas aussitôt l'image de sa première bien-aimée? ne présidait-elle pas à cette rencontre? elle y semblait proposer son délaissement, sa résignation au plus humble sort, son silence, non pas en exemple à Sophie de Monnier, mais en argument à M<sup>mo</sup> de Cabris, décidée à empêcher un enlèvement, une réunion funeste à son frère. N'avait-il pas triomphé de cette première passion, évité une union mal assortie, vaincu désirs, regrets, scrupules et recouvré maintes fois le bonheur de jouir et d'aimer? Il se consolerait de nouveau, on consolerait Sophie... Le temps est galant homme. Mais où le trouver?

M<sup>lle</sup> de la Tour-Boulieu était fiancée, mais à un cousin et par convenance, semble-t-il, plutôt que par inclination véritable. Elle n'en était que plus sensible aux délices et aux peines de l'amour véritable. Le récit des malheurs de Mirabeau, des tourments de Sophie de Monnier, la touchait d'une compassion si profonde, si franche, si démonstrative, qu'à son tour Mirabeau en fut attendri. Quand ils eurent mêlé leurs larmes et qu'avec son impétuosité ordinaire, il l'eut étourdie de ses protestations de gratitude, embrassée, pressée, elle était troublée à ne pouvoir plus lui refuser de plus doux apaisements. De ce

SOPHIE DE MONNIER
tableau attribué à HEINSIUS ·

moment, M^me de Cabris pensa la partie gagnée.
Après quatre jours ainsi passés à Thonon, les deux
couples se rendirent à Genève et s'y dissipèrent un
peu. Ils semblaient être en partie de plaisir et fes-
toyer sans compter. Ils troquaient des bijoux, des
diamants, des dentelles. On crut ainsi reconnaître
en M^me de Cabris l'actrice Raucourt, alors banque-
routière et fugitive. Mirabeau se faisait appeler le
chevalier de Vassan, et sous ce nom trop reconnaissable, il avait failli être arrêté à Carrouge par un
exempt, à la solde de M^me de Ruffey ; mais un autre
exempt, autrement soudoyé ou craignant une méprise en dissuada son camarade. Enfin, le 22 juin,
le chevalier de Mâcon rejoignit cette troupe joyeuse,
apportant des nouvelles apaisantes de M^me de Monnier. Elle était trop surveillée pour s'échapper ; elle
préparait un plan d'évasion, ou bien plutôt d'enlèvement, exécutable au moment de son départ annuel
avec son mari pour ses terres de Nans-sous-Sainte-
Anne. Elle tenait préparés des habits de paysanne.
Elle s'exerçait en attendant à recouvrer quelques
heures de solitude chaque jour dans son jardin.
Mâcon retourna à Pontarlier pour porter à Sophie les
effusions, serments et promesses de Gabriel et de sa
sœur ; puis, le dimanche 23 juin, se sentant épiée, la
troupe se rabattit vers le château de la Balme où elle
se tint enfermée pendant une semaine. Mirabeau
était ramené en France ! autant dire qu'il ne l'avait
point quittée...

Le château était clos de murs et de fossés qui le
défendaient comme une forteresse. Là, nulle crainte
des exempts ; nulle surprise fâcheuse que celle, tout

au plus, de l'intrusion du cousin fiancé de M<sup>lle</sup> de la Tour-Boulieu. Les gens de la maison ne pouvaient être indiscrets, tout au plus, qu'entre eux ; et sans doute étaient-ils sûrs. Dans cette profonde solitude à quatre, tout était permis. Mais jusqu'où la licence fut portée, voilà ce qu'on ne saurait plus éclaircir. Les témoignage de M<sup>me</sup> de Cabris et de son frère s'accordent sur ce point, assez indifférent à la morale, qu'ils convinrent de différer l'évasion de Sophie et de mettre à profit ce délai pour essayer d'un coup d'audace ; Mirabeau eût gagné Paris, s'y fût réfugié chez un parent de sa mère, quelque Noailles bien en cour, et de là, il eût réclamé des juges, la liberté ou la prison, mais légalement prononcée. La marquise de Mirabeau fut avertie de l'arrivée prochaine de son fils. Mais ce plan raisonnable arrêté, en attendant son exécution, si la marquise l'approuvait et le secondait, que se passa-t-il à la Balme ? Mirabeau y eut, semble-t-il, un accès violent de satyriasis. Dans le plaisir ou dans la contrariété, il était sujet à des évanouissements prolongés, accompagnés de battements de cœur intolérables ; son père les prenait pour des attaques d'épilepsie. Cette dernière crise le terrassa.

Le dimanche 30 juin, Mirabeau apparemment rétabli, et Briançon, prirent des bateliers à Seysset pour descendre le Rhône jusqu'à Lyon.

Leur séjour à Lyon se prolongea. La raison en était sans doute que la marquise de Mirabeau ne voulait plus se prêter aux mouvements de son fils. L'attente devenait périlleuse en se prolongeant et le vendredi 12 juillet, Mirabeau crut prudent de sortir de Lyon et de s'aller cacher dans les montagnes du Dauphiné, — à Pont-de-Beauvoisin, ai-je lieu de croire — chez M. de Villedieu qui devait être le fiancé de M^{lle} de la Tour-Boulieu. De là, le dimanche 14, en compagnie de M. de Briançon, il partait pour la Provence, s'arrêtait le lendemain soir à Tain où il dînait avec son frère en garnison à Tournon, et dans la nuit de mardi au mercredi, il parvenait à Lorgues, où le notaire de Briançon lui ouvrait sa maison. Un exempt qui le talonnait n'avait lâché pied que dans les montagnes du Var, sous la menace de leurs pistolets.

Le comte, dès son arrivée à Lorgues, avait commencé pour Sophie une lettre, qui finit par compter vingt-quatre pages d'un papier in-octavo, en lignes serrées, drues, sans un blanc de marge ni de paragraphe. La longueur et le contenu ne m'en sont connus à la vérité que par les réponses de Sophie, passées en original dans mes mains ; mais j'en sais assez de cette manière. Mirabeau y narrait ses péripéties depuis Thonon, Genève, le château de la Balme et Lyon, jusqu'à Lorgues. De ses relations avec M^{lle} de la Tour-Boulieu, il ne disait rien qui eût pu nourrir sinon éveiller la jalousie de sa maîtresse ; il lui protestait au contraire de n'avoir pas cédé aux facilités de l'occasion, malgré une excitation si violente de ses sens qu'après des palpitations suffocantes, il avait eu des évanouissements prolongés, et Sophie lui répondait, à peu près rassurée : « Je te félicite sur ta conquête et ne m'en effraie pas, je t'assure ». Mais elle lui recommandait, quand l'impétuosité de ses sens le sollicitait à de solitaires

jouissances, non de s'en priver à l'exemple de
M. de Briançon, mais de craindre autant que lui
pour sa santé.

Quelques vingt lignes nous donneront une idée de
la température de Mirabeau et de sa solitude dans
ses heures d'exaltation amoureuse. En les écrivant,
il avait sous les yeux un portrait en miniature de
Sophie, ravissante de jeunesse et de vivacité, d'enjouement, de grâce mutine. A cette époque, ses
désirs et ses inquiétudes, son orgueil et sa jalousie
s'exaspéraient ; et possesseur impuissant, tantôt
Sophie lui était pour ainsi dire présente et abandonnée, tantôt insaisissable, disputée et ravie... « Tu ne
sais pas, fanfan tendre, lui écrivait-il, que je ne suis
pas maître de ma *santé* avec ce joli minois qui est là
à lire ce que j'écris. Elle m'agite à un point, cette
silencieuse petite créature, que je serai forcé de la
mettre quelque jour en pénitence... Ah ! Sophie,
quand elle est là sur ce lit qui serait ton trône si
nous habitions les mêmes lieux, que mes lèvres sont
collées dessus, que des illusions en foule viennent
embraser mon imagination, mes sens étincellent...
O Sophie, je crois être dans tes bras... j'approche du
bonheur... je l'atteins presque et je te parle... je
t'appelle... Cet ivoire inanimé semble partager mes
transports... hélas, le réveil est terrible ; et pour me
sauver de ce cruel abandon dans lequel je languis,
je cours après ces moments de délire, que chacune
de tes phrases réveille en moi... Pourquoi tout ton
tempérament est-il dans ton cœur ?... il y a des
moments où je t'en bouderais ». Et il la boudait en
effet, il la querellait, sur cette paix apparente de ses

sens qu'il ne croyait pas compatible avec le violent, l'exclusif amour qu'elle disait ressentir et qui eût dû lui rendre intolérable la privation de ses caresses.

Non satisfait d'accuser, comme la preuve d'un faible amour ou l'indice d'un autre attachement, la patience avec laquelle Sophie supportait la privation de ses caresses, et de s'en venger en tâchant de lui faire souffrir son propre martyre, par des peintures lascives, des effusions brûlantes, des phrases spasmodiques, Gabriel ordonnait qu'elle mît sa vie passée et présente, extérieure et intime, à nu devant lui, comme toute sa personne, et il enhardissait ses confidences par les siennes. Il l'avait ainsi amenée à se tourmenter d'examens et de scrupules qui grossissaient à ses yeux, en les empoisonnant, ses actions et ses pensées les plus vénielles, ainsi que celles d'autrui. Elle en était venue à ce point de se souvenir et de faire l'aveu à son Gabriel, comme d'un crime, de certaines libertés que son père autrefois et son frère, avaient pris ou plutôt avaient tenté de prendre avec elle ; car elle s'y était opposée et soustraite, elle le jurait.

De quoi Mirabeau vivait-it alors? Depuis le mois d'octobre 1775, il n'avait plus reçu un sol de la dérisoire pension mensuelle de cent livres que son père s'était engagé à lui servir : et des quinze cents livres qu'il avait empruntées à Neuchâtel en faisant escompter par un négociant de Pontarlier les engagements de Samuel Fauche, éditeur de son *Essai sur le despotisme*, on peut certifier qu'il ne lui restait rien au début de l'année 1776. Cette somme avait pourvu à ses voyages d'études en Suisse et en Franche-Comté,

à son habillement, à ses frais de chambre et de pension chez Bourrier, à son petit domestique, à ses
munificences galantes enfin. Point de gaspillage en
tout cela, on doit en convenir, point de reproches à
faire, car, ces dépenses acquittées, il ne restait de
dettes criardes que pour des sommes insignifiantes
auxquelles le procureur du roi Michaud fit honneur.
Mais dès sa disparition à Pontarlier, le 16 janvier,
Mirabeau était sans un écu vaillant, et Sophie avait
dû le pourvoir de tout, dans des conditions néces-
sairement onéreuses, étant donné les complaisances
et les services à reconnaître à tout instant pour lui
ménager des retraites et des déplacements sans
risques, tant à Pontarlier qu'à Dijon et de Dijon à
Lorgues. Il fallait payer pour les hommes et pour les
chevaux, payer encore pour le secret. Sophie y
avait bientôt épuisé sa bourse personnelle. Dès lors,
prenant la nuit dans le gousset du marquis de Monnier la clé de son coffre-fort, elle remplaçait les rouleaux de louis enlevés par des rouleaux de jetons et
remplissait de cailloux les bourses vidées. Cette clef
venant à lui être retirée, elle en avait fait fabriquer
une fausse par le serrurier Simonin, mari de sa
femme de chambre. Mirabeau recevait personnellement tout ce numéraire qui se montait déjà à
12.000 livres au mois de mai. A M<sup>me</sup> de Cabris étaient
envoyés par gros paquets, emballés et expédiés par la
complaisante Jeanneton ou par Gotton Barbaud, les
robes de soie, les fourrures précieuses, le linge fin et les
dentelles, les bijoux d'or, les perles et les diamants.

Placidement, le marquis de Monnier fermait les
yeux...

Sophie. pour apaiser sa conscience alarmée, avait
déclaré son intention de restituer cette somme à son
mari sur sa dot, par un codicille à son testament
qu'elle fit en effet rédiger et qu'elle déposa chez son
notaire. Ainsi elle délivrait à son mari une reconnaissance de ses torts, sinon de son repentir, par un procédé d'une franchise si ingénue qu'il ne pût s'empêcher de lui en savoir gré. Pour une marque d'estime,
de regret, de condescendance à peine plus tendre,
pour un embrassement, et surtout pour la faveur de
partager à nouveau son lit, il lui eût tout pardonné,
il lui eût tout permis, il lui eût tout facilité. Mais
Sophie, pour obéir à son Gabriel, lui interdisait la
plus légère approche et refusait de se coucher plutôt
que de partager seulement sa chambre avec lui.

Les amoureuses instances du vieux marquis don-
naient-elles vraiment de l'inquiétude à Mirabeau?
On le peut admettre. La jalousie, la méfiance étaient
plus fortes en lui que la passion. Ses habitudes d'infidélité ne lui permettaient plus de croire à la fidélité
de personne. Il querellait donc sincèrement Sophie à
ce sujet. Mais il n'était pas moins inquiet des conséquences pour lui-même de la naïve facilité avec
laquelle sa maîtresse avait fait à son mari l'aveu de
ses soustractions ainsi que la promesse de l'en
dédommager, car c'était implicitement l'en désigner
pour l'instigateur et le profiteur; c'était enhardir son
inculpation et l'étayer d'un commencement de preuves,
sujet de querelle non moins vif que le précédent.
« Je n'entends pas, lui disait-il, comment ton testament est entré pour beaucoup dans la *réconciliation
avec le marquis* : est-ce que tu l'as refait? Est-ce que

tu lui as indiqué les 12.000 livres en remplacement
sur ta dot? Pourquoi ne m'as-tu pas dit cela? dans
quels termes cela a-t-il été spécifié? explique-moi
cela très exactement, car il se pourrait que tu eusses
fait là une grosse sottise. » Il confirmait ainsi ce
qu'il se préparait à nier.

Interrogé par Sophie sur ses rapports trop intimes
avec M^me de Cabris au château de Mirabeau, loin
de hausser les épaules ou de repousser avec indignation ces accusations, propos du baron de
Mouans, il en avait reconnu l'exactitude, sans dissimuler les plus légères ni les plus vilaines circonstances de cette liaison incestueuse, dont nous avons
démontré déjà mieux que l'improbabilité : l'inexis-
tence, en produisant les lettres de sa prétendue
complice au lendemain de sa brusque séparation
d'avec elle. A cette date, Mirabeau ne rêvait que
de sa belle amie de Saintes, et M^me de Cabris ne
s'occupait que d'entretenir cette brûlante passion.
Pourquoi donc ce faux aveu de Mirabeau? qu'est-ce
qui le lui inspirait? à quoi tendait-il?

Mirabeau s'était institué le rééducateur, le confesseur, le directeur de conscience de Sophie afin
d'être plus absolument le tyran de sa conduite. Il ne
la corrompait que pour la posséder mieux, de peur
que ses actes, ses principes, ses discours, ne vinssent
à la détacher de lui, à la lui opposer, à le contrarier.
Il l'avait rendue à son image et, selon ses principes,
impie, sacrilège, trompeuse, parricide et fratricide
dans tous ses vœux, inhumaine en un mot pour tous,
fors pour lui.

Dans une lettre fameuse l'imposteur accusait son

prétendu crime sans réticences (citation nécessaire,
car bientôt il n'écrira plus que pour nier catégori-
quement et l'inceste et l'aveu), en même temps qu'il
se livrait à une comparaison minutieuse et de tous
points consolante pour Sophie, des avantages exté-
rieurs et intimes de sa sœur et de sa maîtresse,
toujours modeste et toujours effrayée des insuffisances ou de son esprit ou de ses charmes : « (Sa
bouche, quoique) gâtée est encore superbe, mais c'est
là une beauté d'éclat, qui se perd dans le lit, quand
la peau et le corps n'y répondent pas, et de ce côté tu
as tout l'avantage. Elle a le bras et la main bien ;
mais tu l'as mieux, beauté si rare chez une grande
femme, et dont à forme égale, tu aurais l'avantage
puisque tu es infiniment plus blanche. Louise a la
cuisse trop grosse et cambrée. Tu ne l'as que potelée,
et elle est parfaitement droite, avantage infini pour
la démarche et la jouissance. Elle a la jambe mal, et
le genou en dedans comme la plupart des femmes ;
tu n'as pas la jambe parfaitement bien, mais le
genou est bien placé. Elle a le pied mieux que toi.
Je te dirai seulement quant à ce qui me coûterait à
décrire chez elle, comme rappelant des idées qui me
donnent du noir, qu'à cet égard tu as des avantages
infinis dans le détail des beautés comme dans leur
emploi ; souviens-toi, ma Sophie, qu'un homme
délicat sait remarquer si une femme est plus occupée
d'elle que de lui dans la jouissance, et que le délire
de l'amour a lui-même sa délicatesse. Souviens-toi
aussi, mon épouse adorable, que telle femme, qui
paraît la plus belle en société, est bien loin d'être la
plus agréable en ... pour son amant. Si la balance

entre Louise et toi est au moins égale au physique (ce qu'assurément je ne trouve pas, même comme juge impartial) oh! combien tu la fais pencher au moral! »

Dans cette lettre, Mirabeau inséra une feuille blanche qui n'était blanche qu'en apparence, car elle contenait, tracées au jus de citron, des instructions pour le cas où Sophie parviendrait à se sauver avant qu'il eût pu se mettre à portée de la seconder; il lui donnait rendez-vous à Lyon. Pour lui, il ne se préparait pas encore à bouger de Lorgues, bien que Sophie craignît beaucoup qu'on ne l'y découvrît assez vite et qu'une fois repris, on ne le relachât plus. Il semblait envisager cette éventualité avec moins d'effroi, avec l'arrière-pensée qu'elle le dispenserait de hasarder une aventure pire, ou suivant sa règle de prévoir toujours le pire, afin d'en tirer le cas échéant, le meilleur parti. Son calcul vaut d'être rapporté; encore n'en livrait-il pas tout : « **Mon amie**, expliquait-il à Sophie, je n'ai pas prétendu te dire que ce ne fût un très grand malheur que je fusse repris; mais je dis avec raison que cela n'empêcherait pas nos projets, et ne les reculerait que pour moi et non pas pour toi. Je sais bien que je serais très resserré; mais à la longue on s'en va de partout. Désabuse-toi de l'idée que quand tu partirais, on pourrait *produire nos lettres et faire mon procès* : 1° On n'a point de lettres à moi; 2° on ne punit pas l'intention et je serais très lavé du fait, puisque je ne serais pas libre; 3° dans aucun cas, on ne pourrait en l'état me faire mon procès, parce qu'encore une fois on ne suborne pas une femme mariée, et je ne me suis jamais présenté pour t'enlever. Il faudra bien que cela vienne, puisqu'ils ne veulent pas te laisser en aller autrement : alors ils me feront des procès de loin, tant qu'ils voudront. Toujours est-il que je conserverai avec soin ma liberté, pour être bientôt près de ma Sophie, et que je ne regarde certainement pas sa perte comme une chose légère ; mais si ce malheur arrivait, pars toujours, je l'exige : cela te serait alors fort facile. »

Mais voici que vers le 8 août, et par les deux courriers suivants, lui parvenaient des avis alarmés de Sophie que sa seconde lettre du 21 juillet annoncée par celle du 20 et accompagnée de la feuille blanche où il lui avait tracé un plan d'évasion n'était pas parvenue à son adresse. Elle en savait assez le contenu par la lettre qui l'annonçait pour s'effrayer d'une interception qui ruinait l'exécution d'un plan attendu, corroborait les aveux les plus graves de son Gabriel, et livrait à la fois le secret de sa retraite et des armes qui, si on l'appréhendait, permettraient de l'ensevelir vivant dans une prison interminable :

« Mon bon amour, lui répétait-elle, le 2 août, je suis dans la plus vive inquiétude au sujet de la lettre que tu m'annonces qui contenait la feuille blanche. J'ai passé à la poste : j'ai parlé à la Ch. B., elle n'a rien reçu. Je vois par ta lettre que je devais la recevoir une poste avant la grande commencée le dimanche 21 et finie le jeudi... J'espère encore jusqu'à samedi, mais, s'il n'y a rien, nous aurons tout à craindre qu'elle soit perdue. Aussi quelle mauvaise idée tu as eue d'employer une autre adresse pour celle-là pendant que la nôtre est si sûre. Je ne puis écrire au chevalier de Mâcon que je ne l'ai reçue... »

Rien au courrier du samedi ni des jours suivants...
La Ch. B. dont il est question comme de l'intermé-
diaire sous le couvert de laquelle cette lettre fatale
eût dû arriver à Pontarlier était, à ce que je crois, une
certaine Charlotte Bonjour, en service chez la femme
de l'apothicaire Charnaux ; et il y a tout lieu de
croire que ce fut elle qui intercepta et livra le pli
adressé à sa servante, pour mettre fin à une complaisance qui risquait de la compromettre aux yeux
du marquis de Monnier et d'une riche clientèle de la
ville qui avait pris parti contre Mirabeau, sous l'inspiration de quelques prêtres, de M^{me} de Ruffey et de
la chanoinesse sa fille. Il est remarquable, en effet,
qu'au prix de cette trahison, M^{me} Charnaux obtînt de
n'être pas mise en cause, non plus que la Bonjour,
dans la procédure retentissante qui n'était plus loin
d'être ouverte.

Le 16 août, rien encore. Sophie répétait les expressions de son inquiétude, d'autant plus vives que par
les lettres de son Gabriel, consécutives à cette lettre
perdue, elle en apprenait l'important contenu :
« celle-là contenait, me dis-tu, nos derniers arrangements ». Elle ajoutait avec détail que d'après ces
arrangements-là, elle n'attendait Mirabeau, au plus
tôt, que vers le 10 septembre.

Mais, le 20, elle était avertie par une dernière
lettre de Mirabeau qu'il quittait Lorgues dans la nuit
(celle du mardi 13 au mercredi 14) et qu'il approchait
à marches forcées... On devine ce qui avait décidé,
brusqué son départ, précipité ses résolutions. En se
sauvant, il sauvait tout ce qui lui restait au monde :
ressources, liberté, vie même, il avait tout compromis

par cette funeste lettre, et il ne pouvait plus trouver
de secours assuré qu'en rejoignant Sophie, attendu
que, ignorant dans quelles mains cette lettre était
tombée, il lui fallait fuir Lorgues et dépister les
policiers pour le cas où ce serait eux qui la tiendraient,
quitter la France pour le cas où ce serait son père
ou les Ruffey, et se détourner de sa sœur et de Briançon, pour le cas où ce serait eux ; toutes les hypo-
thèses possibles à cet égard devaient être regardées
par lui comme réalisées, puisqu'il n'en pouvait plus
vérifier aucune, et force lui était, bien qu'elles fussent
exclusives les unes des autres, de se comporter, pour
se soutraire à toutes leurs conséquences possibles,
comme si elles se surajoutaient au lieu de se contre-
carrer.

Cette prompte décision était donc la plus raisonnable. Elle l'était même plus que Mirabeau ne s'en
doutait. S'il fût demeuré huit jours de plus à Lorgues,
les policiers Muron et des Brugnières l'y arrêtaient
peut-être, sur les indications mêmes de sa sœur qui
leur avait livré le secret de sa retraite, dans une heure
d'affolement, craignant pour sa sécurité propre et pour
celle de Briançon.

# IV



## L'ENLÈVEMENT

Dans les plus funestes conjonctures, dans les surprises les plus accablantes, ce qui sauvait incontinent Mirabeau du découragement ou du désarroi, c'était sa disposition naturelle à envisager d'abord le pire, à déduire de cette noire prévision les conséquences inéluctables et, si l'événement la vérifiait à y conformer aussitôt sa conduite. Sa résolution une fois prise, ainsi tout s'éclaircissait peu à peu devant lui ; il ne considérait plus, dans sa mauvaise fortune, que le meilleur parti à en tirer. Le 9 août, au premier mot de Sophie lui annonçant qu'elle n'avait pas reçu la grande lettre où il lui avait peint à nu sa sœur Cabris et détaillé les plus intimes circonstances de ses prétendues relations avec elle, Mirabeau admit que cette lettre avait pu être interceptée et qu'elle livrait maintenant à ses persécuteurs, aux Ruffey et à son père, avec le secret de sa retraite et le plan d'enlèvement de Sophie, des confidences qui le déshonoraient et qui le voueraient à un châtiment perpétuel dans la plus affreuse des prisons. Il ne lui restait qu'à se retrancher lui-même de sa famille et de sa patrie, qu'à se bannir au plus vite.

Dans cette nécessité, Sophie devenait son unique secours assuré, sa consolation suprême. Sans tarder, il la prévint de son départ imminent de Lorgues, devenu intenable, sans toutefois préciser jusqu'où et par quelle voie il décidait de se rapprocher d'elle. Il se réservait sans doute une possibilité de suspendre sa marche ou de l'orienter différemment: il espérait encore éviter de participer en personne à l'évasion de Sophie. Juridiquement, on ne le pourrait inculper de rien, si elle s'enfuyait et le rejoignait à l'étranger, alors qu'il se trouvait encore loin d'elle. Mais la perte, la saisie probable de sa lettre criminelle le rendait inquiet et furieux. Dans sa solitude menacée, il ne trouvait personne sur qui déverser l'excès de sa rage, il s'en prenait à Sophie innocente; il accusait ses pensées, ses sentiments, ses démarches et la malmenait en paroles; plutôt que de s'accuser lui-même devant elle et d'imposture et d'imprudence. On n'a point sa lettre; mais j'ai sous les yeux la réponse haletante qu'y faisait le 20 août Sophie, alarmée et navrée par ce ton violent, injuste, inaccoutumé de son Gabriel.

« O Gabriel! comment as-tu le courage de m'écrire tout cela, toi qui, un moment avant, parles de ma sensibilité! Puisse ta santé se rétablir! l'inquiétude à ce sujet devait achever nos maux; la mienne n'est pas bonne non plus, je n'ai plus de boutons, mais les maux de tête et de gorge continuent, je ne dors point et je verse des larmes que ta main n'essuie pas... Puisque tu fais une différence quand je suis sans conseil ou quand j'en ai de mauvais, fais-en donc une aussi quand je t'écris que je suis tranquille ou quand j'éprouve des moments de frayeur qui ont l'air de me faire varier; attends pour me juger que je sois remise, et tu me verras toujours la même. Eh! comment pourrais-je changer! ton amour est tout pour moi; je n'agis, ne vois, ne sens plus que l'amour; il est inséparable de mon être, je ne puis le perdre sans la vie! Je pensais tout de même à Dijon. mais je le sens encore beaucoup plus à présent. Sur quoi j'ai été le plus persécutée, c'était sur ce que l'on me disait qu'il fallait changer de style, en prendre un *honnête*, s'appeler *Monsieur, Madame, vous*, ce terrible mot qui me fait tant de mal, tu as trouvé une façon pour l'éviter qui m'en fait presque autant : *Sophie aime les lettres courtes*. O Dieux, mon ami, tu dis que j'eus un moment à Dijon l'air de mériter tes reproches, que tu me crus changée. Que tu devais me trouver coupable! Que j'aurais mérité de haine de ta part! Mais, mon amour, ce fut le lendemain que nous nous sommes vus à la Perspective. Mon Gabriel, y avais-je donc l'air de quelqu'un qui aime faiblement? en ce cas, j'exprimais bien mal ce que je sentais puisque cette séance augmenta de beaucoup mon amour. Ah! tous les jours il s'accroît... Oui, je partage le besoin de te voir, je le sens très vivement; hélas, quand sera-ce? Je me le dis souvent, que nous ne sommes pas nés assez heureux tous deux pour voir réalisés nos projets; mais au moins celui de mourir ensemble, que je puisse rendre mon dernier soupir en passant ta main sur mon cœur, en te jurant que je ne vivais que pour toi. — Oui, nos enfants seront sensibles, ils auront ton cœur, toutes tes vertus, ils apprendront de Sophie combien Gabriel

doit être aimé. Mais le verrons-nous. ce jour de
bonheur? Quelquefois j'en désespère... »

Mirabeau ne quitta Lorgues que dans la nuit du
13 au 14 août. Son itinéraire est connu ; route ardue
et marches forcées : les Alpes niçoises, Turin, le
grand Saint-Bernard. le Valais, Neufchâtel. le Val
de Travers enfin. Ici, comme naguère, au bord du
Léman, le souvenir pathétique de Jean-Jacques
errant. méconnu, persécuté, le ressaisissait. l'exal-
tait et l'attendrissait sur Sophie comme sur lui-
même : par le génie et par le cœur. par les mérites
et par l'infortune, il se sentait l'égal de son modèle.
Les lieux ont aussi leur fatalité. leurs recommence-
ments; il était tout simple que ce froid. sombre et
étroit passage, aux parois noires de sapins d'où
s'exhalent de lentes et épaisses vapeurs, attristé
encore par le gémissement de la Reuse qui s'y écoule,
fût le séjour et le témoin de misères et de grandeurs
si semblables. Les pas dans les pas. Au débouché
du Val de Travers est l'industrieux village de Saint-
Sulpice. Mirabeau y entra le 23 août au point du
jour. et il prit gîte à l'auberge du *Singe*, où il était
bien connu depuis ses randonnées fréquentes de
Pontarlier à Neuchâtel, l'année précédente. De ce
moment. entre Sophie et Mirabeau les allées et
venues d'auxiliaires nombreux n'allaient plus cesser.
A huit heures du soir. Mirabeau se rendit lui-même
aux Verrières-Suisse. chez l'aubergiste Lambelet, à
l'enseigne du *Lion-d'Or*, pour confier à la femme
Lambelet divers plis dont une lettre pour Sophie,
enfermée dans une autre adressée à Mᵐᵉ Barbaud ;
puis il revint coucher à Saint-Sulpice. La commis-

sion fut exactement remplie le lendemain par la complaisante Suissesse qui fit à pied le chemin et se présenta chez Janret dès huit heures du matin. Ici, avec des instructions verbales, elle remit un billet annonçant que « la marchandise était prête ». Chez M^{lle} Barbaud, elle pénétra sous le prétexte de lui faire voir des dentelles, et ce fut en mains propres qu'elle put remettre son enveloppe... Quoique l'heure fût matinale, M^{me} Barbaud avait chez elle un visiteur M. Caffod de la Ferrière, vieil ami de sa famille. Dès que la femme Lambelet fut sortie, il lui représenta paternellement le blâme public et les graves embarras que ne manqueraient pas de lui attirer les vilaines commissions dont elle se chargeait; puis, d'autorité, la voyant indécise encore, il lui prit cette lettre et la mit toute cachetée dans sa poche.

Ce document ne comportait aucune indication essentielle, ni même indispensable au succès de l'entreprise : rien que des propositions à Sophie en vue de sa fuite imminente; elle restait la maîtresse des moyens et de l'heure; en sorte que l'intervention de M. de La Ferrière ne pouvait ni empêcher ni même retarder l'événement : « Si tout cela manquait, écrivait d'ailleurs Mirabeau, je t'enlèverais de force à Nans », c'est-à-dire dans la maison de campagne où M. de Monnier avait arrêté d'emmener sa femme le 27 août. N'oublions plus l'existence de ce document; il deviendra la base du jugement capital qui l'année suivante frappera Mirabeau pour crime de rapt et de séduction. Entre les amants, une correspondance de plus en plus active se poursuivit .Un temps affreux, une pluie incessante et torrentielle

qui rendait les chemins de montagne presque impra-
ticables, ne paraissait en gêner aucunement l'échange.
Mirabeau annonçait à Sophie, pour midi et demi,
une lettre « beaucoup plus décisive » qu'à cette
heure-là on lui vit en effet recevoir à la fenêtre de
son écurie des mains d'un homme trempé jusqu'aux
os. C'était un nommé Cabasson que rien ne faisait
reculer. On la vit aussi se baisser comme pour
écrire. Dans l'après-midi elle reçut encore secrètement la visite de deux jeunes gens de la ville,
MM. d'Aubonne et Parguez, celui-ci fils du lieutenant particulier du bailliage et futur magistrat lui-
même. Avec le généreux enthousiasme de leur âge,
ils servaient depuis sa naissance la passion contrariée du comte et de la marquise, et ils s'offraient à
jouer dans le dénouement de l'entreprise un rôle de
messagers, d'indicateurs et d'éclaireurs.

Le sort en était jeté. Cabasson avait remporté une
réponse de Sophie qui était le dernier mot de l'affaire.
Il reparut en vue de Pontarlier vers les sept heures
du soir, avec un cheval de selle et un guide, le
Suisse Rousselet, homme sûr et déjà éprouvé. A la
nuit tombée, vers neuf heures, Rousselet traversa la
ville et s'arrêta en un lieu désert dit la Sablière, au
flanc d'un monticule formant éperon au vaste plateau
de la Chaux d'Arlier. Deux jeunes personnes, en
habit d'homme l'y rejoignirent. Ensemble, ils discu-
tèrent s'ils contourneraient la ville par son rempart
ou s'ils passeraient par la Grand'Rue. Ce dernier trajet,
le plus osé, qu'ils choisirent, était évidemment le
meilleur, parce qu'il n'aurait pas l'air d'une marche
déguisée et furtive. Au surplus, la pluie continuait

de tomber à torrents, la Grand'Rue était déserte,
et il était naturel de ne la parcourir que précipitamment. Le trio sortit ainsi de la ville sans
encombre, suivit la grand'route des Verrières jusqu'au pied du Larmont et là, prenant le chemin de
la montagne, retrouva Cabasson avec son cheval.
« Est-ce vous? » demanda-t-il. A l'instant, M<sup>me</sup> de Monnier se détacha du groupe, Cabasson et Rousselet
lui donnèrent la main pour monter en selle et tous
prirent ensemble le sentier de la montagne menant
aux Verrières, et il n'y avait pire sentier sous l'averse
inexorable. Sur la ligne frontière, au pied de l'autre
versant, Mirabeau se morfondait depuis une heure et
demie en compagnie de l'aubergiste Lambelet. Dès
qu'il vit paraître la troupe, il bondit à sa rencontre
et demanda : « Est-ce vous? -- Oui, lui répondit-on. »
Aussitôt, il se porta avec ardeur vers Sophie, l'attira
vivement dans ses bras, la couvrit de baisers et la
descendit de cheval. Puis toute frémissante de ces
transports, la compagnie se divisa; le gros de la
troupe avec Lambelet s'en fut à l'auberge du *Lion
d'Or* se sécher et se restaurer; Mirabeau et Sophie
allèrent quêter gîte ailleurs, insensibles à la pluie qui
ne tarissait pas, exaltés de joie, brûlants de leur seule
fièvre amoureuse.

Il était onze heures du soir. Passant par derrière les
maisons, le couple s'en vint frapper à la porte de la
dame Bôle, veuve d'un lieutenant de la justice de Verrières-Suisse. Ce fut une jeune fille de vingt ans et sa
servante qui leur ouvrirent et qui les prirent pour
deux jeunes hommes. Mirabeau leur demanda à
loger. Sur la réponse que ce n'était pas une auberge,

Mirabeau insista, dit qu'il connaissait la dame Bôle et qu'il désirait lui parler. Elle était absente ; mais, comme l'averse redoublait, M<sup>lle</sup> Bôle les fit entrer et les mit auprès du feu, tout en faisant difficulté de les y laisser passer la nuit, observant qu'il n'était point décent à deux filles de loger chez elles deux garçons. Alors Mirabeau se nommant et nommant la marquise de Monnier remontra aux jeunes filles qu'elles n'avaient rien à craindre pour leur vertu et que leur silence couvrirait de même leur réputation. Faisant l'enjoué et jouant la prudence pour lui-même, il recommandait toutefois qu'on se souvînt bien que c'était M<sup>me</sup> de Monnier qu'il était venu rejoindre et non lui elle ; et sur cette précaution, Sophie d'éclater de rire. Enfin, il fit apporter du sirop et de la liqueur et étourdit si bien d'aimables paroles M<sup>lle</sup> Bôle, qu'elle finit par leur proposer une chambre à deux lits. Mais ils répondirent qu'il leur suffisait d'un lit et qu'on les mît dans la maison, fût-ce au grenier et sans lit, ils seraient contents, du moment qu'ils étaient ensemble. Mirabeau portait un habit vert, veste et culotte jaunes, bas blancs, une épée au côté et des pistolets de poche à deux coups. Sophie avait un habit lie de vin avec un petit galon d'argent, une veste jaune galonnée de même, une culotte de velours noir, des bas de soie, des souliers d'homme et un bonnet gris de campagne bordé d'un petit galon d'or. Elle fit observer que c'était le chapeau de M. le marquis de Monnier. Pour l'habit, c'était, je crois, celui de son valet de chambre, le complaisant Sage, qu'elle n'avait pas mis dans la confidence de cet emprunt.

On les laissa reposer jusqu'à midi. Alors la servante entra dans leur chambre et leur apprit que des cavaliers de la maréchaussée de France venaient de passer, qu'on les recherchait sans doute et qu'ils devaient s'en aller... Mirabeau représenta à la servante qu'on ne devait pas les mettre à la rue dans ce danger, qu'il avait peur d'être repris, mais que, pour M<sup>me</sup> de Monnier, elle était maîtresse de ses volontés. Alors Sophie dit qu'elle ne se laisserait pas arrêter, qu'elle aspirait depuis trop longtemps au bonheur de vivre avec le comte de Mirabeau et qu'elle aimerait mieux se brûler la cervelle que d'en être séparée. On les laissa en paix. La maîtresse du lieu les y trouva plusieurs jours après toujours aussi heureux de leur réunion et elle ne les renvoya point. Sur la fin de ce mois d'août, l'horloger Lambelet, frère ou parent de l'aubergiste, étant allé passer l'après-souper chez la veuve Bôle, sa marraine, y trouva Mirabeau et Sophie et prit part à leur entretien. M<sup>me</sup> de Monnier disait qu'on l'avait mariée quand elle n'était encore qu'une enfant, qu'elle se mariait maintenant elle-même et qu'au surplus, elle avait passé plusieurs années avec M. de Monnier sans avoir jamais été sa femme. Et comme Lambelet observait que le marquis devait être bien en peine de son évasion, — « lui ? répartait la marquise, je suis sûre qu'il dit en ce moment à ses domestiques : « Eh bien ! mes enfants, M<sup>me</sup> de Monnier est partie ; « que le bon Dieu la conduise ! »

Le marquis ne s'était pas autrement troublé en effet. M<sup>me</sup> de Monnier, prétextant d'être incommodée, s'était retirée après le souper, juste à l'heure où ses gens avaient l'habitude de se réunir autour de leurs

maîtres pour la prière en commun. On l'avait attendue, puis cherchée dans la maison, dans la cour,
dans la Grand'Rue même où malgré la pluie se
voyaient encore des passants. Enfin, ne la revoyant
pas, M. de Monnier qui ne se dérangeait plus volontiers de ses habitudes, s'était allé coucher comme à
l'ordinaire. Cependant, quatre heures avant sa fuite,
n'avait-il pas dit à M<sup>me</sup> de Monnier : *Je me fie à vous,*
Mais il n'était cruellement désabusé qu'une fois de
plus; et il remettait à plus tard de s'occuper des
conséquences. Le lendemain matin, les serviteurs
descendus dans le jardin, y trouvèrent l'échelle du
jardinier dont leur maîtresse s'était servie pour
escalader le mur, ainsi que la jupe d'indienne et le
manteau de taffetas qu'elle avait passés sur ses
habits d'homme et rejetés sur les groseillers. Dès la
veille on ne doutait plus qu'elle n'eût été rejoindre
le comte de Mirabeau. Toute prévue que fût la
chose, le bruit dans la ville était grand. M. de la Ferrière courut chez M<sup>lle</sup> Barbaud avec la lettre saisie
la veille et ils en prirent connaissance. M. de la Ferrière la voulait brûler. M<sup>lle</sup> Barbaud n'y consentit
point, la reprit, et seulement quelques jours après,
pour se soustraire, expliqua-t-elle, « à des rumeurs
et des menaces qui lui attiraient le blâme public et
l'indignation de sa famille », elle porta cette lettre à
M. de Saint-Maurris, en ne prenant que la précaution d'en arracher un morceau sur lequel se lisait
son nom. A son tour, M. de Saint-Maurris fit remise
du papier à M. de Monnier.

Le pauvre marquis n'avait encore prescrit aucune
recherche de la fugitive et refusait même de s'asso-

cier à celles de son active belle-mère et des agents du marquis de Mirabeau. Mais il dut sans tarder envoyer un de ses domestiques chez le vicaire en chef d'un village voisin, l'abbé Cornu, pour prier ce dernier de lui rendre vingt-cinq louis d'or qu'il lui avait remis peu auparavant pour payer des ouvriers de ses fermes, attendu que M^me de Monnier l'avait dépouillé en s'en allant de tout l'argent qu'il avait. Seulement deux ou trois jours après, ayant réuni chez lui ses conseils et confidents ordinaires, trois prêtres, dont étaient le curé de Pontarlier et l'abbé Cornu, il fit appeler un serrurier pour ouvrir les buffets et cassettes à l'usage de sa femme ; et tous ensemble constatèrent qu'il ne s'y trouvait plus ni bijoux ni diamants, seulement de mauvais glands, de vieilles perles et une fausse clef avec laquelle M^me de Monnier avait habitué d'ouvrir le coffre fort de son mari.

Ignorants de tant de mansuétude, Mirabeau et Sophie ne goûtaient chez la lieutenante Bôle que des plaisirs traversés d'inquiétudes. Ils buvaient vite à grands coups le vin de leur bonheur, comme s'ils étaient toujours à l'instant d'une brutale séparation. Ils connaissaient trop bien les caractères implacables de leurs familles pour douter de leur acharnement. Ils se tenaient prêts aux partis les plus violents. A l'horloger Lambelet, qui lui parlait des poursuites menées contre eux, Mirabeau répétait que si l'on venait à les trouver, il brûlerait la cervelle à M^me de Monnier plutôt que de la laisser reprendre, parce que sûrement elle serait enfermée pour le reste de ses jours. Leurs badinages même n'étaient guère moins dramatiques et concertés. Parfois, en présence

de leur hôtesse, Mirabeau disait en riant à Sophie :
« Va-t'en ! que fais-tu ici ? pourquoi m'es-tu venu
trouver ? » Et Sophie répondait : « Non, non ; il y a
assez longtemps que je désirais ce moment... Si jamais
on m'arrête, on ne m'aura pas en vie ; j'avalerai ce
qui est dans ce petit paquet. » C'était du poison,
qu'elle allait désormais toujours porter sur elle.
Mirabeau le lui demandait, elle refusait de le lui
donner. Il ne le lui enleva jamais ; il ne la put
jamais persuader de s'en défaire. N'était-ce pas sa
sauvegarde suprême contre un esclavage perpétuel,
comme des pistolets et une épée étaient les siennes,
à lui ?

Le marquis de Mirabeau avait donné pour instructions à ses agents, si son fils passait à l'étranger, de
ne l'y point suivre ; et pour l'y appréhender, il leur
eût fallu, tout comme aux agents de M<sup>me</sup> de Ruffey, un
ordre du roi et des autorisations du ministre des
Affaires étrangères qui ne pouvaient être délivrées
qu'après accord avec les autorités du pays où les
fugitifs avaient leur asile. Cela explique assez bien
que Mirabeau et M<sup>me</sup> de Monnier aient pu sans nouvelle alerte, demeurer près de trois semaines durant,
comme introuvables, si près de Pontarlier, et en ce
village dont les habitants, en relations quotidiennes
avec ceux de cette ville, étaient assez nombreux à
connaître le secret de la veuve Bôle. Le cavalier
Pascal, qui buvait journellement avec des acteurs
ou des confidents de l'enlèvement aussi bavards que
Jeanret, était sans doute au fait de cette hospitalité
singulière. On s'expliquerait moins facilement que
Mirabeau et Sophie n'eussent pas cherché des

retraites moins accessibles, et se fussent maintenus
dans celle-là aussi longtemps, si l'on oubliait que la
plus grosse partie de leurs ressources en or, bijoux,
effets, ainsi que leur correspondance, étaient recélés
à Lyon par M^me de Cabris, et qu'avant de changer de
pays, il s'agissait de récupérer ce dépôt. Ce fut le
fidèle Cabasson qui se chargea encore de la commission. Mirabeau le renvoya en Provence par Lyon
avec une lettre pour sa sœur, lui réclamant argent,
hardes et papiers, et la pressant une dernière fois de
les lui rapporter elle-même, en compagnie de Briançon, pour partager ensuite les hasards de sa carrière
en Hollande ou en Angleterre, où il n'attendait que
sa réponse et ses restitutions pour se rendre.

M^me de Cabris lui répondit sur le ton de la froideur
et de la plus vive contrariété : elle disait déplorer
le coup de folie par lequel il se fermait pour jamais
sa patrie; elle l'engageait à tenir du moins, hors de
France, une conduite plus sage qu'au dedans, parce
que son père le poursuivrait et saurait le saisir
partout; elle lui renvoyait enfin ce qu'il réclamait,
moins une caisse emplie d'effets précieux qu'elle
disait n'avoir point reçue, et moins les papiers dont
la possession intéressait par trop sa sécurité pour
qu'elle s'en défît; dans cette correspondance intime
entre Mirabeau et Sophie, il était question à toute
page du concours que M^me de Cabris et Briançon
leur prêtait ou leur promettait, des recels qu'elle
leur avait consentis en les provoquant plus d'une fois,
des serments qu'elle leur avait faits réitérativement
de s'associer à leur expatriation et de ne vivre désormais qu'avec et pour son amant, comme Sophie

avec Gabriel. Menacée elle-même par l'Ami des Hommes dans sa liberté, elle ne pouvait que détruire ou que retenir de tels aveux de complicité dans les crimes de rapt et de vol qui allaient infailliblement être imputés à son frère. Tout lui commandait à présent et pour l'avenir d'improuver hautement la conduite de ce dernier. Sa prudence se trouva bientôt justifiée.

La chanoinesse de Ruffey, impatiente de venger l'évasion de sa sœur et ne pouvant plus atteindre que ses complices, s'en vint tout à coup à Lyon demander au lieutenant criminel l'ouverture d'une information d'office contre M<sup>me</sup> de Cabris et M. de Briançon, qui prirent peur. Afin d'échapper aux interrogatoires et à leurs suites possibles, telles que perquisitions, saisies, décrets de prise au corps, M<sup>me</sup> de Cabris quitta précipitamment le couvent de la Déserte et se réfugia dans celui de sa mère, à Paris, bientôt suivie de son amant qui prit gîte à l'hôtel garni.

# V

## EN HOLLANDE

Dans le temps que M<sup>me</sup> de Cabris et Briançon s'installaient à Paris, Mirabeau et M<sup>me</sup> de Monnier de leur côté, parvenaient en Hollande. Partis des Verrières-Suisse dans la soirée du vendredi 13 septembre, en char-à-banc, au lieu de remonter le Val de Travers, ils bifurquaient sur Sainte-Croix ; le lendemain, les fugitifs descendaient à Yverdon par une brèche étroite et profonde de la falaise au fond de laquelle un torrent laisse à peine place pour un attelage. Puis on les revoyait à Berne, à Soleure, à Bâle enfin, où l'on perdait leurs traces, parce que, sans doute, le Rhin, qui devenait navigable jusqu'à la mer, leur offrait la route la moins coûteuse, la plus sûre, la plus attrayante pour gagner leur terre d'asile. Ils parvenaient à Rotterdam le jeudi 26 septembre, pensant peut-être à s'y fixer.

Que partout le monde est étroit ! A peine s'étaient-ils logés chez un négociant du nom de Potters, qu'un Provençal, M. de Castagny, agent de la marine de France à Rotterdam, reconnaissait en Mirabeau mieux qu'un compatriote, — une connaissance, presque un ami, puisque son père était celui du bailli de Mirabeau... ! Cette rencontre eût pu être alarmante, avec un autre homme. Avec celui-là, Mirabeau put croire qu'un dieu souriait à sa fortune nouvelle en lui ménageant pour bienvenue au seuil de la terre d'exil ce regard de sa patrie, cette étreinte cordiale, cette promesse d'appui et de direction. Cependant, et sur le conseil même, sans doute, de M. de Castagny, Mirabeau et Sophie gagnèrent bientôt Amsterdam, où la librairie offrait plus de ressources pour un écrivain français et où le mouvement d'étrangers permettait de garder plus facilement l'incognito. Ici, sous le nom de comte et comtesse de Saint-Mathieu, qui était celui d'un fief de la marquise de Mirabeau dans le haut Poitou, ils se logèrent chez un descendant de réfugiés français, le sieur Lequesne, tailleur de corps, qui tenait maison garnie dans la Kalverstraat.

Il leur en devait coûter cinq florins environ par jour pour ce logement et la nourriture ; mais Mirabeau était homme de trop forte dépense pour se tenir à aucune économie : d'autre part, il découvrait que la Hollande était « le pays le plus cher de l'Europe, sans en excepter Londres ». Il fut bientôt endetté. Tantôt il lui fallait recourir aux ruineux expédients de la *Banque d'emprunt*, et tantôt s'humilier à comparaître devant la *Chambre des petites affaires*, tribunal chargé de régler tous différends entre acheteurs et marchands, débiteurs et créanciers pour les dettes inférieures à six cents florins. Quand il avait perdu sa cause ici, en appelait-il à la *Chambre des échevins?* il trouvait son jugement encore plus sévère, la contrainte par corps pouvait s'ensuivre. Enfin quelques ressources leur vinrent. Mirabeau put gagner un louis par jour à des tâches écrasantes et médiocres ; et Sophie donna des leçons d'italien... « Depuis six heures du matin jusqu'à neuf heures du soir, j'étais au travail. Une heure de musique me délassait; et mon admirable compagne qui, élevée et établie dans l'opulence, ne fut jamais si gaie, si courageuse, si attentive, si égale et si tendre que dans la pauvreté, embellissait ma vie. Elle faisait mes extraits, elle travaillait, lisait, peignait, revoyait des épreuves... »

C'était là la vie besogneuse à laquelle ils s'étaient joyeusement résolus, depuis qu'ils avaient envisagé leur exil. Et cette vie leur avait même paru désirable en comparaison de leur temps de séparation, alors que persécuté, errant, traqué, il était à la merci d'un hasard ou d'un faux pas qui l'eût plongé dans une prison affreuse et peut-être perpétuelle, alors que Sophie elle-même, humiliée dans sa maison, soumise à l'espionnage de ses serviteurs, tracassée par sa famille comme par un essaim de guêpes furieuses, exposée au décri public, ne voyait parfois d'autre issue à son infortune que l'internement ou le suicide. Mais ils s'attendaient du moins à une vie paisible et secrète, non sans privations mais sans déboires, librement vouée tout entière à l'adoration l'un de l'autre. Mirabeau avait entretenu Sophie dans cette espérance, et la crédule Sophie s'en était enivrée. Les soucis, les querelles, les déceptions, les tourments de cœur et d'esprit, l'insuffisance des ressources, la précarité de tout, Sophie les eût retrouvés partout, parce que son Gabriel les reproduisait dans toutes les situations possibles, comme des suites insépa- rables de ce « caractère inégal », de cette suscepti-

bilité prodigieuse, de cette « vivacité excessive »
qu'il avouait d'aussi bon cœur qu'il se les pardonnait :
il ne pouvait être fait autrement, avec ses besoins
sans mesure, son imagination avide d'entreprises,
son génie mal dégrossi, méconnu et inemployé. Il
était né, non l'homme de son temps révolu, un
jouisseur, mais le créateur d'un temps en préparation,
l'homme de demain, un anticipateur. Il serait riche,
célèbre et puissant demain. En attendant, il fallait
emprunter, quémander, solliciter, vivre de plus
d'expédients que de ressources aujourd'hui ; et c'était
cette opposition de tous les instants entre ce futur
magnifique et ce présent misérable qui altérait le plus
constamment et le plus vivement son humeur ; car il
aimait la dépense, la dissipation pour elles-mêmes,
et sans doute aussi pour l'envie qu'elles donnent à
autrui comme pour le plaisir de triompher de ceux
qui le maintenaient dans la gêne ou qui se réjouissaient
de l'y voir. Personne n'était moins fait que lui en un
mot, pour la vie cachée, et personne ne l'était mieux
que Sophie : intime et premier désaccord.

Un autre désaccord guère moins irritant était celui
du milieu où force leur était de se contenir, avec
celui pour lequel ils eussent été faits par leur origine,
leur éducation, leurs habitudes, leurs goûts. L'impossibilité de se produire dans la bonne société, sous
des noms empruntés et dans une situation fausse,
où le secret de leur union se fût bientôt trahi en
même temps que celui de leur retraite se fût dange-
reusement révélé, les contenait à des relations mal
assorties qui exposaient Mirabeau à de grossières
tentations, et Sophie à de plus grossières méprises.

Un locataire de Lequesne à qui M<sup>me</sup> de Monnier
donnait des leçons d'italien lui manqua tout familièrement d'égards, et bientôt au point d'exciter la
jalousie de Gabriel ; et des maritornes attiraient
celui-ci chez elles, curieuses d'éprouver « l'amour
français » à ce haut degré de puissance. Quand il ne
cédait point avec sa facilité native à leurs agaceries,
il allait de lui-même à des plaisirs semblables dans
la compagnie des actrices et des cantatrices du
Théâtre spacieux, somptueux et très bien machiné,
où la comédie et la musique italiennes étaient en
honneur.

Ce furent surtout les trois premiers mois de leur
séjour en Hollande que ces tracas empoisonnèrent.
Il s'y en ajouta d'autres bien pires, tant par leur
nature que par leurs conséquences. Dès les premières
semaines d'octobre, les relations entre Mirabeau et
sa mère, interrompues depuis son évasion du château
de Dijon, avaient pu se renouer. M<sup>me</sup> de Cabris, dès
son arrivée à Paris, au couvent de la marquise, lui
avait donné l'adresse de son fils en Hollande ; et
sans attendre qu'il l'en priât, M<sup>me</sup> de Mirabeau lui
avait écrit, le 4 octobre, sévèrement, durement même,
pour le blâmer de s'être perdu en s'évadant de Dijon
d'abord et d'avoir enlevé M<sup>me</sup> de Monnier en compro-
mettant dans l'exécution de cette folie et sa sœur et
M. de Briançon. Par la suite, elle se promettait de
requérir l'aide de sa plume dans le procès en séparation qu'elle soutenait contre l'Ami des Hommes.
Sans attendre ce secours, d'ailleurs, elle avait composé, imprimé, distribué contre le marquis un factum
injurieux, destiné à indisposer l'opinion du public et

**MASQUE MORTUAIRE DE MIRABEAU**

(App. à M. DAUPHIN MEUNIER)

des juges contre lui ; on n'y trouvait guère que le
mémoire à consulter de son fils sur l'invalidité de
son interdiction, suivi des lettres que celui-ci avait
adressées à M. de Malesherbes au temps où, fugitif
de Pontarlier, il demandait sa liberté et un tribunal
régulier ; il s'agissait de prouver ainsi que le despotisme du marquis de Mirabeau, dont sa femme se
plaignait de souffrir, était un système d'oppression
étendu à presque toute sa famille et d'abord à son
meilleur sujet, le comte, héritier du nom.

Mirabeau se félicita de la réception de cette lettre
de sa mère. Les reproches véhéments que sa mère
lui faisait sous l'inspiration et même la dictée de sa
sœur et de Briançon lui démontraient une fois de plus
qu'ils continuaient d'ignorer l'existence de sa lettre
incestueuse et à plus forte raison qu'ils ne savaient
même rien de son interception. Mais il fut fâché de
l'impression du mémoire composé de ses lettres.
Elle ne lui faisait pas honneur, estimait-il ; mais ce
n'était pas du point de vue moral et parce qu'il devait
paraître scandaleux de voir un fils dénoncer publiquement l'oppression d'un père ; c'était seulement du
point de vue littéraire : « J'ai regret, répondit-il à sa
mère, à ce que des mémoires si peu travaillés que les
miens aient été imprimés ; ma sœur oublia de me les
renvoyer ; je les eusse rédigés en un seul et amé-
liorés... Il faut intéresser le public, ma chère Maman,
et rien ne détruit l'intérêt comme un mémoire maladroit. » Il se promettait, et à demi-mot, il offrait
ainsi de faire mieux. La marquise l'entendit très bien,
et sans doute elle l'eût mis à contribution sans retard,
si les fureurs de sa fille et de M. de Briançon soudain

déchaînés contre Mirabeau ne l'avaient emportée elle-même et dissuadée d'utiliser un pareil allié.

L'arrivée de M^me de Cabris à Paris et la publication du factum calomnieux qui s'en était suivie avaient causé une vive alarme au marquis de Mirabeau. Il y vit le début d'une guerre de libelles plus meurtriers et la conclusion d'une alliance de sa femme avec ses enfants rebelles encore plus redoutable. Comme il l'avait prédit naguère à M. de Malesherbes, il allait « sortir l'enfer de ce congrès-là ». Il fallait aviser à le rompre au plus vite et à détruire celle qui en était l'âme, M^me de Cabris. Il songea aussitôt à procéder contre elle ainsi qu'il l'avait fait autrefois avec succès contre sa femme. Il avait en mains les lettres interceptées de son frère qui la convainquaient (croyait-il) d'inceste, de complicité de rapt et de recel. Ne suffirait-il pas de les montrer sous le manteau à M. de Maurepas et aux ministres amis pour en obtenir sans peine une lettre de cachet? Et ces lettres abominables de se répandre. Le secret n'en fut pas gardé, comme on pense.

M. de Briançon, par une sommation violente, au nom de M^me de Cabris, exigea de l'imposteur des justifications précises. Mais qu'allait-il, ce brave, les exiger par écrit? C'était en Hollande et l'épée à la main qu'il eût dû les demander, pour avoir quelque chance d'obtenir raison. A distance, Mirabeau écrivait bien mieux et bien plus fortement que lui; et pour surcroît d'avantage, le temps de la réflexion lui était laissé pour se défendre. Il en profita en effet. En relisant avec attention la diatribe de Pylade, il observa que celui-ci commençait par dire qu'il avait en mains

la lettre incriminée et qu'il affirmait pour finir qu'il
ne tarderait pas à la voir : donc il ne l'avait encore
ni tenue ni lue ; et comme elle déshonorait également
sa famille et celle de M<sup>me</sup> de Monnier, il n'était pas
vraisemblable qu'elle sortît jamais du portefeuille
de l'Ami des Hommes autrement qu'en copie tron-
quée, altérée par conséquent, et sans valeur pro-
bante. Mirabeau payant d'audace, l'argua de faux,
pour le cas où elle circulerait effectivement, ce dont il
feignait de douter. La marquise de Mirabeau voulut
en avoir le cœur net et stimulée comme on pense par
M<sup>me</sup> de Cabris, devenue enragée, elle reprit à son
compte la querelle de M. de Briançon. Elle reçut les
mêmes dénégations de son fils.

Au fond elle ne demandait pas mieux que de
tenir son fils pour innocent des crimes qu'elle lui
avait imputés. Ses protestations l'eussent pleinement
satisfaite. Elle avait assez de sa propre querelle
contre son mari, sans épouser celle de sa fille et de
son « gendre » Briançon. Mais ceux-ci n'entendaient
pas qu'elle ajoutât foi à de vagues dénégations et que
le coupable se renforçât auprès d'elle de son impunité. La marquise désirait, en effet, plus impatiem-
ment que jamais la collaboration de son fils contre
l'Ami des Hommes ; elle avait une confiance voisine
de l'enthousiasme en sa plume infatigable et meurtrière. Elle ne pouvait en même temps honnir ce scélérat et se l'attacher. Pour concilier son intérêt et
celui de sa fille, elle tenta par une lettre du 10 novembre, d'obtenir un démenti plus explicite de la lettre
incestueuse, et tel qu'après cela, on ne lui en parlât
plus.

Mirabeau réitéra volontiers à sa mère, le démenti de son imposture (lettre de Rotterdam, 21 novembre 1776) : « Je ne croyais pas que ce fût moi qu'on pût accuser de tergiverser dans tout ceci. Je croyais avoir dénié assez formellement toutes les lettres odieuses qu'on m'imputait. Il me semblait que c'étaient ceux qui tantôt disaient avoir vu la lettre, peu de lignes après, espérer de la voir bientôt, dans la même page tenir de vous des confidences, que vous ne pouvez pas avoir faites. Il me semblait, dis-je, que ceux-là pouvaient à bon droit être soupçonnés de n'être pas de bonne foi. Il me semble en outre qu'il faut avoir envie de faire des contes absurdes pour circonstancier un prétendu compte rendu d'un frère à sa maîtresse parlant de sa sœur. En vérité nous avions autre chose à faire qu'à parler des signes d'une autre femme dont nous ne nous sommes jamais entretenus qu'avec la plus tendre et la plus chaude amitié.

« Ma chère Maman, j'ai souvent vu que les gens qui avaient tort, criaient bien haut pour qu'on ne criât pas. Ceci n'a pas besoin de commentaire pour ceux à qui je l'adresse ; ainsi je n'en fais pas ; mais je dis, puisqu'on m'y force, que je ne vois pas ce *qu'on m'a tant sacrifié ;* en quoi *on s'est tant compromis.* Je vois d'une part, d'immenses projets, toujours évanouis en fumée ; de l'autre le refus le plus formel de se mêler *de tout ce qui pouvait compromettre.* Et sur le tout des plaintes très odieuses, très calomnieuses, très vagues, et un silence profond lorsqu'on voit qu'il devient difficile de me répondre... »

Mais c'était de la production d'une autre lettre de

lui, moins criminelle à la vérité, mais qui servait de
base à la dangereuse poursuite intentée par le marquis
de Monnier, que Mirabeau avait à se libérer encore.
Sa mère le lui apprenait et elle partait de là pour lui
représenter à nouveau que son devoir, comme celui
de M^me de Monnier elle-même, c'était d'assoupir,
d'étouffer ce procès en rendant sa femme au marquis
de Monnier. Mirabeau n'avait pas cru jusqu'alors, il
ne croyait qu'à peine que M. de Monnier oserait le
prendre nommément à partie. Il ne pouvait plus guère
douter maintenant que cette action ne fût basée sur
la lettre à Sophie, qu'à la veille de son évasion il avait
tenté de lui faire parvenir sous le couvert de M^lle Barbaud, que M. de Lafferrière avait prise des mains de
celle-ci, lui avait rendue plus tard, et qu'elle avait
livrée enfin à M. de Saint-Maurris, lequel l'avait
remise au marquis de Monnier. Il était moins facile
d'en nier l'existence maintenant qu'elle était déposée
au greffe du bailliage de Pontarlier. Il n'était guère
plus aisé à Mirabeau, nous semble-t-il, de nier qu'elle
fût écrite tout entière de sa main. Toutefois...
écoutons-le esquisser, improviser un plan de défense
auquel il se tiendra finalement, même alors que, pur-
geant sa contumace, il se verra mettre sous les
yeux par le magistrat instructeur ce document décisif : « Cette défense est si simple exposait-il à sa
mère : Dénégation formelle de toute lettre, si on en
produit (où et comment fera-t-on une vérification
d'écriture? Dire opiniâtrement qu'on ne sait ce qu'on
veut dire. Que prouvera-t-on? qu'étant à Pontarlier,
j'ai été très lié avec M^me de Monnier. Vous savez bien
que cela ne prouve rien, et qu'on n'acquierre pas par

témoins la preuve qu'une femme a couché avec un
homme. Le témoin le plus proche en ce genre est
souvent le mari ; et le pauvre hère ne s'en doute pas
ou en est pour son doute. A la rigueur même, comment prouvera-t-on qu'elle est avec moi. Il faut que
cette preuve soit faite ici. Or, ils n'y sont pas, et
croyez-moi, ma chère Maman, s'ils y viennent, on leur
fera voir du terrain. Mais toutes ces raisons sont
des hors-d'œuvre. Le mot essentiel et sans réplique
est qu'on ne peut pas prouver que j'aie enlevé
M^{me} de Monnier, parce que cela n'est pas vrai, et que
je puis prouver, moi, que je n'étais pas en France
quand elle en est partie. Tout ce que mon père dira
sur cela ne changera rien au fait ; je puis lui répondre
avec hauteur et vérité : Il y a longtemps que vous
eussiez dû faire ce dont vous me menacez aujour-
d'hui : je veux dire, *me livrer à la justice*. Je n'eusse
pas langui dans des prisons où vous étouffiez ma
voix par les voies d'autorité, tandis que j'étais assez
imbécile pour ne pas oser me plaindre de vous si vous
*m'eussiez livré à la justice ;* vous n'auriez pas travesti
l'affaire la plus nette et la plus simple en une rixe
infâme ; vous m'eussiez épargné toutes ces prétendues
folies qui vous donnent si beau jeu aujourd'hui ; vous
auriez été juste, et vous avez été un tyran.

« Vous trouvez donc *bien simple*, ma chère Maman,
que M^{me} de Monnier aille se mettre aux fers ; car de
bonne foi vous n'avez pas imaginé que je fusse la
dupe de la modération de son mari dans le temps
même qu'on m'apprend qu'il s'efforce de faire un
procès à sa femme et à moi. Et vous croyez bien que
je ne doute pas que portât-il la modération jusqu'à

l'apathie, jusqu'à l'imbécillité, les familles Ruffey et Monnier le contrarieraient quand elles devraient le faire interdire. Si cela n'est pas, deux et deux font six.

« Vous trouvez donc *tout simple* aussi, et vous appelez *devoir* l'action d'une femme qui s'étant affichée pour aimer un homme assez pour lui sacrifier fortune, préjugés, famille, réputation, quitterait cet homme, et apprendrait à toute la France que tous ses sacrifices n'ont eu pour but que la fantaisie de coucher avec lui pendant trois mois. Non, ma mère, en vérité, vous ne me persuaderez jamais que vous trouviez cela *simple* et *honnête*... Croyez-vous encore ma chère Maman (permettez-moi de vous le demander), que ce soit *mon honneur* et *mon devoir* que de renvoyer une femme qui a tant fait pour moi ; et qui apparemment ne l'a pas fait malgré moi. Je ne dispute avec vous aucun des préliminaires. Je suppose que je l'aie séduite et que j'aie mal fait ; que je l'aie engagée à me suivre et que j'aie mal fait. Toujours sera-t-il que le passé n'est pas dans ma puissance. Il ne s'agit que de savoir si au présent qui dépend de moi je *dois en honneur* commettre la plus odieuse des perfidies ? »

Si quelque chose peut donner une idée approchée de la fertilité et de la liberté d'esprit de Mirabeau dans cette conjoncture qui en eût accablé cent autres et des mieux aguerris, c'est son zèle pour la cause de sa mère, quand il avait tant à faire pour lui-même et que tant de raisons eussent dû l'inciter à ne pas provoquer, attirer sur sa tête, des foudres plus redoutables, celles de son père outragé. Il publiait

contre celui-ci dans les gazettes de Hollande et du
Rhin des articles méchants, calomnieux, et il y faisait
annoncer la publication d'un pamphlet plus irritant,
une *Anecdote à ajouter au volumineux recueil des
hippocrisies* (sic) *philosophiques*. Sous l'apparence
d'une apologie de ses principes, de ses talents et de
son premier ouvrage, l'*Essai sur le despotisme*,
Mirabeau y traçait un habile récit des égarements et
malheurs de sa jeunesse et un perfide acte d'accusation du despotisme intéressé de son père ; enfin il l'y
raillait au vif dans sa vanité de chef d'école, son point
le plus sensible. Puis, à la date du 16 décembre, il
annonça à sa mère l'envoi d'un ballot de ce pamphlet
afin qu'elle en assurât le colportage et la vente à
Paris, de manière à en retirer ses frais d'impression ;
et il lui promettait pour le 1ᵉʳ janvier prochain la
composition, l'impression et l'envoi d'un nouveau
*Précis* contre son père : « Mᵐᵉ de Pailly et M. du Saillant y sont entr'autres peints d'après nature »,
ajoutait-il. Ainsi ce malheureux forgeait ses fers
avec une imperturbable assurance en son impunité.
Au milieu de telles perplexités, il trouvait le temps
de se mêler à la vie politique de son lieu d'asile,
d'étudier son gouvernement, d'en fréquenter les
sociétés savantes, et de participer aux *tenues* des
francs-maçons du pays. Il y admirait une « école, un
théâtre de tolérance », il y faisait l'apprentissage de
la liberté : quelle leçon il se préparait. En huit jours
de cette fin d'année, il avait écrit, fait imprimer et
expédié à Paris, sous le couvert de M. de Sartine,
le *Précis* annoncé. Sur ces entrefaites, son « étoile »
(comme il disait) lui envoyait un avertissement singu-

lier, dont il fit trop peu de cas. Voici comme il en parlait à sa mère le 23 décembre : « Il est arrivé ici un exempt de police qui, je crois, prend incognito quelques renseignements. Il en sera pour sa peine, et cela ne m'inquiète point. » Tout n'eût-il pas dû l'inquiéter? Mais en écrivant cela, il savait pertinemment qui était le prétendu exempt de police et c'était cette connaissance très familière qui le rassurait. Il ne s'en expliquait pas avec sa mère afin de ne pas donner un encouragement aux adjurations qu'elle lui faisait toujours de rendre Sophie à son mari. Qu'en était-il donc? M. de Briançon, travaillé par l'habile et tenace des Brugnières l'un des agents du marquis de Mirabeau qui excitait son ressentiment afin de le mieux exploiter, M. de Briançon à force de menacer qu'il révélerait la retraite du « Hollandais » s'était accoutumé à l'idée de cette trahison et l'avait enfin consommée. Le lieutenant de police aussitôt informé autorisa des Brugnières à mettre à profit sa découverte. L'agent courut au Bignon en faire part à l'Ami des Hommes. Celui-ci prit bonne note de l'indication mais ne se laissa pas tenter. Il était conseillé par tous ses amis de laisser son fils se faire un sort à l'étranger, et il ne songeait plus « de suite et continuellement », écrivait-il au bailli de Mirabeau qu'au moyen de « sceller l'expatriation de ce misérable fol et d'en débarrasser à jamais la famille, qu'il soit arrêté ou non. » Mais il engagea des Brugnières à s'aboucher avec la famille de M<sup>me</sup> de Monnier. Voilà donc les Ruffey sur la piste ! Ils ne pouvaient rien tenter que de l'aveu du vieux mari, et ils désiraient aussi qu'il fît les frais de la chasse. Le pauvre homme, à cette

invite sentit au contraire tomber toute sa colère et
revivre tout son amour pour sa belle jeune femme. Au
lieu d'un exempt de police, c'était son valet de
chambre, Sage, toujours affectionné et complaisant
pour sa maîtresse, qu'il lui avait envoyé, avec une
lettre de pardon et de l'argent pour sa rentrée au
foyer! Une autre lettre du marquis adressée à un
négociant d'Amsterdam recommandait Sage à ce
dernier, afin que les recherches qu'il avait à faire
pour découvrir le domicile du comte et de la comtesse
de Saint-Mathieu lui fussent facilitées.

Sophie refusa de voir Sage, et de prendre même
connaissance de la lettre de son mari. Elle ne regardait plus en arrière : elle n'avait qu'un époux, son
Gabriel; elle n'envisageait d'autre avenir que le sien.
Mirabeau n'osa surmonter son aversion pour le
témoin même complaisant de ce passé trop proche
encore dont les peines, les tribulations, les humiliations la laissaient toujours frémissante, souffrante,
révoltée. Mais il s'arrangea pour n'ignorer rien des
instructions de Sage et pour en tirer des renseignements précis sur l'état de la procédure engagée par
M. de Monnier. C'était de Sage qu'à n'en pas douter
il tenait ces renseignements dont il faisait part à sa
mère, dans la suite de la lettre citée plus haut : « On
me mande de Franche-Comté que M. de Monnier
obtiendra que sa femme soit privée des droits matri-
moniaux mais que, malgré ses espérances, il ne
pourra toucher à sa dot. Il faut être fol pour poursuivre un tel procès, et bien hypocrite pour faire en
même temps des protestations d'amour à celle qu'il
cherche à flétrir... » Le surplus prouve que Sage lui

laissa toutefois ignorer qu'il était nommément impliqué dans le procès et même décrété de prise au corps. Sans doute le marquis de Monnier et les Ruffey avaient-ils calculé que, si Sophie rentrait à Pontarlier, Mirabeau l'y suivrait de près et pourrait ainsi être arrêté à tout instant, à la requête des juges du bailliage. Le silence de Sage servait à lui couvrir ce piège.

Sage repartit donc sans avoir pu remplir, apparemment, sa mission. Cependant il avait déposé dans l'esprit de Mirabeau une semence qu'à son tour celui-ci tenterait d'implanter dans l'esprit de Sophie et que le printemps verrait germer, sortir et mourir écrasée. Le terrain propice se préparait rapidement. L'ouvrage ne venait toujours point à Mirabeau ; ses ressources s'épuisaient ; et il ne se refusait guère aux occasions de dépenses. « Je hais les dettes à un point incroyable. J'aime mieux me passer que de devoir ! » disait Sophie. Mirabeau préférait devoir. Ces divergences n'allaient pas sans nuire au « bonheur paisible et parfait » des amants. N'était-ce une querelle de cette nature qui avait brusquement décidé Mirabeau à se rendre seul à Rotterdam, à la veille du nouvel an ? Ils s'étaient cependant promis de fêter cette journée avec plus de plénitude et non moins de jouissance que l'année précédente, à Pontarlier, dans la gêne d'un premier amour insatiable et contraint. Et quels prétextes invoquait-il ? Des « nécessités pécuniaires », c'est-à-dire l'espoir d'emprunter, et des « sollicitations indiscrètes » de savants, c'est-à-dire l'occasion de dissiper et ses emprunts et ses ultimes ressources. Et cette absence ruineuse dura huit jours.

A la vérité, dans cette circonstance comme toujours, c'était la curiosité passionnée de la vie publique et le besoin incoercible d'y participer qui avait attiré Mirabeau, et non le goût des dissipations inséparables de ces conciliabules. Ses idées républicaines avaient décidé, avec ses attaches maçonniques, du choix de ses relations ; il était lié avec le parti avancé dont les tribuns étaient les célèbres Van Haren, publicistes, poètes et hommes d'État. Ce parti dans la querelle de l'Angleterre avec ses colonies d'Amérique insurgées formait des vœux, s'il ne fournissait des subsides, pour le triomphe de celles-ci, et l'humiliation de leur métropole protectrice d'un stathoudérat détesté. L'Angleterre recrutait des troupes mercenaires en Allemagne chez les princes prodigues des petits États souverains, qui faisaient monnaie de leurs pauvres sujets ; et ces malheureux venaient s'embarquer dans les ports des Pays-Bas. Mirabeau entreprit de soulever à ce moment contre leurs officiers, et de débaucher les soldats vendus ainsi par le landgrave de Hesse, et il s'y essaya, comme on fait de nos jours, par le moyen d'un pamphlet violent, énergique, imprimé et distribué sous le titre d'*Avis aux Hessois et aux autres peuples de l'Allemagne vendus par leurs princes à l'Angleterre*. Il paraît que les enrôlés se rebellèrent en effet et que le landgrave de Hesse-Cassel dut paraître en personne au milieu de ses hommes pour les ramener dans le rang ; à quoi ils se soumirent dès qu'ils le virent paraître : telle est la docilité allemande et son attachement pour ses maîtres.

De front avec ces travaux, Mirabeau écrivait et publiait une intéressante brochure sur la musique,

intitulée : *Un lecteur y mettra le titre* et un conte
érotique en vers : *Parapilla*... Ce n'est pas le lieu
ici de rechercher si ce n'étaient pas de purs démar-
quages. Les pages sur la musique n'étaient-elles pas
une adaptation de quelque brochure allemande anonyme sur la querelle des gluckistes et des piccinistes ?
et quant à *Parapilla*... Enfin, son *Précis* pour sa
mère ayant été saisi, il en préparait un autre, plus
développé, mais qui ne prit forme définitive que dans
le mois de mars.

Ce ne fut que vers cette époque que des ouvrages
de librairie assez abondants lui permirent de gagner
« un louis par jour », dit-il, mais en l'écrasant de travail.
Il lui était impossible de vivre même médiocrement
avec cette seule ressource ; et de fait, on peut calculer
que de son arrivée en Hollande à son départ, il dut
emprunter en moyenne 25 à 30 livres par jour, soit
de 6 à 7.000 livres au total. Cette situation était pratiquement intenable et elle n'offrait aucune espérance
sérieuse de s'améliorer bientôt. La lourde épreuve
de cette misère ne nuisait pas qu'à sa considération.
Elle ruinait sa sécurité parce qu'en Hollande, une
dette, qui était une arme blessante contre les citoyens
du pays, pouvait être une arme meurtrière contre les
étrangers non accrédités par leur représentant. Quand
à cette épreuve en eût succédé une plus accablante
encore, il est compréhensible que les souvenirs
pénibles de celle-là s'estompant, s'affaiblissant, Mirabeau et Sophie se soient accordés pour regretter ce
temps comme l'époque d'un bonheur inconcevable
aux amants vulgaires. « Le bonheur était en nous,
l'opulence n'y pouvait rien », écrivait Mirabeau. Et

Sophie : « Quand les retrouverons-nous, ces moments si précieux et que nous croyions ne devoir jamais perdre ?... Combien de fois ne t'es-tu pas arraché de mes bras pour ton travail, pour des occupations bien peu agréables ! Mais tout l'était pour toi quand il s'agissait de travailler pour Sophie : Cher amour, ah ! tu es bien le modèle des vrais amants. »

L'un et l'autre, ils oubliaient alors, dans cette ivresse du passé, qu'ils avaient non seulement désiré la fin de ces moments inoubliables, mais qu'ils avaient prêté, tendu les mains à un arrangement qui les eût séparés, pour un temps indéterminé et dans des conditions peu avantageuses.

Le procès de Pontarlier, dont Mirabeau s'était raillé d'abord, était activement poussé. Il s'alarma tout à coup des renseignements que l'avocat Mauvaiset lui envoyait sur sa marche, sur la gravité des témoignages et des preuves, sur les probabilités d'une sentence également sévère pour M$^{me}$ de Monnier et pour lui. Mauvaiset, bien placé pour intervenir et négocier un accommodement le conseillait avec instance ; il en proposait aussi les termes ; et si Mirabeau et Sophie s'accordaient à les repousser comme trop rigoureux, du moins suggéraient-ils des amendements de peur que le fil de la négociation se rompît avant de s'être noué. Un « ami » et conseiller de la marquise, ancien conseiller au Parlement, M. de Lanséguë, offrait de préparer avec M. de Mauvaiset les clauses d'un traité de paix : « Assurez-le, écrivait Sophie, sous la dictée évidente de son Gabriel, que je consentirai à tout ce qu'il réglera pour empêcher l'arrêt. » En vérité, c'était à tout, quoiqu'avec bien des réserves et des conditions dont la principale était, précisait-elle, qu'on ne la remettrait point « sous la dépendance de M. de Monnier, humiliation que je ne puis ni ne dois souffrir ; qu'après lui, je serai libre de vivre où je voudrai, pour me réunir à mon ami dont je n'aurai été séparée que trop longtemps, quelques courtes que puissent être ces séparations qui seront plutôt apparentes que réelles ». Ces derniers mots impliquaient la liberté rendue à Mirabeau de vivre lui-même à portée de Sophie et de la visiter en son couvent. Cette clause ne pouvait naturellement être soumise à l'approbation des familles intéressées ; elle était inadmissible, et Mirabeau n'était-il pas bien trop sensé pour la juger autrement ? mais il avait besoin de paraître tenir essentiellement à cette dorure, afin de faire avaler plus docilement par Sophie la pilule amère de sa séquestration au couvent jusqu'à la mort de son mari.

Une circonstance plus sérieuse pressait Mirabeau et Sophie de conclure un arrangement, même médiocre, mais solide, définitif. Ils étaient avisés des menées de des Brugnières pour être autorisé à les rechercher et à les arrêter. Mirabeau se croyait peut-être exempté de cette poursuite ; mais il était décidé à n'y pas laisser succomber Sophie seule, à partager son sort quel qu'il fût.

Ces pourparlers n'allaient donc plus assez vite à leur gré ; mais en attendant leur conclusion, ils avaient un effet apaisant et presque heureux sur l'intérieur de Mirabeau et de Sophie. Ils jouissaient d'autant plus avidement, voluptueusement de leur union, qu'ils la sentaient plus menacée et près d'être dissoute. Une

issue étroite, tortueuse, obscure, — mais enfin, une
issue, — leur apparaissait. Ils pouvaient ne plus se
dissimuler qu'ils s'étaient trouvés jusque-là dans une
impasse et qu'ils y étaient acculés plus désespérément
de semaine en semaine. En vain Mirabeau pouvait-il
écrire, à la date du 10 avril : « Je gagne quelque
chose à présent et gagnerai davantage dans la suite ;
mais aussi je me tue de travail ! » S'il gagnait, peut-
être un louis par jour, il en dépensait sûrement
deux, et ses dettes antérieures dont il ignorait le
montant à 2.000 livres près, pouvaient l'écraser d'un
jour à l'autre et détruire son crédit, si les Commis-
saires de la Chambre des insolvables intervenaient et
mettaient sous séquestre ses derniers effets.

Huit jours après l'envoi de ses contre-propositions,
et comme il attendait de Pontarlier de nouveaux
éclaircissements sur la marche du procès, plus près de
se clore par une dure sentence que par un médiocre
arrangement, une vive alarme détruisit la précaire
quiétude où il se fût si volontiers assoupi, détendu,
reposé... Le 1ᵉʳ mai il mandait hâtivement à sa mère :
« Je n'ai qu'un moment, ma chère Maman, pour vous
rendre compte d'un incident très singulier. » Des Brugnières était à Amsterdam.

Il reprenait le 5 mai : « M. Brugnières chassé de
deux ou trois auberges est toujours ici. Mais il ne me
donne pas une grande inquiétude. Un incident arrivé
hier m'occupe un peu davantage. On laissa dans
l'après-midi un billet à l'adresse du comte de Mirabeau.
Je vous en envoie la copie... Qu'y a-t-il donc de plus
probable à tout ceci ? Que M. Brugnières que l'on dit
ici chargé d'une commission qui n'a nul trait à moi,

inquiet de l'accueil militaire que nous lui avons fait
et des suites qu'il pourrait avoir a jugé à propos
d'essayer de m'intimider. Voilà tout ce que je puis
penser à cet égard. D'où il suit qu'il faut me tenir en
repos. Il le faut d'autant plus, qu'après tout je dois
plus de cent louis ici, et n'en ai pas six. J'y suis
donc enchaîné. Que faire ? Attendre la bombe, et
faire tout ce que je pourrai pour l'enterrer. » *Je dois
plus de cent louis*. Il en devait plus de trois cents !
Mais voici le texte du billet mystérieux, dont Mirabeau
devinait bien l'écrivain, ce semble, mais non l'intention ni le véritable auteur plus difficile, il est vrai, à
discerner. Je le cite tel que je l'ai sous les yeux,
recopié par la main de Sophie :

« Monsieur de Monnier et sa famille, justement
irrités de l'évasion clandestine et méchante de M^me de
Monnier, qui a été approfondie et constatée par un
grand nombre de dépositions ouïes, à la réquisition de
M. de Monnier dans l'État de Neuchâtel, aux Verrières-
Suisse, ont cru ne pouvoir mieux faire dans la circonstance, que de s'adresser à la Cour de France pour
solliciter de la manière la plus forte la saisie et l'extradition de M. le comte de Mirabeau qui est l'auteur
de l'évasion et de M^me de Monnier, auprès de L. H. P.
Messieurs les États généraux par le ministère de
M. l'Ambassadeur, afin qu'étant rendus et transférés
dans la ville de Besançon, leur procès leur soit fait
conformément aux ordonnances. »

A ce moment, Mirabeau et Sophie habitaient une
maison particulière dans une ruelle qui débouchait
sur Kalverstraat. St-Lucyensteeg. Brugnières visitait les lieux pour s'assurer de leurs issues et des

facilités de s'en échapper. Son filet fut lancé bientôt
après, c'est-à-dire dès qu'il eut reçu de France le
complément d'ordres, indispensable pour arrêter à la
fois Mirabeau et Sophie, car il n'était arrivé muni
d'instructions fermes que pour ce qui regardait la
marquise. C'était le 30 avril seulement que le ministre
Amelot avait transmis à M. Le Noir la copie d'une
lettre de son collègue, le comte de Vergennes, permettant d'agir contre Mirabeau ainsi que contre la
marquise. « Vous verrez, lui mandait-il, que ce
ministre croit inutile d'en écrire à l'ambassadeur du
roi à La Haye, et qu'il lui paraît suffisant d'insérer
ce qui concerne M. de Mirabeau fils dans l'instruction que vous devez remettre au S<sup>r</sup> de Brugnières,
chargé de l'arrêter ainsi que la dame Le Monnier. »
Cette instruction dut parvenir à l'inspecteur le 9 ou
le 10 mai. Il se rendit alors à La Haye pour y présenter ses lettres de mission à notre ambassadeur,
chargé de le conseiller et de diriger sa conduite. Le
duc de La Vauguyon, ambassadeur de France, présenta alors sa requête d'arrestation et d'extradition
aux États généraux.

Ceux-ci, sur l'exposé de cette négociation et de
son objet et des possibilités qu'offraient les lois du
pays d'y donner satisfaction, décidaient le 13 mai
d'autoriser le grand bailli et les échevins d'Amsterdam
à se saisir de la personne des prévenus, sous condition de leur rendre compte. Dès le lendemain soir,
ce haut magistrat et deux échevins, assistés d'un
secrétaire se rendaient au domicile de Mirabeau afin
de procéder à l'exécution de leur mandat.

Sophie s'y trouvait seule. Mirabeau, averti de son

arrestation imminente, mais qui, sur la foi de fausses
assurances, la croyait différée, n'avait pas cherché
vainement des moyens d'évasion pour sa compagne
et pour lui. Mais il était devancé. La rapidité de décision des États généraux l'avait surpris et déconcerté :
« Mille liens m'enchaînaient », rappelait-il plus tard,
mais en mêlant son récit de bien des faussetés qu'il
en faut supprimer. « Par une folle timidité, je parlai
trop tard à mes amis, et ils me cautionnèrent au
premier mot pour me dégager de mes dettes; mais
il n'était plus temps. Le jour même où je fus arrêté,
à trois différentes reprises, des gens en place me firent
avertir que je le serais le lendemain. Fatale erreur !
Je ne dois pas la leur imputer à trahison. On leur
força la main en un instant. La nuit même nous
devions disparaître. » Les magistrats surprirent
Sophie dans le dernier préparatif de cette fuite. Elle
paraissait « calme et sérieuse », comme dans ses ten-
tatives de naguère à Pontarlier. « Une minute plus
tard, elle était sauvée. Déjà j'étais hors de la maison.
Un ami l'allait conduire par une autre route, car nous
n'osions nous montrer ensemble. » Quand elle se vit
seule en présence des magistrats, elle comprit et elle
les suivit sans difficultés. Comme ils s'inquiétaient de
l'absence de Mirabeau, il reparut et il fut appréhendé
à son tour sous les yeux de Sophie désespérée pour
lui.

« Je sus qu'elle était arrêtée. a-t-il raconté encore.
Je ne balançai pas sur le parti qui me restait à prendre...
Il fallait, et dans mes sentiments et dans mes principes, être heureux ou malheureux avec elle... Je me
livrai... »

On les conduisit ensemble au même lieu de sûreté :
le Verheeterhuis : et on les y soumit sans désemparer
à un premier interrogatoire de rigueur.

Leur attitude, dans ce saisissement, fut conforme
à leur caractère : Sophie, apparemment résignée,
n'était véritablement soumise qu'à tout ce que lui
prescrirait Mirabeau, au suicide qui les libérerait
ensemble ou à une vie de nouvelles épreuves, si
quelque espoir de réunion et de bonheur leur apparaissait justifié. Et tandis qu'elle attendait ainsi,
indifférente à ses maux propres, incertaine et craintive pour lui seul, sans dire mot ni pour consentir ni
pour s'opposer à rien, lui se raidissait, ébauchait sa
défense, ne désespérait pas du salut. Il soutint tout
de suite qu'il ne pouvait être remis au policier venu
pour le ramener en France, où d'ailleurs il se disait
prêt à rentrer de lui-même avec un sauf-conduit du
roi, attendu que le crime dont on l'accusait était
inexistant : il n'avait pas enlevé M^me de Monnier mais
elle était venue d'elle-même le rejoindre hors des
frontières, en Suisse où il se trouvait. Il en déduisait
que cette accusation n'était qu'un prétexte pour le
livrer de nouveau aux persécutions de son père. Le
lendemain, il demandait au bailli les facilités d'exposer sa situation véritable aux États généraux. Le
bailli répondit que cet exposé devait passer par ses
mains. Mirabeau avait passé la nuit à le méditer, la
journée suivante à le rédiger et le lendemain le bailli
et les échevins s'étant à sa requête transportés au
Verheeterhuis pour l'entendre, il leur en fit lecture.
Ce mémoire fut aussitôt transmis aux États. Mais
ceux-ci avaient déjà pris connaissance d'un exposé

bien différent que leur avait présenté notre ambassadeur. Le duc de La Vauguyon s'y était engagé à lever la difficulté principale, en payant les dettes des prisonniers ; et il avait promis, le cas échéant, que son gouvernement userait de réciprocité envers celui des Pays-Bas. La protestation énergique de Mirabeau ne pouvait prévaloir contre les faits démontrés : à savoir qu'il ne vivait avec la marquise de Monnier, en Hollande, et sous un nom emprunté, que pour se dérober avec elle à la procédure criminelle dont ils étaient l'objet dans leur pays devant un tribunal régulier ; et attendu que les députés d'Amsterdam à leur Assemblée consentaient à les livrer pour les motifs invoqués, sous la seule condition que l'on ne puisse en déduire, pour l'avenir, des conséquences dommageables aux droits et privilèges de leur ville, les États approuvaient et autorisaient la remise des prisonniers entre les mains de l'inspecteur de Brugnières « sous la clause usuelle de réciprocité ».

Le 18 mai, Mirabeau et Sophie avaient reçu notification de la sentence des États. Ils ne quittaient cependant le Verbeeterhuis que onze jours plus tard. L'idée du suicide s'empara tout de suite, à nouveau, de l'esprit de M<sup>me</sup> de Monnier, stoïcienne sans le savoir, mais stoïcienne de tout son être énergique, simple et droit. Elle avait voué sa vie à faire le bonheur de son Gabriel. Elle s'accusait maintenant de n'avoir su que rendre irréparables ses infortunes passées, son malheur actuel. En mourant pour lui, elle dénouerait sans doute, elle lui permettrait de rompre cet enchaînement inouï d'épreuves toujours plus cruelles. Elle l'avertit qu'elle s'était condamnée

au poison. Elle en portait toujours sur elle. Cet arrêt
de mort contre elle-même, elle l'avait prononcé ; elle
s'était fait le serment, il y avait des mois, de l'exécuter sans défaillance, le jour où sa séparation d'avec
Gabriel lui serait imposée. Elle le tenait suspendu
sur elle depuis lors dans ce petit sachet de poison
acquis ou ravi à Pontarlier, dans l'officine du phar-
macien Charnaux. L'instant lui semblait venu...
Mirabeau et Sophie échangeaient leur correspondance
par les soins de Brugnières qui les visitait chaque
jour, et que leur passion, leur désespoir touchaient
aux larmes. Brugnières, averti par Mirabeau du dessein de M<sup>me</sup> de Monnier, s'efforcait de gagner sa confiance pour l'en détourner : « il mit, rapporte Mirabeau, pour condition à une entrevue qu'il promit à
M<sup>me</sup> de Monnier de lui ménager avec moi, qu'elle lui
remettrait l'opium dont elle était munie. Ces complaisances produisirent l'effet que nous en atten-
dions. » Sophie n'était-elle pas enceinte ? en pouvait-
elle encore douter ? était-elle maîtresse de la vie de
cet enfant? n'appartenait-elle qu'à elle seule ? Cette
entrevue déchirante et consolante à la fois eut lieu.
« Je rappelai aisément, continue Mirabeau, à une
femme qui est tout amour et toute sensibilité, ce
qu'elle devait à son enfant. Elle me promit d'arriver
paisiblement à son terme ; mais elle fit serment en
même temps qu'à une certaine époque..., si elle
n'avait nul moyen et nul espoir de recevoir de mes
nouvelles et de me donner des siennes, elle saurait
échapper à l'esclavage et à la douleur. » On a mis en
doute la réalité de ce serment. Mais les lettres de
Sophie la prouvent, et sa fin, quoique longtemps

différée, n'est pas pour la démentir. D'autres résolutions encore furent prises entre eux dans ce moment. Elles avaient trait aux concessions qu'ils pourraient, chacun de leur côté, être amenés et s'autorisaient à faire pour abréger leur détention future, recouvrer leur liberté soit entière soit mutilée. M. de La Vauguyon, de son côté, ému par les rapports de l'inspecteur de police, voulut participer aux consolations dont ces malheureux jeunes gens avaient besoin, et s'il le pouvait, leur adoucir les rigueurs de leur sort prochain. Il visita M^{me} de Monnier, il donna des larmes à son malheur, il lui promit d'intercéder afin que lui fût au moins épargnée la honte du séjour à Sainte-Pélagie, où, du consentement de sa propre mère, l'on devait l'enfermer avec les prostituées... Il écrivit en ce sens au lieutenant de police M. Le Noir. Il avait également visité le comte de Mirabeau et entendu, non ses plaintes, mais ses récriminations contre l'Ami des Hommes et ses supplications en faveur de sa maîtresse ; et sans lui cacher sa commisération et sa sympathie, il ne lui avait cependant rien promis, tant il appréhendait d'encourir le crédit du marquis de Mirabeau sur des ministres apparemment à sa dévotion.

Les lettres incessantes et heureusement touffues, intarissables, de son Gabriel remplissaient à peu près les affreux loisirs de Sophie. Lorsque Brugnières, qu'appelaient parfois à La Haye les derniers règlements pour l'extradition, était absent, un Français du beau nom de Dunois, sans doute agent de la police secrète de France aux Pays-Bas, se faisait à sa place le chevalier servant des pauvres amants. S'ils ne

pouvaient plus se voir, au moins se sentaient-ils
encore tout près l'un et l'autre ; et ils se flattaient,
comme d'un grand bonheur prochain, le suprême, le
dernier peut-être, de devoir faire ensemble embrassés
à toute heure, le trop bref voyage de retour. En
attendant, pour tenir son esprit occupé à une tâche
fixe, Mirabeau lui envoyait à recopier les brouillons
de suppliques et de protestations fières, fermes,
résolues, que, sur sa demande, les magistrats
d'Amsterdam lui permettaient d'adresser à sa mère
et aux ministres. Ces lettres confiées ensuite à
M. de la Vauguyon et par celui-ci à des Brugnières
ne devaient pas d'ailleurs arriver à destination. Mais
leur objet premier était rempli : elles avaient soulagé
le cœur impétueux et comprimé, l'âme blessée et
rebellée de Sophie. Des Brugnières les fit parvenir a
M. Le Noir, avec une lettre cordiale et plaisante, où il
annonçait à son chef qu'il prenait sur lui de ne pas
conduire « M<sup>me</sup> Le Monnier » à Sainte-Pélagie et
d'attendre de nouveaux ordres. Il se sentait autorisé
à cette conduite par l'intervention simultanée de
l'ambassadeur dans le même sens. Mais j'y devine
bien mieux : un effet sur lui de l'irrésistible séduction de Mirabeau et de Sophie. Il est très apparent
qu'il avait combiné à leur suggestion un moyen
honnête de leur prolonger la route de l'inexorable
retour ; et c'était de les laisser reposer vingt-quatre
heures à Chauny, en Picardie, et d'y attendre au
besoin vingt-quatre heures de plus les ordres qu'il
sollicitait de son chef. Or, écrivant le 26 mai
et partant le 28, il rendait à peu près inévitable
cette prolongation, à moins que M. Le Noir lui

répondit sur l'heure, sans consulter personne, ni
ministres ni familles, ce qui eût été une initiative
de sa part si dangereuse, qu'elle en était invraisem-
blable.

Ils partirent donc tous trois le 28 mai, escortés
jusqu'à la frontière par des officiers de la justice
hollandaise. La famille Ruffey fut scandalisée d'apprendre que Brugnières, tout en devant ramener
ensemble ses prisonniers et par suite répondre de
leurs personnes, ne les eût pourtant pas tenus séparés
l'un de l'autre ! Il ne pouvait se dédoubler ; on n'avait
pas songé, par économie, à lui adjoindre un second.
Force lui était non seulement de garder Mirabeau et
M^{me} de Monnier étroitement unis, mais de leur donner
une seule chambre pour la nuit et de la partager. Le
spectacle de cette passion heureuse et malheureuse
ensemble, de cette volupté délirante et comme exaltée
de sa fin imminente, de cette union parfaite et déchirée
en vain, de ces baisers innombrables, de ces sourires
dans les larmes, de ces larmes sans amertume, de
ces serments sans arrière-pensée, de ces malédic-
tions sans reproches, paracheva la conquête de ce
« renard routé » qui ne s'était jamais vu en pareille
expédition.

Mirabeau l'appelait « Pylade », et d'accord avec
Sophie, le comblait non seulement de prévenances,
mais de cadeaux ! Enfin, ces derniers jours, ces dernières nuits de tendresse touchèrent à leur fin.

Ils arrivaient à Paris, le 6 juin, exténués de plaisir
et de douleur, dans une chaleur accablante, et avec
une dernière incertitude pénible, celle de leur destination finale. Dans l'ignorance où il en était lui-même,

Brugnières conduisit et installa Mirabeau et M<sup>me</sup> de
Monnier dans son propre domicile, boulevard du
Temple, près du café Caussin. Il avait depuis Amsterdam leur parole de ne pas s'évader ; il avait payé
cette parole de ses complaisances. Il les en laissait
jouir. Il s'en alla rendre compte à M. le Noir et
demander ses ordres. Mirabeau devait être conduit au
donjon de Vincennes, et M<sup>me</sup> de Monnier entrer pro-
visoirement, en considération de son rang et de sa
jeunesse, et demeurer jusqu'après ses couches, dans
une maison de discipline tenue à Paris, rue de Cha-
ronne, sous la surveillance de la police. Ces ordres
furent exécutés le lendemain.

Il était venu, l'instant fatal, il fallait s'arracher
l'un à l'autre, il fallait agoniser sans mourir une
dernière fois, il fallait ne plus se voir sans s'être
détruit les yeux, il fallait se baigner de larmes, se
presser à se briser, et quoi ! rester vivant, debout,
pour mourir l'un à l'autre ! Qui ne les eût aimés, à
cette minute affreuse, qui n'eût pas gémi avec eux,
senti son cœur se rompre, ses veines éclater, sa vie
défaillir avec eux et pour eux ! Que ne les voyaient-
ils, ceux qui les réduisaient à ce désespoir ! Mais la
calèche qui va emporter Mirabeau est là, on s'impatiente : « Je t'ai rendue bien malheureuse ! » s'écrie-
t-il. Et il monte. Mais alors tout à coup, comme un
signe physique de son déchirement, son sang jaillit,
il en inonde sa voiture, elle part, tandis que Sophie,
à cette vue, livide, pétrifiée, muette de terreur et de
douleur, sans lui pouvoir jeter un mot, de peur
d'éclater, sans se détourner, de peur de défaillir, se
laisse entraîner et s'éloigne...

Sang sacré! sang d'un enfantement terrible! où l'amour qui meurt donne la vie à l'ambition!

Un autre Mirabeau est né de ce jour; le vieil homme ne sera plus en lui que comme « ces âmes qui portent un cadavre » dont s'entretiennent je ne sais plus quelles légendes...

# DOCUMENTS CONSULTÉS

## MANUSCRITS

Cinq cahiers de *lettres autographes de Mirabeau*, faisant partie
de la collection Lucas de Montigny (1ᵉʳ cahier, de 1768 à
1779 ; — 2ᵉ cahier, 1780 ; — 3ᵉ cahier, 1781 ; — 4ᵉ cahier,
1782 ; — 5ᵉ cahier, de 1783 à 1791).

Correspondance générale du marquis et du bailli de Mirabeau
(10 vol. in-f°).

Amours de la marquise de M*** [Monnier] et du comte de
M*** [Mirabeau] (6 dialogues entre Mirabeau et Sophie,
écrits par le premier).

Une liasse de correspondances où se trouve notamment la
lettre originale de Mirabeau à Sophie de Monnier, en date
du 20 juillet 1776, portant imputation d'inceste contre
Mᵐᵉ de Cabris.


## IMPRIMÉS

La bibliographie générale du sujet est indiquée, aux appen-
dices de notre biographie de LA COMTESSE DE MIRABEAU,
p. 416 et sq.

# TABLE DES GRAVURES

Pages.


I. — Mirabeau, buste de *Houdon* . . . . . . Frontispice.

II. — Le marquis de Mirabeau, tableau d'*Aved* . . . . 16

III. — Mirabeau dans son cabinet de travail, tableau anonyme du temps. . . . . . . . . . . . 32

IV. — La marquise de Mirabeau enfant, tableau de *Van Loo*. . . . . . . . . . . . . . . . . 48

V. — Le bailli de Mirabeau, gravure d'après le tableau d'*Aved* . . . . . . . . . . . . . . . . 56

VI. — Vue générale de la ville de Bastia au XVIII° siècle, gravure de *Née*. . . . . . . . . 64

VII. — La marquise de Cabris, d'après un dessin de *B.-A. Nicollet* . . . . . . . . . . . . . 80

VIII. — Portrait présumé de M^me de Pailly, dessin de *Greuze* . . . . . . . . . . . . . . . . 96

IX. — Mirabeau, gravure de *Fiésinger* d'après *J. Guérin*. 112

X. — Émilie de Marignagne, comtesse de Mirabeau, tableau du temps. . . . . . . . . . . . 128

XI. — Mirabeau, buste en plâtre de *Tessier* . . . . . . 160

XII. — Sophie de Monnier, miniature du temps . . . . 176

XIII. — Le fort de Joux, gravure du temps . . . . . . 192

XIV. — Mirabeau, tableau anonyme du temps. . . . . 224

XV. — Sophie de Monnier, tableau attribué à *Heinsius* . 240

XVI. — Masque mortuaire de Mirabeau . . . . . . . . 272

# TABLE DES MATIÈRES

## PREMIÈRE PARTIE


| | | Pages |
|---|---|---|
| I. | Les ascendants | 1 |
| II. | M. de Pierre-Buffière | 29 |
| III. | Premières amours | 37 |
| IV. | Mirabeau fut-il inceste ? | 71 |
| V. | Réconciliation | 88 |
| VI. | Le mariage | 120 |
| VII. | Les lettres de cachet | 135 |
| VIII. | Au château d'If | 155 |


## DEUXIÈME PARTIE


| I. | Jeanneton et Sophie | 167 |
|---|---|---|
| II. | De Pontarlier à Dijon | 209 |
| III. | Les évasions manquées de Sophie | 232 |
| IV | L'enlèvement | 254 |
| V. | En Hollande | 268 |

ACHEVÉ D'IMPRIMER
LE DIX MAI MIL NEUF CENT TRENTE
SUR LES PRESSES
DE L'IMPRIMERIE CH. HÉRISSEY A ÉVREUX